개벽의 징후
2020

개벽의 징후

2020

개벽의 눈으로 대전환의 논점을 읽는다 ━━━━━

20

인류,
문명의 변곡점에 서다

모시는사람들 기획

강주영 고은광순 구종회 김동민 류 하 김용휘 김유익 김재형 박경철
박길수 서원희 성민교 손원영 송지용 심국보 유상용 유정길 윤창원
이무열 이원진 임진철 전희식 조성환 주요섭 황선진

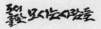

개벽의 징후 2020

등록 1994.7.1 제1-1071
1쇄 발행 2020년 4월 10일

기 획   모시는사람들
지은이   강주영 고은광순 구종회 김동민 류하 김용휘 김유익 김재형
          박경철 박길수 서원희 성민교 손원영 송지용 심국보 유상용 유정길
          윤법달 이무열 이원진 임진철 전희식 조성환 주요섭 황선진
펴낸이   박길수
편집장   소경희
편 집   조영준
관 리   위현정
디자인   이주향
마케팅   조영준
펴낸곳   도서출판 모시는사람들
          03147 서울시 종로구 삼일대로 457(경운동 수운회관) 1207호
전 화   02-735-7173, 02-737-7173 / 팩스 02-730-7173
홈페이지 http://www.mosinsaram.com/

인 쇄   (주)성광인쇄(031-942-4814)
배 본   문화유통북스(031-937-6100)

값은 뒤표지에 있습니다.
ISBN   979-11-88765-68-3   03300

이 도서의 국립중앙도서관 출판예정도서목록(CIP)은 서지정보유통지원시스
템 홈페이지(http://seoji.nl.go.kr)와 국가자료공동목록시스템(http://www.
nl.go.kr/kolisnet)에서 이용하실 수 있습니다.(CIP제어번호: CIP2020010900)

기획자의 말

천지생물이 불안한 시대

'개벽'이라는 말이 한국철학사에서 하나의 '사상용어'로 사용되기 시
작한 것은, 일찍이 류병덕이 지적하였듯이, 1860년에 창시된 동학에
서부터였다. 1860년은 동아시아사상사의 일대 전환을 알리는 상징적
인 해였다. 중국은 제2차 아편전쟁으로 북경이 영국과 프랑스군에 점
령당했고, 일본에서는 근대화의 상징인 후쿠자와 유키치福澤諭吉, 1835-
1901가 서양을 배우러 미국으로 떠났다. 중화의 권위가 무너짐과 동시
에 일본의 탈아脫亞가 시작된 것이다.

　그런데 이 해에 한국에서는 새로운 학문운동이 시작되었다. 동학
東學이라는 이름의 이 신학新學은 여러 가지 점에서 이전의 구학舊學
과는 차별화되었다. 종래의 학문들은 하나같이 중국에서 전래된 '수
입학문'이었던데 반해, 동학은 한반도에서 자생적으로 탄생한 '국산
학문'이었다. 한반도 자생의 학문이라는 점에서는 통일신라 말기에
최치원이 제창한 '풍류도'와 비슷하지만, 풍류도는 「난랑비서문」에 몇
줄로 정리되어 있는 것이 전부여서 '학'적인 체계를 갖추고 있다고 보
기에는 어렵다. 반면에 동학은 나름의 체계를 갖춘 우주론과 존재론,

그리고 수양론을 가지고 있다. 그런 점에서 최초의 자생적 학문이라고 해도 과언이 아니다.

동학의 창조성은 독특한 우주론과 시대인식에서 잘 드러나는데 그것이 바로 '개벽'이다. '개벽開闢'은 "하늘과 땅이 처음 열린다"天開地闢는 뜻으로, 원래는 우주의 시작을 말하는 개념이었는데, 동학을 창시한 최제우는 그것을 당시의 시대 상황과 우주 질서를 나타내는 개념으로 재해석하였다. 즉 1860년은 마치 이 세상이 처음 열리는 태초의 상황처럼 옛 질서가 가고 새 질서가 태동하는 '다시 개벽'의 시대라는 것이다. 그 새 질서의 핵심을 최제우는 '시천주'라는 새로운 인간관으로 제시하였다. '시천주侍天主'란 "모든 인간은 신분이나 지위에 상관없이 자기 안에 하늘님天主을 모시고侍 있다"는 뜻으로, 모든 인간을 신성하고 존엄한 존재로 '다시 규정更定'한 것이다. 동시에 그는 이러한 개벽적 인간관을 몸소 실천하여 보여주었는데, 자기가 거느리고 있던 노비 두 명을, 한 명은 며느리로 다른 한 명은 수양딸로 삼은 것이다.

최제우가 천주天主와 인간을 개벽하였다면 그 뒤를 이은 최시형은 천지天地와 만물을 개벽하였다. 최시형은 먼저 최제우의 '다시 개벽'에 선천과 후천 개념을 적용하여 '후천개벽'이라는 조어를 만들어냈다. 그리고 후천개벽을 선천의 물질개벽에 대해서 '인심개벽'이 요청되는 시대라고 해석하였다. 최시형이 주창한 인심개벽은 다른 말로 바꾸면 정신개벽이나 도덕개벽이라고 할 수 있다. 다만 이때의 '도덕'

은 유학에서와 같은 삼강오륜이나 차등적 윤리 질서를 의미하는 도덕이 아니라, 일종의 '생명평화'를 지향하는 도덕을 말한다. 즉 '생명의 존중을 바탕으로 한 평화의 실현'을 최고 가치로 여기는 마음으로 전환하는 것이 바로 인심개벽이자 도덕개벽인 것이다.

그런 의미에서 동학의 '다시 개벽'은 도덕 개념의 재구축을 통한 도덕 강화 운동이라고 할 수도 있다. 이 점은 오구라 기조小倉紀藏, 1959- 교수가 『한국은 하나의 철학이다』모시는사람들에서 지적한 한국인의 '도덕지향성'과도 잘 부합되는 측면이다. 다만 오구라 기조 교수가 말하는 도덕이 주자학적인 틀 안에서의 윤리도덕을 가리킨다면, 동학의 도덕은 그런 규범적 틀을 해체시키기 위한 생명도덕을 의미한다는 점에서 차이가 있다.

아울러 최시형에게서는 도덕의 대상이 인간을 넘어 천지지구와 만물로까지 확장되는 점도 주목할 만하다. 이것은 최시형의 '천지부모 만물동포天地父母 萬物同胞' 사상에서 자연스럽게 도출되는 결론이기도 하다. 최시형은 전통적인 '혈연' 관계가 아닌 '생명'의 차원에서 세계를 다시 보았다. 그 결과 진정한 부모는 자기를 낳아준 어머니나 아버지가 아니라 만물을 생성하고 길러주는 '천지'라는 결론에 도달하였다. 이 점은 인간뿐만 아니라 만물에 있어서도 마찬가지이다. 하늘에서 내려주는 햇볕, 땅에서 제공하는 영양소, 바다에서 제공하는 물, 대지에서 뿜어나는 공기…. 이런 은혜들이 없다면 그 어떤 생물도 살아갈 수 없다. 그런 점에서 인간을 포함한 만물은 천지의 자식에 다름 아니고, 동일한 부모 아래에서 젖과 밥을 먹으면서 자라는 동포로 간주해야 한다. 최시형의 '경물敬物' 사상은 여기에서 자연스럽게 도출된다. 인간이 아닌 존재들도 천지의 자식으로 존중받을 권리가 있기 때문이다.

이와 같은 최시형의 생각은, 최제우가 그러했듯이, 사상사에 있어서 하나의 '개벽'과도 같은 사건이다. 종래의 인간중심주의와 혈연중심주의에서 지구중심주의와 생태중심주의로 인식의 지평을 확장하고 가치의 축을 전환시켰기 때문이다. 그런 점에서 최시형의 개벽사상은 오늘날에도 시사하는 바가 적지 않다. 오늘날 인류는 경물敬物이 빠진 물질개벽으로 인해 생존의 위기를 맞이하고 있기 때문이다. 아마도 최시형은 현대 사회의 이러한 비극을 미리 내다보고 있었는지도 모른다. 그는 1890년대 당시의 상황을 다음과 같이 묘사하고 있다.

> 이 세상의 운수는 개벽의 운수다. 하늘과 땅이 불안하고 산천과 초목이 불안하고 강하의 물고기가 불안하고 산림의 짐승이 불안하다. 그런데 어찌 사람만 홀로 따뜻한 옷을 입고 배불리 먹으며 편하게 도를 추구하겠는가! _최시형, 『해월신사법설』 「개벽운수」

현대인들은 인간의 불안은 말해도 천지의 불안은 말하지 않는다. 인류의 불안은 걱정해도 생물의 불편은 돌보지 않는다. 그러나 19세기 말의 한국 사상가 해월 최시형은 천지와 생물의 불안을 염려하였다.

그리고 이 불안의 시대를 '개벽의 시대'라고 명명하였다. 해월의 염려는 그로부터 100여 년 뒤에 우리 앞에 현실로 드러났다. 기후 위기, 환경 파괴, 전염병의 만연이 그것이다.

20세기에 전 세계적으로 진행된 산업화는 인간과 자연의 관계를 생명과 평화의 관계에서 수단과 도구의 관계로 전환시켰다. 자연과 만물이 인간의 편리와 풍요를 위해 도구적 존재로 전락한 것이다. 자연은 더 이상 우리의 생명을 가능하게 해 주는 은혜로운 존재가 아니라 우리를 위해 복무하는 한낱 피식민지에 불과하다. 자연에 대한 인간의 식민지 지배가 시작된 것이다. 오늘날 인류가 겪고 있는 기후 위기와 환경오염, 그리고 바이러스 공포는 모두 이와 같은 자연에 대한 폭력에서 비롯되었다고 해도 과언이 아니다.

동학 연구자 표영삼은 "개벽은 삶의 틀을 바꾸는 것"이라고 했다. 지금까지 살아온 인간의 삶의 방식을 근본적으로 바꾸는 것이 개벽이라는 것이다. 바로 여기에 우리가 160년 전에 시작된 개벽에 주목해야 하는 이유가 있다. 해월은 천지만물의 불안에 대한 처방으로 '시천지侍天地 경만물敬萬物' 사상을 설파하였다. '천지를 부모처럼 섬기고 만물을 하늘처럼 공경하는' 것이야말로 만물을 편안하게 하는 안물安物의 길이라는 것이다.

1989년에 나온 「한살림선언문」, 2002년의 「지리산선언문」, 2010년의 「생명평화선언」, 2012년의 「지리산 생명평화 1천인 선언」 등은 인간과 자연의 관계를 폭력과 지배에서 생명과 평화의 관계로 개벽하자는 외침에 다름 아니다. 이와 같은 '개벽의 움직임'은 비단 한국뿐만 아니라 전 세계에서 동시다발적으로 일어나고 있다. 최근에 스웨덴의 소녀 그레타 툰베리가 유엔에서 보여준 '분노의 연설'은 그 상징적인 예이다.

이 책은 국내외의 각 분야에서 진행되고 있는 '개벽의 징후들'을 포착해서 한국의 독자들에게 전달하고자 하는 의도에서 기획되었다. 오늘날 "하늘天, 땅地, 사람人, 생활生"이 어떻게 개벽되고 있는지, 그리고 우리가 어떤 방향으로 나아가야 하는지를, 이 책을 통해서 대략적인 윤곽을 잡을 수 있으리라 생각한다.

2020년 3월

조성환

개벽의 징후 2020

제1부 ─────────── **마음·종교·수양**

한살림 마음살림과 질문의 전환

주요섭

1986년 창립 이후 30년 넘게 '밥상살림'과 '농업살림'을 실천해 온 생활협동조합 한살림이 몇 년 전부터 '마음살림'을 시작했다. 2013년에 첫선을 보였으니 벌써 5년을 훌쩍 넘겼다. '마음' 하면 치유, 명상, 감정 돌봄, 화두 들기 등 여러 가지를 떠올리겠지만, 한살림의 마음살림은 이들을 모두 포함한 '마음 살림살이'이다. 집안 살림살이나 나라 살림살이처럼 한 사람 한 사람의 '자기' 살림살이다.

밥상살림, 농업살림, 그리고 마음살림

인공지능과 4차 산업혁명 시대를 이야기하는 오늘, 역설적으로 또 다른 시대의 징표는 '마음'이다. 마음챙김mindfulness이 경영학 교과서의 키워드가 되고, 〈메트릭스〉를 필두로 〈인셉션〉과 〈닥터 스트레인지〉 등 수많은 SF 영화들이 마음의 세계를 다룬다. 한살림의 마음살림 역시 조직 내적으로는 활동의 심화와 확장이지만, 사회적으로 보면 문명 전환기 우리 사회의 변화 방향을 보여 주는 하나의 상징이기도 하다.

생명운동을 하는 한살림의 입장에서 볼 때, 마음 과정은 생명 과정의 내면과 같다. 생명 과정이 곧 마음 과정이다. 동학을 빌려 말하면, 생명 과정은 외유기화外有氣化의 운동이기도 하지만 동시에 내유신령內有神靈의 약동이기도 하다. 마음살림은 마음 과정의 세 가지 측면에 주목한다. '생각의 마음'과 '감정의 마음'과 '생명력의 마음'이 그것이다. 그리고 이는 각각 참뜻 찾기와 마음 닦기, 살림 행공이라는 이름의 마음 살림살이의 기술에 대응한다.

사실 한살림은 초창기부터 밥상공동체와 함께 영성공동체를 한 축으로 제시하고 생활 속의 수행을 강조했다. 몸 수련과 명상 등이 기본적인 조직 문화의 일부였던 셈이다. 한살림운동의 철학과 대의를 밝힌 「한살림선언」1989에는 한살림의 세 가지 활동 영역 중 하나로 '생활 수양활동'이 제시되고 있다. 또한 지금도 전국 23개 지역 생활협동조합과 생산자연합회가 총회 때마다 "우리는 우리 안에 모셔진 거룩한 생명을 느끼고 그것을 실현합니다"'한살림운동의 지향' 첫 번째 항목를 함께 낭송한다. 그런 맥락에서 한살림의 마음살림은 우리 사회에 널리 확산되고 있는 기업형 '힐링 서비스'와는 조금 다르다. 스스로 하는 활동이다. 서비스의 대상이나 수혜자가 아니다. '자기돌봄'몸·마음 스스로 돌보기과 '자기각성'몸·마음 스스로 깨우기의 생활 수양 활동이다. 자기의 몸·마음을 잘 돌보는 활동과 자기를 잘 돌아보는 활동을 통해 자기의 변형self-transformation과 새로운 자기 만들기를 촉진한다.

우리는 오늘날 유튜브와 페이스북, 넷플릭스 등 디지털 기술의 알고리즘에 마음을 빼앗기는 시대에서 살고 있다. 치유와 자각이 절실한 시대를 살고 있다는 말이다. 나아가 전 인류 차원에서 의식의 도약이 기대되는 시대를 살고 있다. 부정적으로든 긍정적으로든 마음의 시대다. 마음 살림살이의 종착점은 물론 깨달음이다. 해방과 해탈이며 자유로운 영혼 되기이다. 만인성인시대, 혹은 자기구원시대의 실천 프로그램이라고 말할 수도 있다. 근대와 함께 개인이 등장하듯이 포스트모던 시대 깨어나는 개인으로의 진화를 예감한다. 이미 진행형이다.

마음살림은 한살림운동, 곧 생명공동체운동의 미래이다. 마음살림은 한살림의 새로운 30년을 내다본다. 30년 전 '생명의 지평'을 선언했다면, 이제 '마음의 지평'을 바라본다. 마음을 키워드로 인간과 자연을 재정의하고, 생산과 소비를 재규정하고자 한다. 요컨대 '구성하고/구성되는 마음'의 관점에서 자기와 세계를 재구성하려는 것이다. 수운 최제우의 언어를 빌려 말하면, '다시 개벽'이다. 그 과정에서 새로운 개념을 만들어낼 수도 있다. 그리고 재구성은 새로운 방식의 질문으로부터 시작된다.

질문의 전환: 다시 개벽의 징검다리

마음 살림살이의 경로는 다양하다. 몸 수련부터 시작할 수도 있고 명상부터 해 볼 수도 있지만, 자기의 '생각의 회로'에 대한 탐구를 출발점으로 삼을 수도 있다. 오늘날 우리가 절절하게 경험하는 집합관념들 사이의 갈등과 충돌을 고려하면, 사회적인 마음 살림살이는 생각 탐구, 정확히 말하면 '생각의 생각'에 대한 탐구가 중요하다.

생각 탐구는 질문으로부터 시작된다. 사물의 존재와 일상적인 개념들에 대해서, 혹은 전제하고 있는 규범들에 대해서 '진짜로 Really?' 하고 의문을 던진다. 자기의 느낌과 지각과 감정과 판단을 의심하고 스스로 묻고 스스로 답한다. 우리는 대체로 자기의 반복된 경험과 학습정보를 객관적 실재로 생각하기 쉽다. 그런데 소통의 필요성도, 불통의 원인도 사실은 이러한 무의식적 신념에서 비롯된다. 때문에 탐구는 그런 생각이 어떻게 일어났는지를 묻는 것으로 더욱 깊어져야 한다. 예컨대 "이 생각은 어디에서 왔을까?"와 같은 질문이 그것이다. 생각의 뿌리를 묻는 것이다. 이윽고 자신의 직접적 체험과 어린 시절의 무의식적 경험과 다양한 학습, 혹은 신체적 특성, 주위 환경 등이 고구마 줄기처럼 어떤 생각의 뿌리로 드러날 것이다.

이렇게 '생각의 생각'을 묻는 질문이 이른바 '어떻게-질문'이다. 생명이라는 주제를 예를 들어 보자. 보통의 경우 '생명'과 같이 고도로 추상적이고 평소에 묻지 않는 개념에 대해 '무엇인가?'로 물으면 대답하기 몹시 어렵다. 괴롭고 불편하다. 답을 찾기도 어려운데 하나의 정답을 말해야 한다는 압박감을 느끼기 때문이다. 혹 정해진 답이 있다면 틀린 답을 할 가능성이 훨씬 높기 때문이다. 이제 '생명은 무엇일까?'라고 묻기보다 "생명은 '어떻게' 생명일까?"라고 물어본다. 풀어서 말하면 이런 정도가 된다. 우선 "나는 생명을 '어떻게' 경험했는가?" 다음으로, "나는 생명에 대한 '어떤' 관념을 가지고 있는가?" 그리고, "나는 생명과 생명 아닌 것을 '어떻게' 구별하고 있는가?" 등이 그것이다.

한마디로 질문의 전환이다. 우리가 흔히 경험하는 일이지만, 실제로 질문이 대답을 결정한다. '무엇?'이라고 물으면 명사로 대답할 수밖에 없고, '어떻게'라고 물으면 동사나 형용사로 대답하게 될 가능성이 높다. '나는 누구인가?'로 물으면 사회적 역할로 답하기 쉽고, '나는 무엇인가?'로 물으면 존재의 뿌리를 생각하게 된다. '무엇-질문'은 실체나 본질이 있다는 것을 전제로 하는 질문인데 반해, '어떻게-질문'은 생각과 판단의 배경이나 구성과정을 돌아보기를 기대하는 질문이다. '무엇-질문'이 토론에 효과적인 질문이라면, '어떻게-질문'은 대화에 적합한 질문이다. 무엇-질문은 답을 찾아야 하기 때문에 '진리인가-허위인가', 혹은 '옳은가-틀린가'로 이끌어갈 가능성이 높다. 반면 어떻게-질문은 자기의 경험과 생각을 편안하고 자유롭게 나누어 대화를 풍부하게 만들 가능성이 높다.

체계이론에서는 어떻게-질문을 관찰의 관찰, 혹은 2차 질서 관찰이라고 말한다. 체계이론에 따르면, 무엇-질문은 세계를 객관적으로 존재하는 사물들의 총체로 파악하게 한다. 반면 어떻게-질문은 다른 관찰자가 관찰하는 방식, 즉 다른 관찰자가 어떤 구별에 의존해서 관념을 구성하는지를 관찰하게 한다.

'나는 무엇인가?'라고 묻기 전에, '나는 어떻게 경험되는가?'라고 묻는 연습을 해 본다. 체계이론의 방법이기도 하고 대승불교의 방법이기도 하다. 무엇-질문은 객관적 실재를 볼 수 있다는 믿음이 전제된다. 이에 반해 어떻게-질문은 자기와 세계에 대한 관찰 불가능성, 혹은 인식 불가능성이 전제된다. 이제 알 수 없음에 대한 앎, 즉 '무지無知의 지'는 탐구의 결론이자 동시에 새로운 출발점이 된다.

질문의 전환은 문명 전환의 징검다리이다. 수운 최제우를 빌려 말하면, 다시 개벽의 징검다리이다. 어떻게-질문은 실재론적 사고방식에서 구성주의적 사고방식으로의 도약을 기대할 수 있는, 간단하지만 결정적인 질문의 기술이다. 인식론적 전환의 디딤돌이다.

사회 다시 만들기

질문의 전환은 사회적 전환의 징검다리이기도 하다. 사회적 차원에서의 '인식론적 도약'이 그것이다. 가짜뉴스 논란은 말할 필요도 없거니와, 오늘날 우리는 자신의 관점으로 구성된 현실을 진짜라고 믿고 또 강요하는 진리 투쟁의 전쟁터에서 살아가고 있는 것 같다. 3~4개의 지상파 방송과 또 다른 3~4개의 종합 편성 채널도, 수만 개의 1인 방송 채널들도 자기가 진짜고 상대는 가짜라는 독선에서 자유롭지 못하다. 진리 독점 시대에서 진리 공유 시대로의 전환 과정에서 일어나는 자연스러운 일이기도 하지만, 위태로워 보이는 것 또한 사실이다.

어떻게-질문의 관점에서는 산업화와 민주화도 하나의 관념이다. 개

넘이다. 객관적 실재가 아니라, 역사적으로 사회적으로 구성된 실재다. 그러나 전쟁과 보릿고개와 생존경쟁을 온몸으로 겪었으며, 혹은 신체적·정치적 자유를 향한 민주화 투쟁에 함께하면서 형성된 공통의 경험세계와 의미세계를 상대화하기는 무척 어려울 것이다. 또 다른 맥락에서 빈곤 탈출과 민주 쟁취의 경험은 이들 세대에게 자존감과 자부심의 원천이 된다는 점에서 부인할 수 없는 삶의 토대이기도 하다. 하지만, 거기에 머물러 있을 수만은 없다. 이제는 스스로를 위해서도 다음세대를 위해서도 여기서 벗어나고 또 자유로워져야 한다.

다른 이야기가 다른 세계를 창조한다. 자유/평등의 이념적 구도도 영원한 관찰 형식은 아닐 것이다. 자본/노동의 사회적 구도도 사실은 겨우 몇백 년 전에 출현한 것에 불과하다. 기존의 고정관념을 인정하되 동시에 이를 뛰어넘는 새로운 이상과 이념, 혹은 새로운 진리와 새로운 삶의 모습이 앞다투어 제시되기를 기대한다. 유토피아는 '발견'되는 것이 아니라, '발명'되는 것이다.

앞서 이야기한 바와 같이 한살림 마음살림의 궁극적 목표는 깨달음이다. 경험의 그물, 사고의 그물, 집단의 그물에서 벗어나 자유로운 한 사람 되기를 꿈꾼다. 이렇게 볼 수도 있고 또 다르게도 볼 수 있는 '나', 이렇게 할 수도 있고 또 다르게도 할 수 있는 '나', 이렇게 될 수도 있고 또 다르게도 될 수 있는 '나'를 상상한다.

사회적 깨어나기와 사회의 자기변형을 그려 본다. 사회도 자기 스스로 진화한다. 생명이 그러하듯이 사회도 자기의 논리와 라이프 스토리가 있다. 사회에도 자기를 관찰하고 설명하고, 또한 성찰하고 스스로를 변화시킬 능력이 있다. 이른바 '사회의 다시 만들기'다.

물론 질문의 전환만으로는 부족하다. 생각의 생각을 살피는 것만으로는 '아직'이다. 자기와 세계의 구성함과 구성됨에 대한 자각만으로는 해방의 즐거움을, 창조의 기쁨을 온전히 맛볼 수 없다. 기쁨은 자기의 성장과 확장, 결정적으로는 새로운 자기의 창조로부터 온다. 관자재보살觀自在菩薩처럼 자유자재로 볼 수 있다면, 이렇게 볼 수도 있고 저렇게 볼 수도 있다면, 새로운 자기와 새로운 세계의 창조는 이미 현재진행형이다.

주요섭 모심과살림연구소 연구위원. 오랫동안 생명과 자치를 화두로 한살림 등에서 활동해 왔으며, 최근에는 마음과 사회를 키워드로 탐구와 활동을 병행하고 있다.

개벽의 시대,
종교의 미래를 생각하다

유정길

줄어드는 종교, 사라지는 종교인

최근 영국이나 프랑스, 독일 등, 유럽의 성당은 신도들이 줄어들어 카페나 술집으로 바뀌고 있다는 소식을 자주 듣는다. 종교를 신앙하지 않는 사람들이 많아지고 있는 것이다. 특히 과학기술이 발전하면서 과학적 지식과 충돌하는 종교에 대해 청소년, 젊은층들을 중심으로 탈종교 현상은 늘어나고 있다. 배타적인 유신론, 천국과 지옥 같은 내세관에 대한 거부감 등은 리처드 도킨스의 베스트셀러 『만들어진 신』으로 대표되는 무신론적 담론들이 널리 확산되는 토대가 된다. 종교가 과학적 성과와 갈등하고 있어, 과학기술이 발전할수록 종교의 영역은 줄어들고, 신에 대한 존재론적 고민은 더욱 깊어지기 때문이다. 2019년 독일 『슈피겔』지의 조사에서는 신을 믿는 사람이 2015년과 비교하여 11% 감소했다고 하고, 예수의 부활에 대해서는 가톨릭은 39%, 개신교는 42%, 비기독교인은 78%가 믿지 않는다고 대답했으며, 미국

의 경우에는 기독교인이 2010년 78%에서 2050년 66%로 줄어들 것으로 예상하고 있다.[*]

봉건시대 중세 사회는 신神 중심의 사회였고, 과학자 코페니르쿠스가 그 신성에 도전했지만 종교재판으로 화형을 당했고 갈릴레오는 겨우 살아 나왔다. 그러나 뉴턴의 과학과 데카르트의 철학 이후로 인간의 이성과 과학 중심의 세상으로 바뀌고 산업사회가 시작되면서 신 중심의 사회가 무너지고 근대가 시작되었다. 이제 신神도 과학적으로 증명해야 하는 과학의 하위 존재로 편재된 것이다. 중세시대에 비하면 상상할 수 없는 엄청난 개벽이다.

이렇게 무신론자와 무종교인이 늘고 종교 인구가 줄어드는 곳은 유럽, 북미, 중국, 일본, 한국 등 저출산 고령화 국가들이다. 물론 출산률이 증가하는 아프리카, 이슬람이나 힌두교 국가들은 여전히 종교인이 줄어들지 않고 있다. 거대한 불교 국가인 중국도 중요한 종교 인구의 변수가 될 것이다. 한편 유럽도 이슬람국의 이민자들이 많고 이들의 출산율이 높기 때문에 향후 종교 지형의 변화를 예상할 수 있다.

한국의 경우 2010년 조사에 의하면 무종교인들이 전체 인구의 46.4%이며, 기독교 개신교와 가톨릭의 합계가 29.4%로 22.9%의 불교를 역전하였다. 또 2050년에는 불교 인구가 1,100만에서 860만으로 약 240만

---

[*] 「에큐메니안」, 2019.05.02 '독일 시사주간지 『슈피겔』 조사, 예수 부활 믿는 사람들은 얼마나?'

이 줄어들 것이라고 예상하고 있다.** 그러나 기독교의 증가는 신천지를 비롯한 신흥종교의 영향이라고 한다. 지금은 '개독교'라는 지탄을 받으면서 '가나안' 신도교회에 '안 나가'는 신도를 지칭 - 편집실 주가 증가하는 것은 개신교의 심각한 문제가 되고 있다.

근대 산업사회에서 역할을 바꾼 종교

조직으로서 종교와 종교인이 줄어들고 있는 것은 확실한 세계적 추세이다. 교회나 성당, 사찰에 나오는 등록 신도들은 줄어들고 있다. 그러나 놀랍게도 사람들의 내면적 성찰과 초월성이라는 종교성, 종교심은 줄어들지 않았다. 이것을 분석하는 사람들은 빅데이터를 기반으로 한 인공지능AI, 사물과 사물이 서로 연결되는 초연결사회IOT, 생명공학과 관련 산업의 발달로 인해 인간은 이제 신성神性을 추구하는 양상이 달라졌으며, 컴퓨터, 스마트폰, SNS 등의 발전으로 인간은 데이터에 종속되고 중독되어 모든 정보를 인터넷을 통해 얻을 수 있어 더 이상 신비의 영역이 존재할 수 없는 시대로 나아감으로써 종교가 설자리가 없어지고 있다고 말한다.

　종교는 강력한 위계적 조직이다. 사제로서 신부의 위치는 신의 대리자이며, 목사 또한 마찬가지이다. 그래서 거룩한 직업인이라는 뜻

** 《한겨레신문》 4월 9일 '세계 종교 지형이 바뀐다'
　　http://www.hani.co.kr/arti/society/religious/686134.html

으로 성직이라고 하고, 불교에서는 성직자라는 말 대신 수행자라고 하지만, 일반 신도와 대등한 위치에 있을 수 없다는 차원에서 동일한 위계성을 갖는다. 노예와 귀족, 자본가와 노동자, 여성과 남성, 흑인과 백인 간의 차별, LGBT^{Lesbian, Gay, Bisexual, Transgender의 머릿글자를 따서 만든 용} 어로 성소수자를 지칭 - 편집실 주에 대한 차별 등이 점차 사라지며 평등을 향해 가는 시대에, 신성과 신비감에 의지하는 '비과학적'인 위계적 조직이 사람들에게 외면을 받는 것은 자연스런 귀결이다.

인류는 산업혁명 이후 이제껏 누리지 못했던 엄청난 경제적 성장을 구가하고 있다. 미국이나 유럽과 같은 경제적 발전과 생활, 소비양식이 기준이 되어 모든 나라들이 점차 시간 간격을 두고 물질적인 풍요를 실현하고 있다. 근대 사회에서 신은 과학에게 주도적 자리를 내주었지만, 그래도 막강한 세력으로 존립할 수 있었던 것은 산업사회의 필요에 복무하는 종교로서 탈바꿈했기 때문이다. 물질적인 풍요, 경제적 성장, 구복과 기복을 실현하는 역할을 종교가 아주 적절하게 해 왔기 때문이다. 종교를 믿어야 사업에 성공하고 계층 상승을 실현할 수 있으며, 안락한 미래를 보장받을 수 있고, 심지어 천국과 내세의 영생을 보장받았다. 즉 종교가 경쟁을 기반으로 하는 자본주의 산업사회의 압박감과 미래에 대한 불안감을 해소하는 역할을 해 온 것이다. 그러나 그러한 역할도 이제 약효가 떨어지고 있는 듯하다. 이제까지 해 온 종교의 구복적 역할을 의심하는 사람이 늘어났고 오히려 천당과 지옥을 강요하고 겁박하는 종교적 배타성을 혐오하며 사람들은 종교로부터 멀어지고 있다.

전 지구적 생태 환경 문제로 인한 종교적 전환의 메시지

국가든 개인이든 무한한 산업사회의 성장과 경제적 발전의 추구는 불과 200년 사이에 인류사에 유래 없는 풍요를 가져다 주었다. 그러나 그 성장은 유한한 자연 자원의 채취를 통해서 이룩한 것이며, 자연의 복구 능력과 정화 능력을 넘어서는 폐기물과 오염물을 배출하였고 그로 인한 환경 파괴는 급기야 인류의 미래를 위협하는 단계에까지 이르게 되었다. 산업사회의 종교는 "믿습니다, 주시옵소서"의 구복과 기복의 종교로서, 대량 생산-대량 소비-대량 폐기의 산업화 독려, 자본주의 조장, 계급 상승과 물질적 성공을 추동하며, 많은 것, 높은 것, 빠른 것이 좋은 것이라는 산업사회의 정신적인 동력이 되었다.

그러나 오늘날 환경 문제로 대표되는 생태적 위기 문제를 절실하게 제기하게 된 것은 바로 하나뿐인 지구 The Only One Earth 에서 자원은 한정되어 있으며, 그러므로 산업사회의 무한정한 성장과 발전은 불가능하다는 사실을 깨달았기 때문이다. 지금까지의 자본주의적 산업사회 발전의 근간은 '자원은 무한'한 것이며, '물질적인 성장과 발전'이 행복의 필요충분조건이라는 생각이었다. GNP, GDP로 대표되는 생산량의 척도가 세계 모든 국가를 1위부터 꼴찌까지 서열화하고, 그 지위의 상승 경쟁을 독려해 왔다. 한편 이를 비판하며 등장한 사회주의마저도 물질적 '생산력의 고도화가 곧 인류의 진보'라고 주장했다. 그러나 생산력의 고도화, 물질적 풍요를 진보로 바라보는 한 결국 위기를 초래한 쌍둥이일 뿐이라는 비판을 받게 되었다. 이제 환경 위기, 전 지구적 생물종 감소와 대멸종 위기에 직면하여 과거의 진보·발전·성장이라는 개념을 근본적으로 부정하며 새롭게 재정의하고 정치·경제·문화 등 모든 부분에서 패러다임의 전환을 강제받고 있는 것이다.

이러한 시대 이제껏 산업화를 추동하는 이데올로그로서 역할을 해 온 종교는 강력한 도전을 받고 있다. '가난한 자는 복이 있나니 하나님의 나라가 너희 것임이요' 누가복음 6:20라고 예수는 말했고, '낙타가 바늘귀를 통과하는 것이 부자가 하늘나라에 들어가는 것보다 쉽다' 마가복음 10:25라고 하였고 '무엇을 마실까 몸을 위하여 무엇을 입을까 염려하지 말라. … 중략 … 공중의 새를 보라 심지도 않고 거두지도 않고 창고에 모아 들이지도 아니하되 너희 하늘 아버지께서 기르시나니' 마태복음 6:25~라고 하여서 물질적인 재부를 쌓기 위해 아등바등하지 말고 재물을 나눠 주어 가난하게 살라는 본래의 가르침을 회복하지 않으면 안 된다는 성찰을 하게 된 것이다. 불교 또한 탐진치 삼독심을 없애고, 재물에 탐착하지 말고, 보시하고 베풀며 천지자연의 은혜를 보은하는 삶을 살라고 가르치며, 궁극에는 무소유의 삶을 사는 것이 본래 가르침임을 새삼스럽게 재조명하고 있다. 이처럼 지난 수백 년간 지속되어 온 자본주의 사회에서 종교는 오히려 그에 앞선 수천 년 동안 지속했던 본래 가르침을 역행하고 자본에 포섭된 돈의 종교, 돈을 우상으로 모시는 종교가 되어 온 것을 추궁받고 있는 것이다.

개벽 시대 종교의 역할과 위상

자비 실천, 공동체로서의 종교 : 대체로 종교의 가르침은 두 가지 진리를 담고 있다. 지혜의 가르침과 자비 실천의 가르침이다. 우주와 세계, 자연의 실체에 대한 과학적 인식이 높아질수록 종교적 신념과의 불일치로 그 매력은 더욱 약화될 것이다. 그러나 자비과 사랑을 나누는 종교의 가르침은 여전히 의미를 갖는 것이다. 그래서 종교가 지역별로, 계층별로 자비와 사랑을 실천하여 소외되고 고통받는 사람들끼리 위로하고 격려하며, 의지하고 서로 도우며 생명과 생존과 생활하는 공동체로서의 역할과 기능을 실행하는 것은 여전히 중요할 것이다.

생활 양식 전환을 위한 종교 : 한편으로는 신앙인들에게 전 지구적 위기로서의 환경 문제는 소욕지족이라는 종교 본래의 가르침에 충실할 것을 강제하는 메시지이다. 자본주의 사회에서 사람의 행동을 유발하는 것은 돈의 힘이라는 것은 말할 것도 없지만, 다른 한편으로 종교 또한 인간의 욕망과 탐욕의 사회를 거슬러 인욕과 바른 삶을 살도록 행동을 변화시키는 큰 동력이 된다. 오늘날 세계 절반 이상의 인구가 여전히 종교를 갖고 있다면, 위기로서의 환경 문제를 해결하기 위해 물질적인 풍요보다는 정신적인 풍요, 사람들끼리 서로 배려하고 보살피는 돌봄의 사회를 만드는 데 종교는 큰 에너지가 될 것으로 보인다.

마음과 정신의 지혜와 영성의 종교 : 또 한편으로는 현대 사회에서 조직 종교는 약화되지만 담마법과 지혜로서 종교적 가르침이나 영성에 대한 희구는 더 많아졌다. 물질적 성장을 돕는 종교가 아니라 내면으로 향하는 깨달음을 돕는 종교, 영성의 심화를 이루는 가르침으로서 기능에 대한 요구는 많아졌다. 자신을 돌아보며 근본 자리를 찾는 수행의 노하우는 수천 년의 종교 역사 속에 축적되어 있다. 그러한 경험과 수행의 지혜를 중심으로 이후 마음의 힘을 발현하고, 연결되어 서로 살리는 지혜의 종교에 대한 추구는 높아졌다. 각 기업마다 명상 수련원이 생기고, 스마트폰의 명상 관련 앱들이 큰 인기를 끌고 있으며, 각종 명상 수련이 붐을 이루는 현상을 보면 종교는 약화되었지만 오히려 종교성은 강화되는 현상이 지속될 것으로 보인다.

배타적 멤버십 종교의 해체 : 하나의 신 외에는 절대 신봉할 수 없는 유일신 종교는 배타적 멤버십일 수밖에 없다. 그러나 지혜를 추구하는 종교라고 한다면 배타적 멤버십은 의미가 없다. 그래서 현재 서구에서는 한 종교를 신앙하면서도 동시에 다른 종교의 수행과 지혜에 관심을 갖는 '부디스트-크리스찬 Buddhist-Christian', '가톨릭-부디스트 Catholic-Buddhist', 유대인 또는 퀘이커이면서 불교나 이슬람 수피즘의 수행을 하는 사람이 많아지고 있다. 특히 참선, 명상, 위빠사나, 마음챙김 MBSR; Mindfulness- Based Stress Reduction 등은 이미 종교를 뛰어넘어 개인들에게 큰 영향을 주고 있다.

문화로서의 종교 : 종교는 수천 년간 문화로서 사찰과 교회를 건축하고 음악, 미술 등을 발전시켜 왔다. 따라서 이에 대한 관리와 종교 의

식의 실천 공간으로서의 기능을 만들어 나가는 것이 대단히 중요하다. 점점 신도들이 줄어들어 문화재로서의 용도보다는 다른 문화공간으로서 기능하게 될 것이며 이에 대한 대비가 필요하다. 오히려 수행·명상·힐링·치유·휴식 공간으로의 전환이 필요할 것이다.

사회 변화의 실천 단위로서의 종교 : 한 사회에서 정치나 경제 조직을 제외하고 가장 큰 민간 조직은 종교다. 더욱이 종교는 물질적인 세속 가치보다 세속을 뛰어넘는 초월적 가치를 추구하고 있다. 인간 고유의 존재를 존중하며, 공동체를 격려하고, 자연과 환경과의 조화와 약자와 가난한 자를 대변하는 조직이다. 또한 이해와 이익을 뛰어넘어 이제껏 해 왔던 사회 정의를 추구하는 사회적 균형자와 조정자로서 역할은 미래 사회에도 여전히 중요하다고 할 수 있다.

개벽의 종교, 종교의 개벽

과거 중세 시대 신 중심의 사회가 무너지고 과학과 이성 중심의 근대 사회로 넘어오면서 종교는 거대한 개벽을 맞게 되었다. 이후 과학에게 우위의 자리를 내주었지만, 경제성장과 물질적 욕망 구조와 손잡고 산업사회의 요구에 부응하는 역할을 자임하며 종교는 새롭게 번영의 길을 찾았다. 그러나 이제 생태 위기 시대를 맞아 종교는 새로운 전환의 개벽을 강제받고 있다.

이제까지 종교는 권력과 물질을 장악하고 소유해 온 우상이었다. 중세 시대에는 세속의 절대권력자인 군주 위에 군림하는 무소불위의 권력이었고, 산업사회에서는 물질을 우상으로 섬기는 종교였다. 그러나 이 세 번째 개벽에서 종교는 권력과 물질의 모든 우상을 내려놓고 진정 지혜와 자비의 가르침으로서 근본으로 회귀하라는 변화에 직면해 있다.

이렇게 볼 때 거대한 조직 형태의 기존의 종교는 해체의 수순을 밟게 될 것이다. 시대의 변화는 조직으로서 종교가 아니라 본질로서 종교성을 더욱 요구하고 있고, 기성의 종교는 이러한 시대 정신에 맞게 변신하게 될 것이다. 그래서 조직 없는 무형식의 종교로 등장할 수도 있고 한편으로는 그러한 메시지를 수용하면서 전혀 새로운 종교 형식을 띠는 종교도 등장할 것이다. 새로운 종교의 초기 태동은 기성종교의 탄압을 불러오겠지만, 그 탄압을 뚫고 사람들의 문제와 사회적 과제를 해결하는 과정에서 점검된 새로운 개벽의 종교가 건강한 미래를 만들어 나갈 것이다

유정길   불교환경연대 산하 녹색불교연구소 소장. 국민농업포럼 공동대표, 조계종 백년대계위원, 전국귀농운동본부 정책연구소. 지혜공유협동조합 정토회 에코붓다, 한살림 모심과 살림연구소와 마음살림위원 등으로 활동했다. 생태·녹색·전환·개벽 등을 화두로 하는 다양한 활동을 전개하고 있다.

새로운 시대의
명상 수행

김용휘

인간의 진화, 의식의 혁명적 전환

나는 지금 인도 오로빌에 일 년째 머물고 있다. 오로빌은 20세기 초 인도의 독립운동가이자 영적 지도자인 스리 오로빈도의 사상과 비전을 계승하는 공동체다. 1968년에 설립되었으며, 현재 약 3,000명이 거주하고 있는 세계 최대의 영성 공동체다. 오로빌의 목적은 '인류의 일체성 Human Unity'으로 국적과 인종과 종교 등 모든 대립과 분열을 넘어서 모든 세계 시민들이 하나 되는 세상을 만드는 것이다. 오보빌의 직접 설립자는 스리 오로빈도 Sri Aurobindo, 1872-1950의 영적 동반자였던 마리 알파사 Mirra Alfassa, 1878-1973라는 분이다. 여기선 그냥 '마더'라고 지칭된다. 스리 오로빈도와 마더의 사상은 인류가 한 번 더 의식의 진화를 통해 이성적 존재를 넘어 영성적 존재, 신성 의식을 가진 새로운 신인류로 거듭날 수 있으며, 그러한 신인류에 의해서 모든 인류가 평화롭게 공존하는 세상, 즉 인류 역사상 한 번도 도달해 본 적이 없는 새로운 문명 New Creation 이 가능하다는 것이다.

　　최근의 신생물학도 비슷한 이야기를 하고 있다. 『자발적 진화』라는 책에서 브루스 립튼 Bruce H. Lipton 은 애벌레로 태어났던 우리 인간이 바야흐로 나비, 곧 신인류로 변신하기 위해 어두운 고치 속에서 호된 통과의례를 치르고 있다고 한다. 그는 애벌레에서 나비로의 의식의 진화를 이룬 깨어난 사람들이 일정 숫자 이상에 이르면 이른바 '나비문명'이 실현된다고 한다. 동학의 수운 최제우가 이야기한 '다시 개벽'도 같은 맥락이다. 수운은 '개벽'의 용어 앞에 '다시'를 붙임으로써 처음 천지가 열렸던 때와 같은 근본적인 수준의 새로운 세상이 도래할 것임을 암시했다.

　　이러한 나비문명은 그냥 오는 것은 아니다. 먼저 인간의 진화, 의식의 혁명적 전환이 전제된다. 명상 수행은 그러한 인간의 진화를 위한 의식 혁명의 기술이다. 인간 안에 잠재되어 있으나 아직 피어나지 못한 신성을 피워 내는 삶의 기술이 바로 수행이다. 하지만 지금까지 인류는 의식 혁명의 기술을 완전히 체계화하지는 못했다. 각각의 문화적 전통에 갇혀 있었던 탓이기도 하고, 아직 때가 이르지 못한 탓도 있었다. 이제 동서가 교통하고 모든 문화가 가로지르기를 하는 이 시대야말로 각각의 문화 전통, 그중에서도 인간의 잠재적 능력을 꽃피우는 기술들이 통합됨으로써 진정 새로운 시대로 진전하는 결정적 시기를 맞고 있다고 할 것이다.

명상 트렌드

오랫동안 명상 수행은 속세와의 모든 인연을 끊고 산속으로 들어가 엄정한 출가 수행을 해야 하는 전문 수행자의 영역이었다. 그랬기 때문에 수행법도 엄격한 입문 과정을 거친 소수의 제자에게만 비밀스럽게 전수되었다. 때로는 비전이 적힌 책을 구하기 위해 엄청난 고생을 하기도 했고, 그 책을 둘러싼 암투가 벌어지기도 하였다. 그리고 수행법을 두고 서로의 우월성을 주장하며 자신들의 수행법이 깨달음을 위한 유일한 방법이라고 주장하기도 했다.

그런데 이제 명상 수행은 마음만 먹으면 언제든 접근 가능한 영역이 되었다. 가족과 인연을 끊지 않아도 가까운 명상 센터나 요가원, 심지어는 주민센터의 문화 강좌에서도 얼마든지 수강할 수 있게 되었다. 명상 수행이 세속화, 대중화되었다. 대학과 대학원에 명상과 요가 관련 학과가 생기기도 했다. 명상 수행과 관련된 유의미한 과학적 데이터들도 축적되고 있다. 현대 과학, 특히 심리학과의 만남도 많아지고 있다.

명상이 대중화된 데는 마하리쉬 마헤쉬 Maharishi Mahesh, 1918-2008 요기의 역할이 컸다. 그는 인도의 전통적 수행법을 '초월명상™'이라고 하는 간결한 프로그램으로 만들어 1958년부터 서방 세계에 보급하였다. 마침 영국의 전설적인 밴드 비틀즈가 여기에 관심을 가지면서 대중적인 확산에 성공할 수 있었다. 이후 수많은 인도 요기들이 앞다투어 서방으로 진출하였다. 그중에서도 크리슈나무르티 Jiddu

Krishnamurti, 1895-1986와 라즈니쉬 Osho Rajneesh, 1931-1990가 큰 인기를 끌었다. 여기에 티벳 불교가 가세했다. 티벳 불교의 상징인 달라이 라마 Dalai Lama, 1935- 와 초감 트룽파 린포체 Chgyam Trungpa, 1939-1987도 널리 소개되었다. 달라이 라마는 티벳 망명정부의 수장이자 정신적 지도자로서 서방 세계에 널리 부각되었다. 또한 초감 트룽파는 1970년대에 미국 버몬트 주에 북미 최초의 선원인 카메 초링 선원을 창립해 불교 명상 수행을 소개했다. 또한 그는 북미 최초의 불교 대학인 나로파 대학을 설립하기도 했다.

베트남 승려로서 평화활동가이기도 한 틱낫한 Thich Nhat Hanh, 1926- 스님은 프랑스의 남부에 프럼빌리지 공동체를 건설하여 '마음챙김 mindfulness'을 중심으로 불교를 대중적 수행법으로 안착시켰다. 그런가 하면 인도 출신의 기업가였던 고엔카는 불교의 '위빠사나 Vippasana' 수행을 재가자들을 위한 수행법으로 체계화하고 특히 십일간의 수련 과정을 통해 괴로움을 극복하고 마음의 평정과 지혜, 자비를 얻게 했다. 그런가 하면 한국의 숭산 스님은 선불교의 간화선을 미국에 널리 전파했다. 이렇게 서방에 소개된 인도의 요가 수행과 불교는 종교라기보다는 수행법으로서 소개되어 다른 종교인들도 부담없이 접근할 수 있게 했다.

한편 최근의 명상 트렌드는 이제 인도 요가나 불교적인 영향에서도 어느 정도 벗어나서 어떤 특정 전통의 틀에 갇히지 않고 보다 실용적이고 심리학적인 차원에서 접근이 이루어지고 있다. 에크하르트

톨레Eckhart Tolle, 1948- 는 '생각'과 그 생각을 하는 더 근원적인 나를 구분함으로써 '생각'에 사로잡혀 괴로워하지 말고 '지금 여기를 살아라'는 처방을 내놓았다. 『될 일은 된다』라는 책으로 국내에 소개된 마이클 싱어Michael A. Singer 역시 끊임없이 머릿속에서 흘러나오는 생각을 그대로 바라봄으로써 그것과 분리된 주체를 형성하고, 자기의 생각에 끌려다니는 삶이 아니라 삶이 이끄는 대로 나를 내맡김으로써 오히려 더 자유롭고 평화롭고 삶이 제공하는 더 풍요로운 삶을 살 수 있음을 자신의 인생 경험을 통해 웅변하고 있다.

한편 마이클 브라운Michael Brown은 십년간의 여행을 통해 7세 이전 형성된 감정이 평생을 좌우한다는 것을 알고, 『현존수업』이란 책을 통해서 스스로 누적된 감정을 정화하고 통합하는 훈련을 할 수 있도록 제시하고 있다. 또한 세계적인 영성 교육 매체인 마인드밸리의 창업자 비센 락히아니는 명상의 목적이 명상을 잘하는 데 있는 것이 아니라 잘사는 데 있다고 하면서, 기존의 명상의 틀에서 벗어나 '6단계의 연습'법을 내놓고 있다. 6단계 연습이란 자비와 감사와 용서, 꿈, 완벽한 하루, 그리고 축복이다. 하루에 20분 정도의 명상을 통해 자비와 감사와 용서하는 마음을 실제로 느끼도록 훈련하는 한편 자신의 비전을 구체화하는 훈련을 하는 것이다.

이처럼 최근의 트렌드는 특정 종교나 특정 전통을 벗어나서 보다 대중적이고 과학적이고 실용적인 접근을 하고 있다. 반면 현대인들의 힐링과 웰빙의 차원에서 접근하면서 발생하는 상업화의 문제나,

끌어당김의 법칙을 강조하면서 지나치게 물질적 부와 풍요의 추구를 부추기는 문제도 있다.

명상의 핵심

어떤 명상 수행이라도 심신의 안정과 감정의 정화, 그에 따른 불안과 스트레스 완화 효과는 있다. 그러나 모든 명상 수행이 다 권할 만한 것은 아니다. 명상을 잘못할 경우 부작용도 적지 않다. 깨달음을 상품화하여 돈벌이의 수단으로 삼거나, 지도자에 대한 지나친 우상화, 끌어당김의 법칙을 과대 선전하면서 오히려 물질에 대한 욕망을 부추기는 문제, 자기 수행법을 절대시하는 영적 독단, 그리고 약간의 체험으로 자신이 보통 사람보다 우월하다고 여기는 영적 에고의 문제, 게다가 실제로 인도와 티벳의 구루들이 일으킨 것과 같은 성적 스캔들, 현실을 도외시하고 가족을 떠나 혼자만의 세계로 침잠해 버리는 현실 도피, 또는 수행에만 매몰된 수행 폐인, 그리고 모든 문제를 마음의 문제로 환원시켜 버림으로써 사회의 제도적 문제나 부조리, 모순에 눈감아 버리는 문제도 있다.

그러나 명상 수행이 이러한 위험이 있다고 포기하거나 외면되어야 하는 것은 아니다. 이는 마치 아기를 씻은 물을 버리려다가 아기마저 버리게 되는 것과 같다. 부작용 때문에 본질이 외면되어서는 안 된다. 소수의 영적 천재들이 행해 왔던 명상 수행에는 우주와 생명, 인간과 의식에 대한 심오한 통찰의 길이 있다.

모든 것은 마음에서 비롯된 것이고, 생각하는 대로 이루어진다는 것은 진리의 일부를 담고 있지만 그것이 너무 강조되면 기복신앙과 다를 바가 없어진다. 명상의 핵심은 '자기 비움'이다. 자기의 생각을 내려놓고 감정을 정화하는 것이 핵심이다. 이로써 잘못된 생각과 집착에서 오는 괴로움에서 벗어날 수 있고, 부정적인 감정을 맑고 밝고 따뜻한, 긍정적 감정으로 변화시킬 수 있다. 그 상태에서 진정한 내적 평화와 자유, 그리고 기쁨이라는 마음의 본래적 상태를 회복할 수 있다. 그리고 그 마음 상태에서 저절로 흘러나오는 것이 사랑과 자비다.

이러한 자기 비움은 내맡김 surrender을 통해서 가능하다. 수행은 결국 자기 생각과 자기 계획을 내려놓고 삶에 내맡기는 것, 우주의 리듬에 몸을 싣는 것이다. 내맡김이 곧 현존의 기술이다. 몸과 마음에 힘을 빼고 지금 여기에 온전히 내맡길 때 마음은 고요해지고 깊은 평화가 찾아온다. 그리고 내 몸의 기운은 우주의 기운과 연결된다. 우주의 기운이라고 해서 저 멀리 있는 것이 아니다. 지금 여기의 공간에 가득 차 있는 것이 우주의 기운이다. 나를 온전히 내맡길 때 지금 여기의 기운과 연결된다. 내맡김에 익숙해질수록 그 연결감은 더 커진다. 그리고 연결감이 커질수록 나의 생각은 비워지고 감정의 정화가 일어난다. 그동안 억눌려 있던 감정의 덩어리들이 무의식의 어둠으로 있다가 의식이 희미해지면서 의식의 수면 위로 떠오른다. 그 과정은 때로는 고통스러울 수도 있다. 하지만 그 흘러나오는 감정에 반응하지 않고 한 발짝 뒤에서 바라볼 수 있게 되면 그 감정들이 실타래처럼 풀

려나오고, 어느 순간 안개가 걷히고 맑고 밝은, 평화롭고 행복한 세계가 드러나게 된다.

이 무의식의 어둠을 형성하는 감정, 그리고 그 밑바닥에 있는 욕구들은 우리의 하위 자아라고 할 수 있다. 우리는 높은 의식과 연결되기전에 자기 안의 하위 자아와 연결되어야 한다. 내면의 목소리를 듣는다는 것은 하나는 자기의 하위 자아의 목소리를 듣는 것이고, 하나는자기 안의 초월적 차원과 연결되어 신성의 목소리를 듣는 것이다. 그것을 본래 마음, 참나, 성품, 신성이라고도 한다. 하위 자아는 '내면 아이'라고 부르기도 한다. 어른으로 성장하고 사회에 적응하기 위해 외면당한 내면 아이의 존재를 인정해 주고 그 목소리를 들어 주는 데서마음공부는 시작된다. 여기서 감정의 정화가 일어나고 긍정적 감정으로 전환되면서 균형 잡힌 인격, 통합적 인격이 가능하다. 상위의 힘과는 연결되었지만 하위 자아와 연결되지 못하면 인격적 불균형이더 심해지고, 영적 에고가 더 강해질 수도 있다.

분노와 슬픔과 원망과 두려움 같은 부정적 감정이 겨울눈 녹듯이녹아내리고 자존감이 생기면 비로소 사랑과 열망 같은 긍정적 감정이 내면에서 저절로 흘러나오게 된다. 이 긍정적 감정들 중에서 사랑이란 감정도 중요하지만 '열망'이란 감정이야말로 참으로 중요하다.열망은 내 안의 있는 나만의 씨앗을 발아시키는 내적인 힘이다. 이 힘은 그동안 성장을 멈추고 골방에 숨죽이며 울고 있던 내면 아이가 존중받기 시작하면서 알라딘과 같은 거인으로 성장한 것에 비유될 수 있다. 자기를 존중해 주는 주인을 위해 거인은 주인의 소망을 이루어 준다. 자기의 꽃을 피우는 데 필요한 내면의 에너지가 열망이다. 열망이 있어야 자기의 꿈을 현실화시키고 자기의 재능과 소질을 꽃피워 내고 자기실현을 할 수 있다. 열망이야말로 삶의 엔진과 같은 것이다. 이제 가슴 뛰는 삶이 시작된다.

수행에서 세 번째로 중요한 것은 내 몸과 마음의 주인이 되는 것이다. 내 몸과 마음의 마스터가 되는 것이다. 몸과 마음의 마스터master가 된 사람만이 삶의 마스터가 될 수 있다. 욕구와 감정, 그리고 자기의 생각에 끌려 다녀서는 수행자라고 할 수 없다. 그렇다고 예전 수행처럼 욕구와 감정을 부정하고 지나친 금욕과 고행의 극단적 방법을 쓰는 것도 좋은 결과를 얻기 어렵다. 욕구와 감정, 그리고 생각을 존중하되 그것의 주인이 되는 삶이 바로 수행이다. 욕구와 감정은 물론이지만, 생각 자체도 내가 아니다. 생각은 하나의 현상일 뿐이며, 그 생각의 주인이 '나'이다. 따라서 '나'는 욕구와 감정과 생각의 주인이다. 몸과 마음이 참나가 아님을 알고 참나의 주인 자리를 회복해서 내 삶의 운전대를 확실히 잡는 것이 바로 수행에서 추구해야 하는 가장 중요한 부분이다.

이 시대의 수행은 운전에 비유할 수 있다. 운전을 하기 위해서는 기름을 넣고 엔진의 시동을 켜고 운전석에 정신을 똑바로 차리고 앉아서 운전대를 잘 잡고, 목적지를 설정해서 지도나 내비게이션의 안내를 받아야 한다. 물론 시동을 켜고 내비게이션을 켤 수 있다고 바로

운전을 잘할 수 있는 것은 아니다. 상당한 기간 경험을 쌓고 자동차를 내 몸처럼 운전할 수 있는 연습이 필요하다.

이제까지의 수행은 무소의 뿔처럼 혼자서 두 발의 힘으로 묵묵히 목적지를 향해 걸어가거나, 아니면 기사가 운전하는 기차나 버스에 올라타서 원하는 목적지를 가는 것에 비유할 수 있다. 그런데 이 시대의 수행은 직접 자가용을 운전하는 것과 같다. 시동을 걸어서 엔진의 힘을 이용하고 내비게이션의 안내를 받는 것과 같이, 하늘의 무한 에너지와 지혜에 연결되는 방법을 터득하여 그 힘과 지혜를 활용하되, 운전대는 내가 잡고 스스로 운전을 해서 목적지에 가는 것이다.

이는 자력적 수행과 타력적 신앙의 조화이기도 하다. 신이 없다고 하고 스스로 수행하여 깨닫는다고 하는 자력적 수행이 고상한 것 같지만, 자칫 영적 에고를 강화할 위험성이 있다. 반대로 구원을 저쪽에 두고 섬김만을 강조하고 자기 수행의 치열함이 없으면 외적 권위에 의존하기 쉽고, 개인의 자유나 자기의 개성이 존중받지 못할 수 있다. 따라서 자기의 개성을 가지고 자기 삶을 운전해 가되, 하늘의 기운과 지혜와 연결되어 그것을 활용할 수 있도록 하는 수행이 오늘날 우리가 추구해야 하는 수행이다.

'내맡김'을 통해서 자기비움과 감정의 정화, 욕심 없는 상태, 에고에서 해방된 주체가 되고, 지금 여기에 현존할 수 있게 되며, '열망'을 통해서 삶의 시동을 걸고 비로소 가슴 뛰는 삶이 가능하다. 또한 몸과 마음을 바라보는 '참나'로서의 주인의 자리를 회복함으로써 비로소

개벽의 시대의 새로운 주체로 신생新生할 수 있다.

통합적 인격과 깨어난 소수의 연대, 집단영성의 시대

개벽의 종교인 동학의 수운 최제우 선생이 깨달은 것이 다름 아닌 바로 이것이다. 수운은 하늘 기운과 연결되는 방법과 내 안의 영의 지혜를 받는 방법을 깨달은 것이다. 수운이 새롭게 내놓은 시천주의 '모심'은 '내유신령內有神靈', '외유기화外有氣化', '각지불이各知不移'이다. 이는 내 안의 거룩한 영의 지혜를 받고 바깥의 하늘 기운과 연결되어 다른 그 무엇으로도 옮길 수 없는 자기만의 독특성을 알아서 실현한다는 의미이다. 또한 수운은 '수심정기守心正氣'라는 새로운 도법을 통해서 자기 삶의 주인이 되는 방법을 내놓았다. 마음의 운전대를 잘 잡는 것이 수심이고, 욕구와 감정을 잘 정화시켜 편안한 몸으로 삶에 올라탄 상태, 즉 현존이 정기이다.

수운 선생의 '개벽의 꿈'은 지금까지 한두 사람의 영적 천재들에 의해 깨달음을 얻던 시대를 지나 모든 사람이 그와 같은 집단적 의식의 진화를 이룰 것이라고 전망한 것이다. 이제 '집단 지성'을 넘어 '집단 영성'의 시대를 예고하고 있다. 지금의 정황으로 보면 세계의 미래는 유토피아라기보다는 디스토피아가 될 가능성이 높아 보인다. 하지만 의식의 집단적 깨어남이 일어난다면 우리의 미래도 그렇게 절망적이지는 않을 것이다.

결국 깨어난 소수가 희망이다. 그리고 질적 변화를 이룬 나비들의 집단적 연대가 유일한 희망이다. 이를 위해서는 새로운 시대의 수행이 필요하다. 이를 통해 진정한 의식의 진화와 확장이 일어나야 한다. 오늘날의 물질주의를 넘어서 삶이 거룩해지고, 다른 사람과 생명을 대하는 태도가 달라지고, 나아가 정치·경제·사회·문화·교육 등 모든 분야에서, 특히 물질까지도 거룩하게 대할 수 있는敬物 근본적 전환이 일어나야 한다. 그것이 수운이 꿈꾼 다시 개벽의 세상이며 나비문명이다.

김용휘   철학자. 대학에서 물리학을 전공했으며, 동학을 중심으로 새로운 시대의 철학을 모색하고 있다. 군산대 연구교수, 고려대 HK 연구교수, 천도교한울연대 공동대표, 방정환한울학교 상임이사를 역임했으며, 현재 인도 오로빌에서 공동체를 탐방 중이다.

퇴계의 성학십도,
가상현실^{VR}과 만나다.

이원진

가상현실 또는 현실가상: 4차 산업혁명의 본질은 가상화 혁명

> "가상은 실재만큼 견고하고 실재는 가상만큼 유령스럽다." _ 빌렘 플루서

원시인들은 가상과 현실의 경계를 자유롭게 넘나드는 상상력을 발휘했다. 오늘날 이미지의 시대에서도 가상과 현실의 경계가 없다. 하지만 선사 시대로 퇴행한 건 아니다. 미학자 진중권은 "원시인들의 경계 없음이 '주술적 상상력'이라면, 현대인은 '기술적 상상력'의 시대를 살고 있다."고 말한다.

우리는 명백히 가상이 실재를 초월하고 압도하는 '가상화 혁명'의 시대에 살고 있다. 오늘날 가상과 현실 세계는 그 어느 때보다 가깝게 수렴했다. '가상현실virtual reality'은 어느새 '현실가상real virtuality'이 된 것이다. 플라톤이 말한 이데아의 세계는 이제 클라우드 컴퓨팅 기

술을 통해 구현된다. 1970년 1세대 가상현실 연구자인 마이론 크루거 Myron W. Krueger는 "가상현실이 등장함에 따라 존재란 무엇인가, 실재란 무엇인가, 나는 어떻게 인식하는가 등의 전통 철학의 질문이 더이상 가설의 수준에 머무르고 있지 않다."고 말한다. 그는 "가상현실은 우리 모두가 초대되는 지적 향연장이며 탐험과 창작에서 모두가 자유로울 수 있는 지적 영역"이라고 강조한다. 미국 철학자 마이클 하임은 『가상현실의 철학적 의미』에서 "기계는 인터페이스를 제공하며, 인터페이스가 사이버스페이스의 문을 열었고, 마침내 사이버스페이스는 탐험 대상인 가상세계를 제공했다."며 "우리가 VR로 전환한다면 컴퓨터로 산출된 세계의 안팎으로 우리가 드나들 때마다 사이버스페이스 속에 들어가면서 인간은 많은 변화를 겪을 것"이라고 강조한다.

주영민은 『가상은 현실이다』에서 현실 세계의 자아, 관계가 가상화돼 사물의 이데아가 클라우드 서버로 옮겨가고 있다고 진단한다. 그리고 저장된 가상의 이데아가 우리의 실재를 지배한다고 말한다. 실재는 클라우드 이데아의 모사본이다. 현대인의 일상을 저장하는 페이스북, 인스타그램, 트위터 또한 클라우드에서 작동한다. 클라우드는 단지 기술 기업의 인프라스트럭처가 아니라 실재를 떠받치는 가상의 아틀라스다. 클라우드 서버가 다운되면 이데아의 동굴은 어두컴컴해지기 때문이다. 가상의 마비는 실재의 마비로 전이된다. 이처럼 4차 산업혁명을 추동하는 핵심 기술은 사실상 가상 기술이다. 가상 기술을 통해 가상이 실재를 초월하고 변형/증강시키는 탓이다. 세계가 이미 주어진 것이었을 때 가상은 존재하는 현실의 불충분한 대체물, 그래서 존재론적으로 의혹과 경멸의 대상이었다. 현재 디지털 시대에서 세계는 주어진 것이 아니라 우리가 만들어낸 것으로 존재한다. 따라서 더이상 가상은 이미 존재하는 현실의 모상이 아니라, '대안적 세계', 다시 말하면 앞으로 도래할 미래에 있다. 'virtual'은 가상적이라는 말도 되지만, 잠재적이라는 뜻도 있다. 이를 토대로 가상은 이미 존재하는 것을 재현하는 게 아니라 아직 존재하지 않으나 실현해야 할 잠재성으로 이해할 수 있다. 우리의 세상은 이미 현실reality—가상virtuality—실현actuality이 어지럽게 뒤섞인 혼합현실Mixed Reality 또는 합성현실Synthetic Reality이다. 프랑스 철학자 피에르 레비Pierre Levy는 『디지털 시대의 가상현실』에서 가상현실 위에서의 존재를 4단계로 나눠서 얘기한다. 즉 가능possible, 실재reel, 가상virtuel, 현실actuel 이렇게 네 가지 양태가 서로 이동하고 상호영향을 미치면서 살아가는 시대라고 분석하면서다.

주영민은 특히 오늘날 가장 근본적인 기술인 소셜미디어, 인공지능, 암호화폐가 모두 가상 기술이라고 설명한다. "페이스북이란 소셜미디어는 '현실'을, 알파고란 인공지능은 '지능'을, 비트코인이란 암호화폐는 '돈'을 가상화한다."는 것이다. 가상 기술로 인해 탄생한 가상의 현실, 가상의 지능, 가상의 돈은 실재에 덧입혀지고 실재를 가상의 질서로 재구축한다. 가상은 실재를 빨아들이며 발전한다. 페이스북은 정치 여론을 선도하고, 페이스북의 또 다른 서비스인 인스타그램은 우리에게 '인스타그래머블instagrmmable'할 것을, 즉 인스타그램에 사진을 올리기에 최적화된 전시적展示的 삶을 살아낼 것을 강제한다. 소셜미디어는 인간의 데이터를 흡수하며 성장한다.

마이크로소프트의 소프트웨어 기획 설계자 킴킴에 의하면 인류가 3,000년 동안 쌓은 5엑사바이트의 데이터를 생산하는 데 걸리는 시간은 2017년에는 고작 하루, 2020년에는 10초일 뿐이다. 매 10초마다 그만한 데이터가, 즉 우리가 저녁 먹고 인증샷을 페이스북에 올릴 때마다 빅데이터가 생산된다. 소셜미디어는 인공지능을 통해 번성하고, 인공지능은 소셜미디어를 통한 빅데이터로 진화한다. 암호화폐는 소셜미디어로 전파되고 소셜미디어는 암호화폐를 쓴다. 이렇게 실재는 위축되고 권력은 가상으로 이동한다. 가상을 만들어낸 것은 인간이나 가상에는 인간도 어찌할 수 없는 주체성이 있다. 가상은 실재가 쪼그라들 때까지 실재를 빨아들이고 성장해 실재를 위협한다. 가상현실 또는 현실가상으로 문명이 완전히 바뀌고 있다. 불가역적이며 통제불능이다.

과거 가상은 보이지 않는 세계이고 현실은 보이는 세계였다. 그런데 이 세계가 디지털로 인해 양적 수치화하면서 가상도 보이는 영역이 되고 있다. 반면 실재의 가시성은 줄어들고 있다. 플루셔는 "가상과 현실 사이에 질적 차이가 있는 것이 아니라 그 둘 사이에는 양적 차이, 즉 밀도의 차이 혹은 해상도의 차이가 있을 뿐"이라고 말했다. 기술의 발전으로 향후 가상과 현실 간 밀도 차이는 0에 수렴할 것이다.

현대인들이 '외로워'라고 불평할 때 나는 무슨 일이 일어났는지 안다.

우주를 잃어버린 것이다. _D.H.로렌스, 『묵시록 Apocalype』

그렇다면 이런 가상현실 또는 현실가상 환경에서 우리는 무엇을 추구할 것인가? 이미 존재하는 것을 재현하는 가상성이 아니라 이제 실현해야 할 잠재성, 즉 기술적 상상력을 추구해야 한다. 그런 점에서 4차 산업혁명의 승부수는 '창의성 Creativity'에 있다. 경계를 넘나드는 상상력은 역설적으로 원시인들의 주술적 상상력에서 찾을 수 있다. 원시인들의 경계 넘나들기는 바로 하늘에 대한 주술적 영성 덕분에 가능했다. 마이클 하임은 VR 경험의 심원함을 겪어 본 사람은 뭔가 더 큰 것, 말하자면 철학적이거나 종교적인 것을 요구할 것이라고 말한다. 결국 우리는 가상'현실'에 대해 얘기할 때, 어느 순간 달아나 버리는 환각이나 흥분이 아니라, 인간적인 삶과 사고의 층들이 근본적으로 변하고 있다는 형이상학적 논의를 하는 것이기 때문이다. 킴킴은 "앞으로 인공지능의 발달로 인한 라이프 스타일의 변화는 엄청날 것이다. 만약 그 잉여 시간이 인류의 영성을 위해서 쓰이지 않는다면 우리에게 미래가 없다. 인류의 보편적 영성 지수의 향상은 필수적"이라고 말했다. 영성을 통해 기존의 지식과 선입견을 완전히 포맷해 전혀 새로운 인류를 기획해야 한다.

동양적 전통에서 영성은 본래 하늘과의 관계를 말한다. 우주 하늘는 인간의 삶에 핵심적 요소였다. 그런 점에서 우주론 cosmology은 곧 윤리였다. 하늘이 도덕의 배경이었다. 윤리란 나를 넘어선 것에 대한 사유다. 우리 존재는 다른 존재자와 함께 거대한 우주의 일부분이며 우리를 넘어선 거대한 자연/윤리 세계가 존재한다는 것, 나와 타자는 그 자연에 연결된 채 한 집에 공존하고 있다는 것에 대한 사유다. 이를 특히 유가儒家에서는 '천인합일天人合一'과 '만물일체萬物一體'라는 개념으로 표현해 왔다. 인간은 우주와 같은 원리로 이루어졌으며 끊임없는 천인합일적 감응resonance을 통해 그 윤리성을 회복한다. 인간뿐 아니라 만물은 동질적으로 그렇다.

하지만 도는 형태가 없고 하늘은 말이 없다道無形象, 天無言語. 서구적 근대의 언어를 거쳐 과학과 기술이 하나의 형상으로 굳어져 버린 오늘, 동양적 전통을 물려받은 우리에게도 천인합일의 우주론은 희미해져 버렸다. 오히려 현대인은 유발 하라리가 『호모데우스』에서 예측한 대로 '기술종교'를 신봉한다. 디지털 사회에서 경외의 대상은 나를 넘어선 거대한 자연 대신 '구글 신Google God'으로 향한다. 인공지능이란 가상의 신은 인류로부터 데이터라는 제물을 끊임없이 요구하며 번성하고 있다. 구글 출신의 엔지니어 앤서니 레반도브스키는 실제로 인공지능AI을 신으로 모시는 종교단체, '미래의 길Way of the Future'이란 교회를 설립했을 정도다. 하지만 그 결과 우리는 인류 역사 최초로 인류가 지구 환경에 지질학적으로 강력한 영향을 미치는 '인류세'의 시기에 접어들었다. 인류세Anthropocene라는 새로운 지질학적 시대에 접어들었다는 불길한 진단은 존재의 지평 전체를 다시금 사유하게 만든다. 홍콩 철학자 육후이는 인류세의 시대를 맞아 우리는 이제 우주 질서와 도덕질서의 일치를 추구하며 기술적 활동을 수행하자고 주장한다. 그는 『중국에서의 기술에 관한 질문』에서 이를 '코스모테크닉스 cosmotechnics'라는 이름으로 설명한다. 코스모테크닉스는 우리에게 기술과 자연을 관습적으로 대립시키는 입장을 극복하고 이 둘의 유기적 일치를 추구하고 확인하는 것으로 철학의 과제를 집중하려는 개념적 도구다. 그는 "상이한 문화에서 테크놀로지는 그 문화에 대한 우주론적 이해에 영향을 받으며 그 우주론적 배경 내에서 자율적이다."라고 얘기한다. 한국민은 특히 단군 시대 이래로 천인합일의 우주론을 추구해 온 배경을 갖고 있다. 우리 문화적 유산으로서의 영성을 되살려 디지털 사회에서 새로운 가상의 질서를 구축할 수 있다.

4차 산업혁명은 유독 한국에서만 빈번히 사용되는 단어다. 물리학자 이종필은 그 이유에 대해 "3차 산업혁명까지 뒤쳐졌다는 열등감과 '이번만큼은' 어떻게든 우리가 잘해 볼 수 있다는 낙관론에 근거한 용어가 아닐까?"라고 설명한다. 그러나 잘못된, 특히 서구적 근대의 관성을 그대로 유지한 채 첨단기술을 사용하는 것만으로 우리가 '잘해 볼 수' 있을까? 4차 산업혁명이란 말은 전통적 우주론과 윤리에 입각해 새로운 가상을 설계해야 하는 이 시대의 질문을 오히려 호도하고 있는 것은 아닐까? 사실 일자리 상실 문제는 가상화에 의한 철학과 우주론의 소멸에 비하면 더할 나위 없이 사소한 문제다. 우리의 집단지성은 이 우주론을 되살리는 방향으로 작동해야 한다. 피에르 레비는 사이버스페이스에서의 집단 지성에 기대를 걸고 있다. 현대인의 외로움과 인류세의 문제는 우주하늘를 잃어버린 데서 온다는 진실을 직시할 때다.

동도서기학 2.0

우리는 잃어버린, 아니 스스로 놓쳐 버린 우주론을 복구하고자 한다. 또 그런 우주론에 걸맞는 가상의 테크놀로지를 개발하고자 한다. 중국 아편전쟁 전후 시기와 한국의 개화기, 일본에서는 화혼양재和魂洋才, 중국에서는 중체서용中體西用, 조선에서는 동도서기東道西器라는 구호가 유행했다. 이렇게 삼국이 표현은 달랐지만 아시아의 혼魂, 체體, 도道는 지키면서 서구 과학으로서의 재才, 용用, 기器를 수용하자는 뜻은 같았다. 오늘날 우리에게는 인공지능 같은 가상 기술을 누리면서도 그 기술이 구현하고자 하는 가치가 하늘의 이치, 인간의 도리와 동떨어지지 않음을 입증하는 게 다시 핵심 과제이다

　이는 사실 우리 전통에서 낯설지 않다. 동양 사상 중 가장 대표적 개념인 음양은 서구의 이원론처럼 불연속적이지 않다. 도리어 연속돼서 변화하는 계기를 설명한다. 이는 하나이면서 둘이요, 둘이면서 하나一而二, 二而一인 관계다. 리理와 기氣, 체體와 용用, 본本과 말末, 유有와 무無, 천天과 인人 등의 개념이 모두 서로 완전히 분리되지도, 하나로 섞이지도 않는 불상리不相離·불상잡不相雜의 상태다. 그래서 서로 상보적으로 의존하면서도 개별적으로 존재한다. 우리는 지금 전

통-현대, 동양-서양 등 모든 2항 대립적 사유틀이 만들어 놓은 편견을 지양하며, 21세기 디지털 시대의 정신과 기술 문명을 어떻게 건설할 것인가의 문제에 답해야 한다.

해서 '우리는 지금 행복하게 살고 있는가'라는 도적道的 물음을 기술에 대한 기적器的 물음에 합류시켜야 한다. 철학 질문과 과학 질문을 연합해야 한다. 그게 우리 안에 내재한 개벽의 미래를 밝혀낼 상상력을 발휘하는 길이다. 기술적 상상력의 혁명이자 팽창이다.

오늘날 한국이 디지털이라는 첨단 기술과 함께 '한류'를 전 지구적으로 확산시킨 비결이 뭘까. BTS의 성공은 세계 최고 디지털강국으로서의 리적理的 특성과 기적氣的 특성이 잘 조화된 실례다. 도적道的 특성과 기적器的 특성이 적절히 버무려진 경우다.

리적 특성은 음원의 디지털화를 통한 추상화 능력이고, 기적 특성은 특유의 흥과 들썩임이다. 도적 특성은 현대 사회에서 본질적인 가치를 방탄/수호한다는 노랫말에 있고 기적 특성은 유튜브라는 가상적 첨단기술을 활용한 데 있다. 반면 한류의 정점에 서 있는 한국은 세계 최저 출산율, 세계 최고 자살률 등 정신의 빈곤 또는 황폐화로 인해 고통받고 있다. 기적 특성에 그쳐야 할 일을 과도하게 리적 특성으로 몰아갈 때, 즉 학벌이나 연봉 같은 성격의 기적 자본을 계급이나 신분 같은 리적 자본으로 과장해 갈 때 우리는 드라마 「스카이캐슬」이 보여줬던 피라미드의 정점에서 기器로써 자살하거나 우울이란 병에 시달린다. 영화 「기생충」의 성공은 자본주의 사회에서 빈부 간 격

차가 도리어 약자^{弱者} 간 싸움으로 비화될 수 있다는 모순과 모두가

그 구도의 피해자가 될 수 있음을 웅변하는, 언뜻 보기엔 기묘한 리적^{理的} 메시지와 배우의 연기력, 시나리오나 신^{장면}에서의 미세함^{일명 '봉테일', '삐사리'의 예술^{L'art du Piksari', 프랑스 카이에 뒤 시네마 기자가 봉준호 감독에 대해 표현한 말로}} 예상치 못한 돌발적 요소로 웃음을 주는 설정 등의 기적^{氣的} 디테일로 크게 양분해서 설명할 수 있다. 기술의 발전으로 자막을 통한 언어장벽이 퇴색되자 한국은 한국영화사 100년간 해외로부터 정열적으로 흡수했던 모든 드라마 장르와 영화기법 등을 본래 우리의 것^{공생을 추구해야 한다는 메시지}과 통합해 새로운 창의력으로 뿜어낸 것이다. 뉴욕타임즈는 봉 감독의 영화에 대해 "썩어 가는 인류에 대한 깊은 인도적 비전^{a deeply humane vision of rotting humanity}을 제시"했다고 평했는데 여기서 '썩어 가는 인류'라는 기^氣적 현상에 '인도적 비전'이라는 리^理적 처방을 제시한 것으로 읽을 수 있을 것이다.

따라서 기에서 멀어져 버린 리를 소환한다는 것, 아니 기가 원래 리와 떨어질 수 없었다는 것을 상기한다는 것은 이 시점에 매우 중요하다. 동양에서 근대화와 함께 신적 지위로 격상된 '기술'로부터 비롯됐지만 한 번도 제대로 물어지지 않았던 '질문'으로, 오히려 근대 이전에 동양 문명을 주도했지만 철저히 망각된 '하늘^{우주}'로 돌아가야 한다. 어쩌면 '동도서기 2.0'이라고 부를 수 있지 않을까. 박길수는 이를 '개벽학적 세계관'이라는 말로 표현한다. "개벽의 시대를 열기 위해 지동설의 편협한 편파성을 딛고 지구 또한 하늘의 일부임을 아는 개

벽학의 세계관, 즉 우주관의 '천동설'을 정립할 때"라고 말하면서다. "지동설에서 천동설로 나아가는 게 원시반본하는 일이며 무왕불복의 천리에 따르는 길"이라는 것이다. 그는 인류가 초기 천동설에서 지동설로 나아간 것은 인지의 범위가 확장되며 태양계 전체의 구조를 알게 돼서라고 생각한다. 이제 인간의 인지 능력이 태양계나 우리 은하는 물론, 우리 은하 밖 천억 개에 달하는 은하를 품는 우주 전체로 무한히 확장됐으니 이 인지력에 값하는 천체관을 얘기해야 할 때다. 인류의 인지 확장은 새로운 동도서기학을 정립할 것을 요청한다. 이정모 서울시립과학관장 역시 "웬만한 천문현상은 천동/지동설로 모두 설명할 수 있다. 천동설은 그 시대를 밝힌 과학이었다. 천동설로부터 잉태된 억압은 천동설 자체가 아니라 권위주의에 빠진 인간에서 시작된 것"이라며 "과학은 진리가 아니라 태도며, 의심에 대한 잠정적인 대답을 찾아가는 과정"임을 강조한다. 결국 천동설이냐 지동설이냐가 중요한 게 아니라 그 과학적 사실을 받아들일 세계관, 천체관이 중요하다.

『성학십도』가 동도서기 2.0에 가장 적합한 이유

새로운 동도서기학은 가상화 혁명이 일으킨 현대 사회가 배경이다. 그래서 가상공간에 영적 공간을 만들 필요가 있다. 인간에게는 늘 영적 공간이 필요했다. 그러나 바쁜 현대 생활에서 복잡한 의례와 규칙을 의무화해야 하는 종교적 공간은 부담스럽다. 오히려 나만의 일상성 즉 나만의 라이프 스타일이 표현된 공간 속에서 작지만 확실한 영적 추구를 원한다. '영성적인 그러나 종교적이지는 않은SBNR, Spiritual but not religious' 운동의 유행이 이를 증거한다. 건축사 승효상은 조선의 한양에서 정가운데 위치했던 종묘가 조선의 영적 공간을 구현하고 있다고 설명한다. 그것을 천문天文; 하늘무늬에 버금가는 지문地文; 터무늬이라고 칭했다. 도심 속에 종묘, 한양의 한가운데에 있는 종묘는 그 영적 공간을 실현해 왔다. 오늘날 우리는 가상세계에서 그 천문과 조응하는 지문, 즉 영적 공간의 터무늬를 만들 필요가 있다. 그것이 동도서기학 2.0에 부합하는 길일 것이다. 그 첫 작품으로 퇴계의 『성학십도』를 VR로 만드는 실험을 하려 한다.* 『성학십도』는 1568년 노학자 퇴계가 자신이 평생 익힌 구도求道의 길을 열 장의 그림에 담아 선조에게 올린 상소문이다. 하지만 450년이 지난 지금 이 진리는 은폐돼 있다. 이 비밀의 지도를 열 열쇠가 필요하다. 『성학십도』는 위에서 제시한 상보적이면서도 서로 다른 동양철학 개념들이 공간 속에서 향연을 펼치고 있기 때문이다. 퇴계의 도상은 일반적으로 말해지는 것처럼 '도

---

* '성학십도 VR'은 2017년 9월부터 2020년 8월 31일까지 대한민국 교육부와 한국연구재단의 인문학 분야 융복합연구 다년도 프로젝트에 선정되어 수행하고 있는 연구로, 정식 명칭은 '퇴계 성학십도 VR/AR 구축사업: 동양철학개념의 체험적 시공간화 연구'다 (NRF-2017S1A5B6055825). 현재 성학십도 10개도를 VR 가상공간 안에 실현하는 막바지 작업에 들어와 있다. 연세대학교 미래융합연구원 X-Media Center(연구책임자: 이현진 교수 이하 연구원 15명)에서 이 작업을 진행하고 있으며 향후 완성되면 일반 박물관과 미술관 등 여러 라키비움에 선보일 예정이다.

상학iconography' 범주로는 설명될 수 없다. 오히려 그레이엄 하만의 표현을 빌리자면 이것은 모든 존재들이 지도를 그리고 있는 '존재지리학 ontography'라고 말할 수 있을 것이다. 예를 들어 퇴계는 『성학십도』 제8도 심학도에서 크게 인간이 몸身, 마음心, 마음챙김敬이란 세 층으로 이뤄져 있다는 구조를 제시한다. 이는 성경에서 인간을 육body, soma과 혼soul, psyche과 영spirit, pneuma의 삼분법으로 설명한 것과 같은 이치다. 오늘날 인간의 몸에 대한 이해도는 유사 이래 최고 수준이다. 몸 건강에 대한 관심이 높아지고 그에 관한 지식도 엄청난 속도로 축적되면서 생명이 연장되고 건강한 노년을 누리는 사람들이 많아지고 있다. 하지만 마음 건강의 이상적 수준은 인류에게 아직도 미지의 영역이다. 마음이 괴롭다는 것은 곧 마음에 병이 있다는 신호다. 우리는 몸을 위해선 하루 세 끼를 꼬박꼬박 챙겨먹고 한 끼라도 굶으면 반드시 보충을 하고자 한다. 그러나 정말 행복에 중요한 마음을 위해선 그만큼 노력하지 않는다. 요즘 철학이나 심리학에 대한 관심의 급증은 사람들의 마음이 고통스럽다는 증거지만, 마음에 대해서는 아직 확실한 과학적 연구성과가 쌓이지 않았다. 다행히 뇌과학이 몸과 마음의 일원성에 대한 증거를 속속 발견하게 되면서 몸과 마음을 잇는 연결고리가 되고 있다. 몸에 대한 지식의 축적이 마음 이해에 도움이 되는 정도의 과학적 지식이 축적된 것이다. 사실 몸에 대한 이해를 높인 데엔 마음의 역할이 컸다. 생명을 연장시킨 의술이나 인간 신체 향상을 위한 기술은 모두 마음이 하는 일 덕분이다. 마음이 몸을 더 잘 돌보기 위해 상상력을 발휘했던 덕분이다. 피에르 레비는 의술, 증강인간을 만드는 보철 기술 등이 이룩한 가상 신체 역시 그런 상상력이 만들어낸 결과라고 설명한다. 그렇다면 이제부터는 마음을 더 잘 돌보기 위해 퇴계가 제시한 '마음챙김mindfulness'의 역할이 중요하다. 마음챙김을 퇴계는 '경敬'이라는 한 글자로 요약한다. 이 '경'이 예전 천인합일이 의미하고자 했던 영성spirituality이라 할 수 있다. 퇴계는 『성학십도』를 1도부터 10도까지도 모두 한 단어로 설명할 수 있다면 '경'이라고 말한다. 성학십도 전체도 이런 과정으로 전개되고 있다. 예를 들어 성학십도의 각 10도 중 1도태극도와 2도서명도는 우리 존재의 근원인 우주에서 출발해 인간과 우주의 천인합일을 말하고 있다. 3도소학도, 4도대학도, 5도백록동규도는 개인의 성장 과정에 따라 천인합일을 이루기 위한 공부법을 말하고 있다. 6도심통성정도는 심병마음병이 생기는 원인을, 7도인설도와 8도심학도는 그 마음병의 치료법을 말한다. 9도경재잠도와 10도숙흥야매잠도는 각 개인이 처한 시공간에서 마음챙김을 통해 구체적으로 좋은 습관을 형성하고 리추얼ritual, 의례을 반복해 삶을 개선하고 행복해지는 법에 대해 말하고 있다.

오늘을 개인의 시대라고들 한다. 하지만 그 개인은 집단주의 시대의 개인도 아니고 개인주의 시대의 개인도 아닌 새로운 개인이다. 집단지성의 힘 속에서 자신을 네트워킹할 수도 있는 개인이지만, 반드시 뭉치지 않아도 자신만의 브랜딩과 색깔을 온전히 갖고 있는 개성 넘치는 개인이다. 그래서 '개인 3.0'이라고 말할 수 있다. 바로 이런 이유 때문에 퇴계가 『성학십도』에서 얘기하는 위기지학爲己之學; 자기를 돌보는 학문의 의미는 매우 중요하다. 퇴계는 『성학십도』에 나오는 많은 에피소드를 통해 감상자가 모든 것을 나의 중심으로, 즉 절실한 내 삶의 문제로 바라보고 공부하기를 주문했다. 그리고 이것이야말로 VR 환경 속에서 구현할 수 있는 가장 효과적인 장치다. VR 기술의 핵심 중 하나는 바로 기계와 상호작용하는 인터랙션interaction인데, 이를 통해 내가 매체에 끌려다니는 것이 아니라 능동성을 발휘할 수 있으며, 동양철학의 우주론적 문제를 일인칭의 주체적 시점에서 성찰하도록 도울 수 있다. VR의 교육적 효과 중 하나가 뛰어난 '몰입감'이기 때문이다. 지동설의 시대에서 인간은 각자 자신의 관점에 따라 투시도법으로 세상을 이해했다. 하지만 우주론이 복원된 시대에서 인간의 관점만이 따로 존재하지 않는다. VR은 이렇게 다중시점을 사용자에 따라 지원할 수 있다. 여태까지 대부분의 VR 공학 작품은 시연 원형만 만들고, 효과와 효용을 분석하는 용도로 사용되곤 했다. 하지만 '성학십도 VR'은 도와 기의 만남을 추구하고 영적 공간을 연출하므로 좀 더 섬세하다. 이 작품은 예술가미디어아트 전문가들이 예술작품의 수준으로 가상공간 유니티에 성학십도의 재해석을 구현한다. 퇴계의 성학십도는 영성의 영역을 시각화함과 동시에 불가와 달리 유가에서 가장 강조됐던 일상성과 자아에 초점을 맞춰서 천인합일과 마음챙김을 제시한다. 퇴계의 구도는 매우 과학적이어서 오늘날의 용어로 설명해도 전혀 낯설지 않고 오히려 빅픽처를 그려볼 수 있게 한다. 성학십도의 모든 그림과 구절은 명상과 체화를 위한 것이다. 예를 들어 퇴계의 네 가지 경敬을 보자. '정제엄숙整齊嚴肅; 몸을 단정하게 하고 생각은 엄숙하게' '주일무적主一無適; 오로지 한 곳에 집중' '상성성常惺惺; 정신을 별처럼 초롱초롱하게' '기심수렴불용일물其心收斂不容一物; 마음을 거둬 헛된 생각을 용납하지 않는다' 등으로 설명하는 주자의 방식을 들여와 이를 하나로 잇는다. 퇴계는 성학십도의 도상에 스토리텔링으로 따지면 이처럼 무한에 가까운 이야기들을 모아 놓았다. 여기 등장하는 1,800여 개의 모든 개념은 사실상 오행과도 같은 관계적 운동이며, 우주대우주와 우리 인간 내면소우주까지 서로 연동하여 움직이는 거대한 관계적 운동, 네트워크형 운동이라고 할 수 있다. 나는 가상과 현실, 실재와 잠재 사이를 왔다갔다 하며 이 개념운동을 시뮬레이션할 수 있다.

또 퇴계의 일상성은 최근 '습관'—'루틴'—'리추얼' 등의 효과가 많이 강조되는 라이프 스타일에도 관련돼 있다. 성학聖學은 복잡한 게 아니다. 지속적 습관을 통해 삶이 개선되는 것이다. 반복하다 보면 반드시 얻는 것이므로, 뇌의 가소성으로 얘기할 수도 있다. 성학은 우리가 매 순간 더 나은 인간이 될 수 있다는 점, 삶은 개선될 수 있다는 것, 우리는 이미 넘치지도 모자라지도 않게 완전한 존재이지만 매순간 더욱 더 나은 완전을 향해 움직일 수 있다는 것을 보여준다. 그것은 회복탄력성의 공부이기도 하며, 영성의 공부이기도 하다. 영성이 개별적 인간 존재를 무궁한 우주 속에 존재하는 존재로 격상, 각성시킨다.

좋은 가상화 콘텐츠, 이데아를 부활시키는 방향

스탠퍼드대학의 가상인간상호작용연구소^{VHIL} 제레미 베일렌슨 소장
은 VR 기술이 발달하고 사람들이 소비자를 넘어 생산자가 되면서 자
신을 표현하기 시작하면 콘텐츠의 일부는 매우 불미스러울 것이라고
예상한다. 사람은 온라인에서 더욱 진짜가 돼서 자신의 욕망과 생각
을 거리낌없이 드러내고 있다. 인스타그램에서 가상자아를 먹여 살리
기 위해 우리는 끊임없는 업로드 그림자 노동을 수행한다. 사실 VR 기
기를 쓸 필요도 없이 우리는 이미 서로 다른 현실 속에서 가상현실 소
셜미디어에서 살고 있지 않은가. 그런 점에서 주영민은 "가상자아는
현대인의 초자아"라고 명명한다. 그렇기에 가상현실 기술이 순전히
자극을 주는 오락거리나 도피나 위안을 주는 오락물형 콘텐츠를 넘어
서야 한다. 가상현실 속 현존감은 실제 세계의 부재감으로 이어진다.
우리의 마음은 두 곳에 동시에 있을 수 없기 때문이다. 따라서 이 미디
어는 미래의 행동에 믿기 어려울 정도로 큰 영향을 미친다. 그는 "이
미디어 고유의 힘을 제대로 평가해 가상현실의 친사회적 측면에 초점
을 맞춘다면 우리는 세상을 더 좋은 곳으로 만들 수 있다."고 『두렵지
만 매력적인^{원제: Expience on Demand}』에서 힘주어 말한다. 예를 들어 현실
세계에서 원치 않는 경험은 가상현실에서도 만들면 안 된다. 슈퍼맨
처럼 달로 날아가는 일은 좋지만, 가상의 대량 학살에 참여해 미래의
테러리스트를 훈련시켜서도, 또 사람들이 폭력에 둔감해지도록 놔 뒤
서도 안 된다. 또 이 미디어는 단지 이메일을 읽는다는 등 일상적인 일

보다는 특별한 순간을 위해 아껴 써야 한다. 가장 쉬운 기준은 실재에 선 불가능한 일을 하는 것이다. 예를 들어 시간을 거슬러 5대조 할아 버지를 만나거나, 소가 되는 경험, 더 생산적인 셋째 팔을 기르고자 한 다면 가상현실로 들어가야 한다. 성학십도에서 추구하는 우주론의 시 각적 경험 역시 일상적 시각으로는 불가능한 일이다. 우주의 생성 이 전으로 돌아가야 하고 만물과 나란히 존재하는 경험을 해야 하기 때 문이다. 실제로 페이스북은 이미 거대한 가상현실인 페이스북에 이어 페이스북 스페이스Facebook Spaces를 개발했다. 가상현실과 소셜미디어 를 이으려는 시도다. 또 소셜미디어의 미래로 소셜 가상현실Social VR을 제시하고 있다. 이를 위해 사진과 동영상을 2차원 스마트폰에서 3차 원으로 바꿔 VR 헤드셋으로 경험하도록 하는 사진측량기술을 연구하 고, 3차원 가상현실로 영토를 확장하기 위해 VR 헤드셋 기업 오큘러 스를 인수했다. 이제 이 기술로 어린 시절 생일 파티 동영상만 있으면 세상을 떠난 가족과 만날 수 있다. 2020년 벽두에 MBC가 만든 가상현 실VR 휴먼 다큐멘터리 '너를 만났다'는 4년 전 희귀 난치병으로 딸 나 연이를 떠나보낸 장지성 씨가 가상현실로 딸과 만나는 과정을 다뤘 다. 이렇듯 가상의 콘텐츠는 3D로 더욱 실감나게 바뀐다. 이제 얼마나 좋은 콘텐츠를 생산하느냐에 달려 있다. 아마도 VR의 본질은 궁극적 으로 기술 분야가 아니라 예술, 그것도 최상의 영역에 놓일 것이다. 세 계가 처한 위기 리스트에서 점점 자주 언급되는 문제는 가상과 현실 이 부딪히는 지점에서 태어나고 있다. 따라서 가상이 바꾸는 세계를 직시하도록, 가상에 사로잡히지 않는 인간의 길을 상상할 수 있어야 한다. 미래의 자유는 가상에 포획되지 않는 상상력과 함께, 가상을 역이용하는 상상력을 통해서도 가능하다. 도遵와 기器가 만나 기술적 상상력을 발휘해야 할 중요한 이유다.

가치 전시와 습관 형성으로 구도의 길 걷기

스마트폰은 이제 시대정신 그 자체다. 미국의 조사 기관 디스카우트 Dscout에 따르면 현대인은 하루 평균 2,617번 스마트폰을 터치한다. 상위 10% 사용자는 하루 5,427번 만진다. 알림이 오지 않았는데도 이유 없이 켰다 끈다. 하루 평균 활동 시간을 10시간으로 잡으면 대략 3분마다 스마트폰을 보는 셈이다. 우리는 1분에 15회 호흡을 한다. 그렇다면 45회 호흡마다 한 번씩 스마트폰을 보는 것이다. 숨은 자꾸 짧아지고, 스마트폰 접속은 더욱 잦아진다. 애플 워치는 아예 심호흡 앱을 만들어서 일정 시간에 심호흡을 유도하도록 설정하고 있다.

이렇게 사람들은 직접 스스로의 모든 것을 수치화하려 한다. 측정당하는 것을 넘어 자가 측정을 내면화한다. 이로 인해 가상세계가 작동하는 방식과 인간 내면이 작동하는 방식이 서로 조응하게 된다. 애플, 나이키, 핏비트 같은 기업은 직접 건강을 수치화할 수 있는 셀프 트래킹 앱을 제공한다. 수면을 측정하는 필로우pillow 같은 앱은 호흡과 심장박동으로 수면의 질을 알려 준다. 라이프섬lifesum은 매끼 칼로리를 시각화해 다이어트를 돕는다. 퀴트질라quitzilla는 음주, 흡연, 게임 등 나쁜 습관에서 벗어나 절제를 유지하는 법을 보여준다. 자가 측정은 정신 건강 영역으로 확대되고 있다. 캄calm, 퍼시피카pacifica, 해피파이happify 같은 앱은 스마트폰을 활용해 명상을 하도록 돕고 기분과 심리 측정, 행복 레벨이 체중 그래프처럼 시각화된다. 행복이나 스트레스라는 정신 상태도 체중처럼 관리할 수 있다는 게 가상 질서의 논리다. 사실 이런 숫자를 통한 자기 이해self-knowledge through numbers는 마이크로소프트의 엔지니어 고든 벨이 1990년 주창한 라이프로깅life-logging 운동과 2007년 와이어드 편집자 게리 울프가 공식화한 자아 정량화quantifeid self 운동에 기원을 두고 있다. 하지만 숫자달성hitting number에 몰입하면서 현대인의 삶은 더 양적이고 덜 질적인 것이 됐다. 이와 함께 소셜미디어에서 우리는 스스로의 실체를 타인과 자신 모두에 납득시키기 위해 끊임없이 가치 과시virtue signalling 행동을 하고 이를 전시한다. 가치 과시 행동은 신념을 수행하는 나를 드러내기 위한 것이다. 채식 자체보다 채식을 수행하는 나, 동물 보호 자체보다 동물 보호를 수행하는 나를 전시해 내가 누구인지 선언하고 재확인하며 가상자아와 스스로를 동기화한다. '성학십도 VR'도 역시 이런 트래킹과 라이프로깅 기술을 접목할 수 있을 것이다. 하지만 전시효과를 위해서라기보다는 논어에 나온 '오일삼성오신吾日三省吾身; 나는 날마다 세 가지 측면에서 나 자신을 돌이켜 반성한다는 뜻'처럼 자신을 돌보기 위한 수단으로 접목시킬 것이다. 이를 통해 자기정량수치를 보다 영성적 관점에서 추적할 수 있다. 역시 뇌과학 덕분에 가능해진 일이다.

'성학십도 VR'은 이미 퇴계가 450년 전 푸코식 의미에서의 장치 disposif로서, 기술로서, 매체로서 기획했던 편집 작업을 다시 오늘날의 의미에서 재현가능한 기술로 복원하고 부활시키려는 시도이다. 고전은 견고한 형태를 파괴하지 않고 그대로 보존하는 게 아니라 현재를 살아가는 사람을 통해 끊임없이 혁신될 때 진정으로 살아 있게 된다. 단순히 고전의 지혜를 오늘날 첨단기술로 재현하는 의미에 그치는 게 아니라, 잊혀졌던 우주론과 영성, 경건의 의미를 복원하고 그것으로 우리의 과학과 기술의 방향을 사유하고 성찰하려는 데 있다. '성학십도 VR'을 감상한 연세대학교 이광호 교수는 "리理라는 대단히 어려운 개념의 표현을 이렇게 용감하게 시도하다니 놀랍다."라고 말했다. 국민대학교 김희영 교수도 "그간 어느 정도 식민지관에 젖어 있었는데 첨단 기술과 우리의 내재적 전통을 이렇게 합류시키니 통쾌하다."고 평했다. 그런 의미에서 성학십도 VR은 그 자체로 개화 중독에 빠져 있는 현대인을 위한 하나의 실험실이다. 이제 기로써 도를 밝히고 器以明道, 기술에 도를 싣는 器以載道 시대로, 물질개벽과 정신개벽을 병진할 때다. '성학십도 VR'은 그 장대한 길에서 미미하지만 경쾌한 시작이 될 수 있을 것이다.

이원진   철학박사, 연세대 미래융합연구원 X-미디어센터 전문연구원. 동서양의 개념 비교, 고전(철학전통)과 미래기술(현대시사적 이슈)을 대화시키는 서술과 토론을 통해 한국 사상의 본거지를 마련하는 데 관심이 많다. 현재 '성학십도 VR' 프로젝트에서 성학십도 콘텐츠의 철학적 기획과 VR 스토리텔링을 담당하고 있다.

동학,
천도교의 개벽

심국보

개벽은 변화하는 것이며 변화시키는 것

동학, 천도교에는 시천주侍天主와 개벽開闢이란 커다란 두 개의 생각거리가 있다. 누구나 한울님을 모셨다는 시천주는 인내천人乃天으로 연결되어 평등사상의 본보기이며 모범이 되었다. 개벽은 변화에 대한 열망과 실천으로 우리나라 역사에 세세하게 구체화되었다.

영어로 개벽을 표현하는 말은 많겠지만 가장 쉬운 뜻은 'change' 즉 변화이다. 개벽은 변화하는 것이며 변화시키는 것이다. 열 개開 열 벽闢이니, 개벽은 닫히고 막힌 것을 여는 것이며, 삿되고 더러운 것은 제거하고 피하는 것이다. 개벽에 대한 동학 천도교의 생각을 살펴본다.

동학을 창도한 수운 최제우崔濟愚, 1824-1864는 '다시 개벽'이라 하여, 다시 열어야 하며 다시 변해야 한다고 했다. 수운을 계승한 해월 최시형崔時亨, 1827-1898은 조금 더 구체적으로 개벽을 말했다. "새 한울 새 땅에 사람과 만물이 또한 새로워질 것이니라. 만년에 대일변 천년에 중일변 백년에 소일변은 이것이 천운이요, 천년에 대일변 백년에 중일변 십년에 소일변은 이것이 인사人事이니라." 즉 시대에 따라 시운에 따라 변화무쌍하게 변해야 한다는 말이다. 이는 "선천은 물질개벽이요 후천은 인심개벽이다."라고 한 해월의 말로 요약할 수 있다.

동학에서 천도교로 이름을 바꾼 의암 손병희孫秉熙, 1861-1922는 '사람과 물건이 개벽해야 된다'는 제목의 글에서 말한다. "개벽이란 부패한 것을 맑고 새롭게, 복잡한 것을 간단하고 깨끗하게 함을 말함이니, 천지만물의 개벽은 공기로써 하고 인생 만사의 개벽은 정신으로써 하나니, 너의 정신이 곧 천지의 공기이니라. 지금에 그대들은 가히 하지 못할 일을 생각지 말고 먼저 각자가 본래 있는 정신을 개벽하면, 만사의 개벽은 그 다음 차례의 일이니라."

1900년대 초반기 천도교 이론가 야뢰 이돈화李敦化, 1884-1950?는 "수운 최제우는 그 시대에 있어서 사회적 결함을 알고 그의 불평不平에 우는 자 그 시대의 가장 총명한 두뇌를 가진 자이며 그 시대를 먼저 밝게 본 정신개벽자이다."라고 정신개벽을 정의했다. 이어 야뢰는 정신개벽과 민족개벽, 사회개벽을 삼대개벽이라 하였고, 삼대개벽은 이후 천도교청우당의 기본 이념이 된다.

다시 개벽, 물질개벽, 인심개벽, 정신개벽, 민족개벽, 사회개벽, 이런 정도면 천도교에서 말하는 개벽을 모두 망라한 것이 된다. 조선 후기, 일제강점기, 해방공간을 거치며 전개된 동학, 천도교의 숱한 활동이 '개벽'이란 말에서 비롯되었다고 해도 된다.

시작은, 처음은 무엇보다도 정신개벽이다. 정신개벽의 정도에 따라 동학 천도교는 성쇠를 거듭했다고 해도 된다. 정신개벽은 무엇인가? 김정설 1897-1966은 경주 출신으로 소설가 김동리의 친형이며, 호는 범부凡父다. 그는 『천도교회월보』1924년 3월호에서 수운대신사에 대해 다음과 같이 밝혔다. 이 글은 김정설의 구술을 바탕으로 김기전이 작성한 것이다.

1924년 3월 4일이다. 외우 김정설 군을 우연히 개벽사 편집실에서 대하였는데, 그가 경주 사람인 관계상, 말이 어느덧 대신사수운 최제우 문제에 미치게 되었다. 김군에 의하면 자기의 조부는 을유생 금년이 백세로 대신사보다 한 해 아래였는데, 어릴 때부터 대신사와 어울리며 너, 나 하며 노는 처지였다.

인상. 대신사는 실로 천고의 미남자였다. 그의 눈은 사람이 오랫동안 쳐다볼 수가 없었는데, 그의 눈은 역적의 눈이요 역적보다도 더 큰 일이 세상에 있다 하면 그러한 큰일을 저지를 눈이었다. 즉 그의 눈은 곁의 사람이 정시하지 못할 만큼 정채가 돌았다.

성질. 호매불기豪邁不羈; 호탕하게 나아가고 얽매이지 않는다는 뜻, 이것은 대신사의 성질에 가장 특색 있는 것이다. 어떤 모형 안에 들기를 죽기만큼이나 싫어하며 재래의 습관에 구속되기를 미워하는 대신사는 그때의 예절이니 도덕이니 하는 것이 조금도 안중에 있지 아니하였으며 매양 경주성 안에 들어와 활쏘기와 말타기에 분주하였다. 대신사는 어울리는 동무 중에서 재래의 소위 양반이란 사람을 대하면 그를 지목하여 '양민良民'이라 하였으며, 이 지목을 받는 한편의 사람은 대신사를 지목하여 '적한賊漢'이라고 하였다. 즉 대신사는 평상시에 있어서도 이와 같이 평평범범히 살아가는 '양민파'를 조롱하였으며 일반 동무들은 그와 같이 선생의 고유한 반항성을 인정하였다. 이와 같이 대신사는 생래로부터 이 세상의 일체와 타협할 성격을 가지지 못하였다.

'반항성', 김정설이 말에서 느낄 수 있는 수운 최제우의 성격의 특질이다. 동학, 천도교가 시대와 불화한 근원이 수운 선생에서 비롯된 것임을 알 수 있다. 수운은 시대의 모순을 그냥 보아 넘기지 않았던 것이다. 야뢰이돈화의 말대로 수운은 그 시대의 사회적 결함을 알고 그의 불평不平에 울었던, 그 시대의 가장 총명한 두뇌를 가진 분이며 그 시대를 먼저 밝게 본 정신개벽자였다.

동학, 천도교는 심학心學, 즉 마음공부가 기본이다. 동시에 동학혁명, 갑진개혁운동과 3·1혁명의 삼대혁명과 남북분단저지운동 등을 왜 동학 천도교가 주도했는지를, 수운의 호탕하게 나아가고 얽매이지 않았던 '성질'에서 우리는 충분히 짐작할 수 있다. 수운 선생이 우리에게 남기신 '영부'와 '주문'은 실로 '역사적 대강령'이며 '어마어마한 역사적 대사건'이다.

혹자의 말대로 우리의, 동아시아의 전통에 하늘이나 신선에 대한 관념이 있었지만, 한울님신이 절대적 유일자로 직접 등장한 것은 동학이 최초였다. 우리가 『동경대전』「포덕문」, 「논학문」과 『용담유사』「교훈가」, 「안심가」에서 접하는 천사문답天師問答, 즉 한울님과 대신사의 대화는 충격적 사건이다. 4·19혁명이 나던 해이자 천도교 창도 백년이 되던 1960년포덕 101년에 김정설은 다음과 같이 말했다.

> 백 년 전, 경신 4월 5일에 정말 어마어마한 역사적 대사건이 경주 일우인 현곡면 마룡동이란 숙조蕭條한 산협에서 발생했다.··· 37세 되던 경신년1860 4월 5일에 수운 최제우는 천계天啓를 받았다는 것이다. ··· 그런데 역사도 왕왕 기적적 약동이 있는 모양인지라 혼수에 취몽으로 지리한 천년의 적막을 깨뜨리고 하늘에서 외는 소리는 웬 셈인지 마룡동 최제우를 놀래 깨운 것이다. 이것이 과연 '역사적 대강령大降靈'이며 동시에 신도성시神道盛時 정신의 '기적적 부활'이라 할 것이다. '국풍國風의 재생'이라 할 것이며, '사태史態의 경이驚異'라 할 것이다. 정말 어마어마한 역사적 대사건이었다.

이러한 김정설의 동학관은, 우리 학계의 뿌리 깊은 동학에 대한 편견, 즉 동학을 '아전유학'이나 유불선 삼교 사상의 '습합사상', 또는 1894년 동학혁명 과정에서 그저 외피적인 역할을 했던, '유사종교'쯤으로 간주해 오던 학계의 편견을 일거에, 그것도 아주 통쾌하게 타파하는 파천황적인 관점이라 평가되기도 한다. 즉 학계나 일반인들의 동학에 대한 생각도 수운 최제우의 '대강령'을 중심으로 변하고 있다고 할 수 있다.

　누구에게는 '어마어마한 역사적 대사건'이라 할 '대강령'도 천도교인들에게는 일상의 것이다. 천도교인들은 수련을 통해 수운 최제우와 한울님 사이에 전개되었던 '대강령'을 체험하기 때문이다. 한울님 말씀은 공중에서 들리기도 하고 혹은 자신의 입을 통해 나오기도 하며, 때로는 강시를 통해 또는 내유강화지교로 한울님과 말씀을 주고받기도 한다. 그래서 인내천, 즉 사람이 곧 한울이라 한다.

주문과 영부

인내천은 평등을 강조하는 용어로 널리 알려졌듯, '대강령'의 상태도 누구나 다 평등하게 체험할 수 있다. 이런 이유로 천도교는 주문과 영부를 한시도 소홀히 하지 않는다. 영부와 주문은 천도교인들이 가장 소중히 여기는 것이다. 주문은 내 몸에 모셔진 한울님을 지극히 위하는 글이다. 영부는 내 몸에 모셔진 한울님의 형상이나 가르침을 그림이나 글로 나타낸 것이다. 그림 영부를 부적이라 하여 저어하기도 하지만, 천도교에서는 턱없는 소리일 뿐이다. 수운 선생은 영부 그 자체의 효험보다는 영부를 받는 사람의 정성과 공경의 여부를 문제 삼았다. 그래서 이런 말씀을 남겼다.

　영부를 받아 써서 물에 타서 마셔 본즉 몸이 윤택해지고 병이 낫는지라, 바야흐로 선약인줄 알았더니 이것을 병에 써봄에 이르른즉 혹 낫기도 하고 낫지 않기도 하므로 그 까닭을 알 수 없어 그러한 이유를 살펴본즉 정성 들이고 또 정성을 들이어 지극히 한울님을 위하는 사람은 매번 들어맞고 도덕을 순종치 않는 사람은 하나도 효험이 없었으니 이것은 받는 사람의 정성과 공경이 아니겠는가.

주문과 영부는 천도교의 가장 중요한 기초이며 기반이다. 기초라고 하여 쉬운 것이 아니다. 천도교를 신앙의 측면에서 보면 산신을 믿거나 잡신을 믿거나 우상을 섬기거나를 하지 않는 것이 천도교이다. 우상숭배를 배격하며 오직 하나님을 섬기는 것은 더 큰 우상을 섬기는 일일 뿐이다. 하나님, 하느님, 상제를 비롯한 모든 신적인 절대자나 한울님은 다르지 않고 같으며 산신이며 수신이며 잡신들도 마찬가지라 여기는 것이 천도교의 믿음이다. 천도교의 지도자였던 묵암 신용구1883-1967의 다음 말씀은 새삼스럽다.

우리가 세상을 따라가면 우리가 망한다. 남의 사상을 애걸하는 것은 못난 짓이다. 정신개벽 없이 사회개벽을 한다는 것은 우스운 것이다. 우리가 개벽을 해서 세상을 변하게 하고, 이 세상을 천도교의 이상대로 나아가게 해야 한다. 천도교가 세상을 따라가고 있으니 이게 무슨 짓인가!

주문과 영부, 정신개벽이 먼저라는 것을 강조한 말씀이다. 지금 천도교는 많이 망가져 있다. 주문과 영부라는 기초와 기본을 무시한 탓일 것이다. 개벽은 현대 동학, 천도교가 나아가야 할 방향이다. 영부와 주문으로 한울님 모심을 체험하는 것에서 '다시 개벽'을 실천할 일이다.

심국보 천도교 신인간사 편집주간. 1980년 여름 어느 날, 간디의 자서전을 밤새워 읽고 엉뚱하게 '동학'을 알아봐야겠다는 마음이 생겨 그 인연으로 동학에 입문하였다. 산청동학농민혁명기념비건립추진위원회 사무국장, 서소문역사공원 바로세우기 범국민대책위원회 기획위원장으로 활동하고 있다.

몸짓으로 풀어낸 '여성성'에 대한 고민, 마음 개벽으로부터 문명 개벽까지

송지용

내가 생각하는 개벽은 양극단의 것을 조화·상생하게 하여 새로운 차원으로 넘어가는 것이다. 또 생활처럼 작은 영역에서부터 문명처럼 큰 영역에 이르기까지 한결같이 적용되어 새로운 차원으로의 전환을 이루는 것이다. 최근 내 삶 속에서 이런 개벽을 경험했다. 남성성과 여성성의 대립을 넘어 조화·상생의 관계로 넘어서는 경험을 한 것이다.

후지몽과의 만남

2019년 5월 성주에서 열린 '동아시아지구시민촌'에서 일본의 평화활동가이자 시의원인 후지요시히로 ^{이하 별명인 후지몽으로 씀}를 만났다. 후지몽은 그 자리에서 동학을 중심으로 동아시아인들이 생명평화 활동을 전개해야 한다고 기조발표를 했다. 얼마 후 한국을 다시 찾은 후지몽과 더 깊은 대화를 나눌 수 있었다. 후지몽은 그 이유를, 동학이 한국만의 것이라고 생각하지 않으며 동아시아의 신화적 세계관에서 점차 발전

되어 한국에서 체계화되고 운동 차원으로 발전된 것이라고 생각하기 때문이라고 했다. 그래서 동학을 중심으로 동아시아 친구들이 함께 생명평화 활동을 전개해 나갈 수 있다고 생각한다고 했다. 그 말을 듣고 일본의 활동가들을 만나고, 공동체에 가 봐야겠다는 생각이 들어, 몇 달 후 일본으로 향했다. 동학 운동의 현대적 모습이라 할 수 있는 생명·평화 운동의 현재 모습을 찾아 떠나는 일본 탐방이었다.

하지만 일정상의 이유로 후지몽이 있는 큐슈, 이토시마에는 가지 않고, 친구들이 활동하고 있어 이전부터 관심이 있던 구마모토를 중심으로 탐방하게 되었다. 그곳에서 생명평화 활동가들과 예술가들을 만나고 공동체들을 다닐 계획을 세웠다. 그런데 막상 여행을 시작하니 사람과 공동체를 만나는 것보다 더 깊게 만난 것은 나의 마음이었다. 그중에서도 특히 남성성과 여성성에 관한 문제를 크게 만났다.

일본 탐방 그리고 여성성과 남성성에 대한 마음공부

처음 도착한 곳은 일본의 히피들이 아소산의 여신신화를 콘텐츠로 만든 생태영성축제 '히노쿠니 게더링'이었다. 그곳에서는 여성에게 입장료를 할인해 주었고, 아이들이 놀고 즐길 수 있는 프로그램들이 많이 준비되어 있었다. 여성과 아이들을 존중하고 배려하는 것을 볼 수 있었다. 하지만 아쉬웠던 점은 오래전 반전과 평화 그리고 영성, 생태, 공동체 운동을 주도하던 히피들의 정신과 운동은 옅어지고, 실제 삶과는 분리되어 즐기고 소비하는 문화만 남은 것처럼 보이는 부분이었다.

그런 아쉬운 점이 있었지만 나는 생명·평화여성신화를 주제로 예술가들과 함께 공연할 수 있었다. 이 축제에는 왔던 세 명의 여성 한국인 친구들 그리고 두 명의 일본인 음악가 친구들과 협업해서 공연을 올렸다. 공연은 태초 어머니로부터 남성이 태어나고, 성장하며 싸움, 투쟁, 죽임의 방황 끝에 다시 어머니에게로 돌아가 생명의 본질을 깨닫고 성숙한 남성으로 깨어나 여성과 남성이 함께 조화로운 춤을 추는 내용이었다. 태초 여성 중심 사회에서 남성 중심 사회로 옮겨가고 다시 남성과 여성이 평등하고 조화로운 사회로 간다는 내용을 담았다. 또 후지몽이 이야기했던 동아시아의 신화적 사유로부터 동학의 개벽사상이 창조되는 과정이라고 볼 수도 있을 것이다.

그런데 이 공연이 끝나고 여성 한국인 친구들로부터 몇 가지 피드백을 받았다. 애초의 의도와는 달리 실제 공연 진행 과정은 남성적이었고, 공연 내용이 남성 중심적이었다고 했다. 진행 과정은 소통보다는 목적 지향적이었고, 영성적이고 감성적이기보다는 이성적이었으며, 즉흥적이기보다는 계획적이었다는 것이다. 또 공연 내용은 남성만 주체적으로 깨어날 뿐, 여성은 수동적인 존재로 설정되었다고 했다. 이런 피드백들은 내 마음을 크게 흔들었다. 왜냐하면 스무 살 초반 이후 내 삶은 이런 부정적인 남성성 그리고 남성 중심적인 문명에 대한 극복을 위한 삶이었기 때문이었다. 불편한 마음과 슬픈 마음을 가지고 다음 여행지로 향했다.

다음 도착한 곳은 구마모토 외곽 작은 소도시, 그중에서도 산속에

있는 예술·생태공동체 '사이하테サイハテ'였다. 이곳에는 재일동포 친구 기선이 있었다. 기선은 사이하테가 개인들이 더 자유롭기 위해 만든 자율적인 공동체라고 했다. 또 주로 예술가들이 모여 각자의 작업을 하고 삶의 스타일을 만들며 살아간다고 했다. 내가 그곳에서 인상적으로 느낀 것은 그곳이 다거점 생활자들의 플랫폼이라는 것이었다. 내가 그곳에 있을 동안에도 일본 여러 곳에 거점을 두고 옮겨 다니며 일하는 일본 친구가 묵고 있었다. 기선은 일본에는 이런 다거점 생활자들이 크리에이터, 문화기획자, 개발자, 생명평화 활동가, 예술가 등으로 다양하게 존재하고 사이하테와 같이 플랫폼의 역할을 하는 공간도 시골과 도시, 외딴섬 등 다양한 공간에 여러 형태로 존재한다고 했다. 실제로 기선도 시골과 도시를 연결하는 플랫폼인 '크로스' 운영에 참여한다고 했고, 또 한국에도 거점을 두고 교류하며 생활하고 있었다.

마지막으로 도착한 곳은 '사이하테'보다 더 시골 모습을 간직한 키쿠치의 야마노코 학사였다. 이곳은 일본인 아내와 결혼하여 세 아이를 낳고, 동아시아를 거점으로 생명평화 활동을 하는 현우가 있는 곳이었다. 현우가 중심이 되어 만들고 있는 야마노코 학사는 대안교육 공간이다. 주로 귀촌한 사람들이 모여 공동육아와 교육을 하고, 각종 배움과 교류의 공간으로 사용하고 있었다. 히노쿠니 게더링에서 만난 여성 한국 친구를 이곳에서 다시 만났다. 다시 한 번 여성성과 남성성에 대한 토론이 벌어졌다. 하지만 이성과 논리, 말로는 쉽게 마음의 거리를 좁힐 수 없었다. 여성 친구들도, 나도 남성 중심적인 문화에 대한 상처가 너무 컸고, 남성성에 대한 배척과 혐오하는 마음이 남아 있었다. 또 한편 부정적인 남성성을 내면화했다는 말에 대한 억울함과 남성성을 배척하는 것에 대한 분노도 자리해 있었다. 그래서 우리는 다른 방법으로 소통하고 이 주제에 대해 이야기하는 자리를 만들기로 했다. "머리의 이성으로만이 아니라 몸으로 느끼고 이야기해 보자. 춤 축제를 열어보자!" 춤 축제의 주제는 남성성과 여성성의 조화였다.

몸짓으로 풀어낸 남성성과 여성성의 개벽

그렇게 약속된 춤 축제는 2019년 9월에 영덕에서 열렸던 동아시아 생태공동체축제 '있ㅅ는잔치'에서 하기로 했다. '있ㅅ는잔치'는 넥스트젠 next generation global eco village network에서 매년 주최하는 행사이다. 그곳에서 '작은 춤 잔치 small dance festival'를 열었다. 첫 장면은 여성주의 춤 명상 SheDance 안내자인 황선영 님이 열었다. 그동안 우리 안에 억압받은 여성성의 해방, 내 안에 터부시되었던 여성성이 당당한 선언을 하는 작업이었다. 다음은 소셜시어터 돌쌓기의 대표인 신강규환 님의 즉흥 접촉 춤 contect improvisation 이었다. 먼저 남성들이 『남자 바로보기』라는 책으로 남성성의 네 가지 원형에 대해 공부하고, 여성들을 초대하여 접촉 즉흥 춤을 추었다. 우리 안의 남성성에 대한 올바른 인식과 왜곡되지 않은 모습으로 여성들과 소통하는 경험이었다.

　마지막은 내가 춤 명상 댄스만달라 DANCEmandala를 안내했다. 만달라는 산스크리트어로 원이라는 뜻이다. 다양한 색깔, 모양들이 조화를 이루며 하나의 원을 이룬다. 이번 댄스만달라의 주제는 조화였다. 먼저 각자가 생각하는 남성성과 여성성의 조화에 대해 짧게 이야기를 나누었다. 그리고 그것을 마음에 품고, 숨과 몸의 느낌을 느끼며 음악에 몸을 맡긴 채 내면을 들여다보았다. 우리 안의 남성적 몸짓과 여성적 몸짓을 모두 허용하고, 있는 그대로 흐르게 해 주는 작업이었다. 이 춤 축제에서 남성성과 여성성에 대한 많은 이야기들이 오갔고, 저마다의 통찰과 마음에서의 조화들이 생겨났다. 나는 남성이지만 내 안에도 이 사회에서 억압받고 상처받은 여성성이 있고, 그것을 치유하여 온전히 드러낼 수 있어야 한다는 것이다. 또 그러기 위해서는 내 안의 남성성도 바로 세워 여성성과 서로를 살리는 관계가 되어야 한다는 것이다. 마지막으로 가장 크게 느낀 것은 내 안의 남성성을 부정적이든 긍정적인 것이든 인정해 주고 안아 주어야 한다는 것이었다. 이 작업을 통해 여성성과 남성성이 내 안에서 조화·상생하고 다른 차원으로 넘어서는 것을 느꼈다. 내 마음으로부터 개벽이 일어나는 느낌이었다. 그러니 일본에서 만난 여성 한국인 친구들, 여자친구와의 관계도 자연히 편해지고 좋아졌다.

'개벽학당'과 '개벽학연구회'에서 넓고 깊어진 마음

내 안에서 여성성과 남성성의 조화가 조금씩 이루어지니 사회 속의 여성성과 남성성의 조화된 모습들이 조금씩 보이기 시작했다. 최근 서울에서 열린 개벽학당 가을 학기 개강식에 다녀왔다. 새로운 친구들을 만났고, 훈민정음과 과학을 공부했다. 그곳에서 나는 여성성과 남성성의 조화를 느꼈다. 이것은 음과 양의 조화라고도 할 수 있을 것이다. 정신과 물질도학과 과학, 신세대와 기성세대새것 오래된 것, 수양과 연구, 삶과 이론 등의 조화였다.

내 안에서의 개벽이 사회의 개벽으로 이어지는 것, 그 깊이 있는 말은 익산 원광대에서 열린 개벽학연구회에서 들을 수 있었다. 대학원 수업과 겸하여 열린 수업은 원광대학교 박맹수 총장님의 강의와 함께 진행되었다. 총장님은 5·18 이후 학생운동을 하다가 장일순 선생님을 만나고 "전두환을 사랑하라."라는 말씀을 들었다고 한다. 그러면서 그 말의 뜻을 이야기하며 내 안의 문제를 밖으로 투사해서 외부의 문제로만 여기지 않고 내 안의 문제를 해결한다고 했다. 이것이 동학의 개벽 정신이라고도 하였다.

전봉준의 최후진술인 『전봉준 공초』에서 심문관이 곧 처형당할 전봉준에게 "동학을 어떻게 생각했습니까?"라고 묻자 "혹호酷好; 매우 좋아하다 했다. 왜냐하면 동학은 수심경천修心敬天의 길을 밝히고 보국안민輔國安民하기 때문이다."라고 답했다고 한다. 총장님이 이 말을 해석해 주셨다. "목숨을 걸 만큼 좋아했다. 왜냐하면 내 안의 영성을 밝혀 사회를 성화聖化, 영화靈化하는 것이기 때문이다." 또 덧붙여 "자기 안의 영성을 제대로 맑게 하면 자타自他가 없어지고 피아彼我가 없어지며 경계境界가 사라진다."고 설명하셨다. 그래서 중생들의 고통과 아우성이 들리지 않을 수 없다는 것이다. 불교적으로 말하면 동체대비^{同體}^{大悲}, 원불교적 용어로는 성불제중^{性佛濟衆}이라고 했다.

마음으로부터 사회로 확장해가는 개벽

남성성과 여성성의 대립, 배척 혐오의 문제는 개개인 간의 관계, 한 사회의 문제를 넘어 문명의 문제이기도 하다. 그러나 그 해결은 타인과 사회를 바꾸기에 앞서 자신의 마음을 개벽하는 것으로부터 시작될 수 있다. 우주의식과 연결된 마음, 세계와 나를 분리하지 않는 큰마음, 세계를 나의 거울로 삼는 마음으로부터 시작될 수 있는 것이다. 내 안에 여성성과 남성성, 음과 양을 제거해야 할 것으로 보지 않고 인정하고 품어 사랑해 주었다. 그 마음이 나를 넘어 관계로 확장되고, 사회로 확장되었으며, 문명으로까지 확장되어 갔다. 이것이 개벽의 참모습이 아닐까. 세상을 품어 안고 치유하려면 나를 먼저 치유하고 품어 안자. 그렇게 나를 사랑하는 힘으로 세상을 사랑하자. 내 마음으로부터 문명을 개벽하자.

송지용   원광대학교 대학원 원불교학 전공 석·박사 통합과정. 스스로를 한국사상을 연구하고 춤추는 사람으로 소개한다. 동학에서 원불교로 이어지는 개벽사상을 연구하고, 몸짓 퍼포먼스와 춤명상인 댄스만달라(DANCEmandala)를 안내한다. 생태영성 공동체에서 개벽적 세계관을 안내하며 개벽을 살아 내고자 한다.

기독교와 개벽:
하늘신학을 향하여

손원영

한국 기독교와 개벽운동

130여 년이란 짧은 한국 기독교^{개신교}의 역사에서 볼 때, 비록 한국교회
는 '개벽'이란 용어를 기독교적 용어로 차용하여 직접 사용한 것은 아
니지만, '개벽開闢'에 대한 관심은 마치 '오래된 미래'처럼 선교 초창기
부터 꾸준히 있어 왔다. 그것은 '기독교 종말론'의 이름으로, 혹은 '하
나님의 나라'나 '새 하늘과 새 땅' 혹은 '부활의 세계'와 같은 이름으로
철저한 존재의 변형을 지시해 왔다. 그런 의미에서 개벽에 대한 기독
교의 관심은 말하자면 기독교 신앙의 핵심과 같은 것으로써 '매우 오
래된 것'이다. 특히 서양 종교로 인식되는 기독교가 조선 땅에 처음 들
어왔을 때인 19세기 말, 당시 조선은 얼마나 혼란스럽고 풍전등화와
같은 상황이었는가? 마치 희망을 잃어버린 채 형장에 선 사형수처럼
말이다. 그때 민중들 중 일부는 기독교 복음이야말로 망해 가는 조선
을 구원할 수 있는 일종의 개벽사상으로 확신하였고, 그런 맥락에서

많은 사람들은 기독교 복음을 기꺼이 수용했던 것 같다.

물론 중국이나 일본에서처럼, 당시 조선의 조정에서는 기독교를 우리 민족에게 도움이 되는 종교가 아닌, 제국주의 국가들이 자신의 세력을 더욱 확장시키기 위한 첨병 노릇을 하는 일종의 매개체로 의심하였던 것도 사실이다. 그것은 당시 조선 정부가 천주교를 가혹하게 박해하며 쇄국정책을 편 것에서 잘 드러난다. 그럼에도 불구하고 지난 역사가 증명하듯이, 한국에 들어온 조선 말 기독교가 다른 나라의 경우에서처럼 제국주의 앞잡이의 역할만 했었다면 결코 지금까지 이 땅에서 살아남지 못했을 것이다. 오히려 당시 한국 기독교는 제국주의의 첨병 역할 대신 고난당하는 한국인의 편에 서서 그들의 고통에 함께 아파하며, 한국의 자주독립과 해방을 위해 앞장섰다. 그 대표적인 경우는 1919년에 있었던 3·1운동이다. 말하자면, 구한말과 일제식민지 시절, 한국 기독교는 실의에 빠진 한국인들에게 하나님의 나라로 표상되는 개벽의 비전을 통해 희망이 되었던 것이다.

특히 필자가 주목하는 것은 1894년 갑오년 동학농민혁명이 비극적인 희생을 남긴 채 실패한 뒤, 동학의 '시천주侍天主' 이념에 동조하며 따르던 그 많던 민중들은 과연 어디로 갔을까 하는 의문이다. 물론 일부분은 동학천도교에 계속 남아 개벽운동을 계승하였고, 또 일부는 일진회를 비롯한 친일단체로 전향하거나 혹은 한국의 신종교인 증산교나 원불교 운동에 동참하였을 것이다. 그러나 필자는 동학농민운동이 실패한 이후 동학의 개벽사상에 동참했던 사람들의 상당수가 바로 서양의 개벽사상인 기독교로 전향했을 것이라 추측한다. 그렇지 않았다면, 한국 개신교가 20~30년이란 짧은 선교 활동으로 수십만의 신도를 얻을 만큼 폭발적으로 성장하고 또 3·1운동을 천도교와 함께 이끌 만큼 사회적 영향력이 커진 것을 도저히 설명할 수가 없다. 동학 농민혁명이 좌절된 후, 개벽의 에너지를 지닌 동학교도들이 같은 개벽종교인 기독교로 자연스럽게 옮겨진 것으로 볼 때만이 이 문제를 자연스럽게 이해할 수 있다. 말하자면 동학에서 기독교로 개벽운동의 전이 현상이 발생했다고나 할까?

그런데 역사의 아이러니는 바로 그 지점에서부터 발생하였다. 동학의 개벽 에너지가 기독교로 자연스럽게 흡수된 후 정작 한국교회는 오히려 개벽종교로부터 탈각되면서, 더욱 보수화되고 기복적 내세 지향의 종교로 축소 왜곡된 것이다. 이것은 개벽종교^{기독교}의 타락이다. 물론 그 이면에는 3·1운동의 실패가 결정적인 역할을 한 것으로 보인다. 그 후, 한국교회는 거의 지금까지 개벽사상을 오직 내세의 일로 제한시켰다. 그래서 기독교 신앙은 오직 중세적 이념처럼 내세를 가기 위한 수단으로 왜곡되고, 또 현세의 부귀영화를 위한 기복신앙으로 축소되었다. 말하자면 한국교회는 개벽사상을 비롯하여 한국인의 얼에 대해서는 거의 무관심한 채 오직 서양, 특히 미국의 교회와 미국의 신학만을 절대적으로 숭배하며 현재에 이르렀다고 말할 수 있다.

한국 신학의 두 유형

한국 기독교는 1960년대에 이르러서야 비로소 신학적 반성을 조금씩 하기 시작하였다. 그것은 "기독교가 과연 한민족에게 무슨 의미가 있는가?"라는 문제제기로부터 시작하여, 기독교의 본질인 하나님의 나라 운동, 곧 개벽사상으로부터 작금의 한국교회가 멀어진 것은 아닌가 하는 반성을 하게 된 것이다. 그리고 이러한 질문은 점차 두 가지 차원에서 신학적 결실을 맺게 되었다. 그것은 '토착화 신학'과 '민중 신학'의 탄생이었다. 우선 토착화 신학자들은 기독교 복음과 한국 문화, 특히 '유불선儒佛仙'으로 불리는 한국 전통 종교와의 해석학적 대화를 통해 하나님 나라의 의미를 새롭게 이해하고자 하였다. 대표적인 것이 윤성범의 '성誠의 신학'과 유동식의 '풍류風流 신학' 그리고 변선환과 김경재 등에 의한 불교와 기독교의 대화 신학 등이다. 이러한 해석학적 대화의 노력들은 개벽사상이 한국교회 안에서 점차 이해 가능한 익숙한 용례가 되도록 자리잡게 하는 데 유용한 토대 역할을 하였다. 특히 1990년대에 이르러서 토착화 신학은 서양의 복음을 한국 땅에 일방적으로 전수하거나 혹은 이식하는 데 관심을 두었던 소위 '파종 모델'과 같은 이전의 인식을 비판하였다. 그러면서 '한국문화 신학회'의 창립1994년과 함께 이제 토착화 신학은 '한국문화 신학'으로 새롭게 자리매김하면서 한국인의 주체적인 신학을 추구하고 있다.

한편, 또 다른 개벽학적 흐름은 민중 신학자들에 의해서 진행되었다. 주지하듯이 민중 신학을 창안한 서남동이나 안병무 같은 학자들은 서양의 해방 신학과 그 궤를 같이하면서도 한국의 고유한 해방적 전거典據들을 중요한 신학적 사유의 틀로 포함시킨다. 예컨대 동학농민혁명과 같은 한국 역사에서 큰 발자취를 남긴 해방적 실천의 모습들은 당연히 성서에 계시된 하나님의 해방적 실천을 따른 모습들로 이해된다. 그리고 지금도 이 땅에서 고난당하는 민중들혹은 차별받는 소수자의 신음 소리에 주목한다. 따라서 민중 신학자들은 그들의 고통을 외면하지 않고 그들과 연대하는 일이야말로 역사적 예수의 해방적 실천에 동참하는 일이요 민중의 메시야성을 발견하는 일임을 고백한다. 여기서 해방 신학적 원리 두 가지가 강조된다. 하나는 '가난한 자에 대한 편애적 선택 preferential option for the poor'이고, 또 하나는 '가난한 자와의 연대 solidarity with the poor'란 개념이다. 전자는 하나님의 보편적인 사랑은 바로 지금 고난당하는 자를 더 사랑하는 편애적 선택과 모순되지 않는다는 원리이다. 그리고 후자는 해방적 실천이란 약자 특히 정치―경제―문화적으로 소외되고 고난당하는 자와 연대하는 일이야말로 역사적 예수의 하나님의 나라 운동 곧 동학 식으로 말하면 개벽운동에 동참하는 일이 된다.

여기서 필자는 위의 두 가지 개벽학적 흐름에 동의하면서도, 그동안 진행된 한국 신학에 대한 비판적 성찰이 필요하다고 본다. 즉 그것은 토착화 신학문화 신학이든 혹은 민중 신학이든 그들은 그 자체에 대해 지나치게 분석적 작업에만 몰두한 나머지 그 양자 사이의 통합적이고 융합적인 관심에는 부족하였다는 점이다. 그래서 마치 문화 신학과 민중 신학 사이에는 건널 수 없는 깊은 협곡인 '그랜드캐니언 Grand Canyon'만이 자리잡고 있는 것처럼 말이다. 하지만 필자가 보기에는 그것은 적절치 않다. 왜냐하면 초월적 천주天主 하나님의 현존과 내재적 지기至氣 하나님의 임재, 그리고 새로운 세계를 창조하시는 운동력으로서의 하나님의 나라는 이웃 종교와 대화적 과정을 통해, 즉 최치원 식으로 말하면 포함삼교包含三敎적인 해석학적 대화를 통해 이루어지기 때문이다. 그뿐만 아니라 하나님의 나라는 바로 지금 여기서 고난당하는 자를 사랑하고 위로하며 새로운 삶을 살도록 초대하는 접화군생接化群生적 실천을 위해 이루어진다. 포함삼교는 하나님의 나라 운동의 체體에 해당한다면, 접화군생은 하나님의 나라의 용用에 해당한다. 그 둘은 결코 분리될 수 없다. 그런 점에서 향후 한국 신학의 발전은 문화 신학적 전통과 민중 신학적 전통이 상호 융합되는 과정을 통해 하나로 합류될 필요가 있다. 필자는 그것을 일컬어 '하늘신학'이라고 부른다.

제3 풍류도와 하늘신학

필자에게 있어 하늘신학은 '풍류 신학'의 한 형태이다. 풍류는 일찍이 유동식이 통일신라의 최치원이 오랫동안 한민족 가운데 전해져 오던 한국인의 얼을 비로소 처음 '풍류도'라고 이름을 붙인 것을 신학적으로 해석한 것이다. 최치원은 주지하듯이 풍류도의 특성을 '포함삼교'와 '접화군생'으로 정의하였고, 이후 『삼국사기』와 『삼국유사』 등의 문서에서는 그러한 풍류도의 정신을 계승하여 활동한 인물들로 '화랑도花郎徒'를 소개한 바 있다. 이것을 한국 최초의 풍류도로서 '화랑 풍류도'라고 부를 수 있다. 이것은 하늘 하나님의 믿음 위에 상마도의相磨道義의 정신으로 포함삼교의 정신을 추구하고, 상렬가락相悅歌樂의 예술성을 발산하며, 유오산수遊娛山水의 축제적 놀이를 향유하는 것으로 이해되었다. 하지만 풍류도는 고려와 조선으로 이어지면서 불교나 유교의 강력한 이념에 눌려 민간신앙으로 축소되거나 미신화되었다.

그런데 풍류도는 조선 말 최제우의 동학에 의해 되살아나게 된다. 그것은 개벽사상이자 제2의 풍류도로서 '동학 풍류도侍天主 風流道'이다. 동학 풍류도는 오랫동안 중국의 종교와 사상에 식민지화되었던 조선인들에게 사상의 노예성을 극복하고 잠재되어 있던 '하나님天' 신앙을 다시금 회복시켜 주는 결정적인 의식혁명의 사건이었다. 그 신앙에 근거하여 동학농민혁명이 일어났고, 민중들은 만인이 평등하고 보국안민하는 새로운 개벽의 세계를 꿈꿀 수 있게 되었던 것이다. 그뿐만 아니라 동학 풍류도는 일제강점 시기에 우리가 일본 식민지로부터 독립해야 하는 이유를 제공함으로써 3·1운동과 대한민국의 탄생에서 민족의 영적 에너지 원천原泉의 역할을 감당하였다. 말하자면 한국인들이 추구하는 자유와 인권, 그리고 평등이란 원리는 엄밀히 말해 서구로부터 수입된 것이 아니라 오히려 한국인의 풍류도 사상에 이미 오래전부터 내재해 있던 것들이다. 그리고 그것은 현대에 이르러서 4·19와 5·18, 그리고 6·10 민주화운동과 2017년 촛불혁명으로 이어지게 되었다.

지금 한국 사회는 남북 분단의 시대를 넘어 통일한국이란 큰 꿈을 꾸고 있다. 그리고 남북한과 전 세계에 흩어져 있는 디아스포라 한국인Diaspora Korean 모두를 하나로 아우를 수 있는 '새로운 민족적 영성'이 필요한 때이다. 그렇다면, 그것은 무엇일까? 필자는 그것을 '제3의 풍류도'라고 말하고 싶다. 그것은 우리나라 고유의 화랑 풍류도와 동학 풍류도를 계승하면서도 앞서 언급한 서구의 개벽사상인 기독교와 융합하는 것이다. 필자는 그것을 '하늘 풍류도'라고 부른다. 그것은 과거 상호 배타적이었던 동학과 서학이 이제는 개벽이란 공통의 목표 아래, 또 같은 '하나님天' 신앙 위에서 서로 협력하는 것을 뜻한다. 그리고 그에 대한 탐구는 새 시대를 위한 개벽학으로서 조선 말의 서학과 대비되는 '신서학新西學'이요, 하늘 풍류도를 해명하는 '하늘신학'이라고 말할 수 있다. 따라서 하늘신학에 기반한 개벽학이 꽃을 피우고 또 이 땅에 실제로 개벽의 찬란한 새 세상이 열리기를 기대하는 바이다.

손원영   서울기독대학교 신학전문대학원 교수. 예술목회연구원 대표. 한국종교교육학회 이사(부회장). NCCK 신학위원. 현재 예술목회 및 종교평화운동에 관심을 두고 활동하고 있다.

제2부 ──────── 생명·평화·환경

적폐청산積幣淸算

재조산하在造山河

고은광순

개벽의 징후를 찾고자 한다면 그 기준을 어디에 두어야 할까? 개벽 세상을 고대하고 염원했던 동학도들의 눈으로 보면 확실하게 드러날까? 적폐청산, 재조산하 이 두 단어는 문재인 정부 이후 우리 사회를 빠르게 달구며 개벽을 향한 본격적 발걸음을 재촉하고 있다. 정치, 경제, 사회, 교육, 문화 모든 면에서 빠르게 달라지는 게 피부로 느껴진다. 교육 현장에서 회초리가 사라졌다. 남존여비는 옛말이 되어 남성의 여성에 대한 무례와 추행은 예전처럼 쉽게 덮어지지 않는다. 컴퓨터와 인터넷이 세계를 강타한 지 얼마 되지 않았는데 개개인과 언제 어디서나 소통할 수 있는 휴대폰이 등장하더니 그 기능은 나날이 향상되어 검색, 사진과 동영상 촬영, 녹취 기능 등은 사무실과 가정에 고정되어 있던 컴퓨터를 거의 따라잡거나 능가할 뿐 아니라 우리의 머리와 심장에도 날개를 달아 주었다. 점점 더 많은 사람이 자발적으로 참여하여 비폭력으로 꾸준히 노력하면 피를 흘리지 않고서도 갑윗분들이 주도했던 세상을 넘어 개벽 세상을 향한 혁명을 성공시킬 수 있다는 것을 을^{아랫것}들은 경험을 통해 깨달아 가고 있다.

'연대한 을의 집단지성'이 역사를 굴려 간다

'윗분'은 명령하고 '아랫것'은 복종한다는 상명하복上命下服, 위로는 친절하고 상냥^{아부}하지만 아래로는 야박하다는 상후하박上厚下薄이라는 단어는 이제는 듣기 힘들어졌다. 1968년 봄 프랑스를 요란하게 휩쓸었던 젊은이들의 사회변혁운동은 '금지하는 것을 금지하라!', '불가능한 것을 요구하라!', '30대 이상과는 말도 섞지 말라!'는 기성세대에 대한 저항이었다. 가부장적인 문화가 지배해 왔던 한국 사회에서 오랫동안 갑의 위치에 있던 '윗분'에게는 반말, 욕설, 폭력이 허용되었다. 을의 위치에 있는 '아랫것'들은 순종하며 따르든가 스스로를 상처내가며 저항하든가 양극단의 선택을 해야 했다. 그러나 이제 을들은 연대를 통해 스스로를 상처내지 않으며 반란의 성공을 향해 나아간다. 갑의 무례는 '갑질'이라는 명확한 단어로 규정되었고 '아랫것을'들은 SNS를 통해 사진, 문자, 동영상으로 빠르게 연대하며 사회에 큰 파장을 일으킨다. 민民은 촛불혁명을 통해 최고 권력자의 탄핵을 성공시킴으로써 우리 역사에 씌워졌던 악마의 주술을 끊어내었다. "거짓은 참을 이길 수 없으며 어둠은 빛을 이길 수 없게 되었다." '연대한 을이 발휘하는 집단지성'은 쇠똥구리처럼 열심히 역사를 굴려 가고 있다.

여성의 사회 활동 증가

역사의 많은 시간 동안 '아랫것'에 속해 있던 여성의 지위는 연평균 6만 명씩 감별 후 낙태^{ᴾⁱˢᵃˡ}를 당하는 최악의 상황에까지 떨어졌다가 호주제 폐지 이후 서서히 제자리를 찾게 되었다.

가부장적 호주제 폐지 과정에서 가장 많이 쓰였던 생물학적 남성, 여성 간의 '양성평등 sexual equality'이라는 말은 2005년 호주제 폐지 이후 사회적 의미를 포함한 '성평등 gender equality'으로 범위가 확대되었고, 남아 선호라는 말 대신 '딸바보'라는 단어가 어색하지 않게 되었다. 오랫동안 여성은 정치에서 배제되고 소수자에 머물렀지만, 최근 외교관 후보자 최종 합격자 중 60~70%를, 행정고시 사법고시 합격자는 40% 내외를 차지하게 되었다. 국회 안의 여성 의원 수는 2000년대 초기 여성 할당제를 실시한 이후 급격히 늘어 1996년 3%였던 것이 2016년에는 17%가 되었고 지방자치 비례대표 후보자 명부 홀수에 여성을 배치한다는 법에 따라 기초의원 비례대표의 97%를, 광역의원 비례대표의 71%를 차지하게 되었다.

여전히 남성 중심의 가부장적 사고에 빠져 있던 남자들은 일터에서 성폭력, 성추행, 성희롱, 언어폭력 등을 지속해 왔는데, 2018년 초 서지현 검사의 성추행 피해 폭로 이후 활발해진 여성들의 미투운동은 '치욕스럽고 부끄러운 피해자'에 모아졌던 찌푸린 시선을 거두어 '뻔뻔한 가해자'에 대한 확실한 처벌에 관심을 돌리게 함으로써 안태근 검사, 안희정 전 지사, 이윤택 감독 등의 구속을 가져왔다.

최근 조국 법무장관에게 연일 쓴 소리를 날렸던 임무영 검사에 대해 발빠른 네티즌들은 그가 술집에서 벌인 추태를 밝힌 책을 사진 찍어 게시했다. 그는 임무영-마요네즈, 고추장 관련 글 게시를 금지시켜 달라고 인터넷 회사들에 요청했지만 그의 추행은 얼굴 사진과 함께 이미 삽시간에 인터넷상에 퍼져 버렸다. 술집 여성들을 노리개로 여겨 마음대로 주물럭거렸던 '갑'들은 이제 밀실에서도 마음 놓고 방탕할 수 없게 되었다. 시민들의 눈은 매섭고, 그 연대는 넓고도 빨라서 거짓과 위선은 빛의 속도로 까발려지고 있다. 피해자가 침묵만 하지 않는다면 성적으로 기고만장했던 남성들은 이제 여러 가지 핑곗거리를 대며 무사하게 빠져나갔던 과거로 돌아갈 수 없게 되었다.

　　육아와 가사 노동에서 해방된 여성들은 다방면에서 스스로의 역할을 찾아 나아가고 있다. 내가 속해 있는 평화어머니회는 2015년부터 미대사관 앞에서 북미 평화협정을 요구하는 1인 시위를 400회 넘게 지속하고 있다. '남북 군인 모두 어머니 자식'이라는 구호로 시작했는데 이제는 '가짜 유엔사 해체하라'는 구호도 써붙여 놓고 있다. 유엔사령부가 유엔이 만든 것도 아니고 유엔에서 비용을 대지도 않으며 아시아에서 군사적 영향력을 강화하기 위해 미국이 관리하는 군사기구일 뿐이라는 것을 예전에 우리 어머니들이 어찌 알 수 있었을까. 우리는 한반도의 평화가 세계의 평화로 확산되기를 희망한다. 세계 여성들과 연대하여 어마무시한 무기 공장들의 문을 닫게 할 수 있기를 희망한다.

'작은 것'들을 소중히 여기고 서열 매기기를 거부하며

차별에 대해 예민해져 간다

작업 현장에서 자본가들은 돈이 드는 안전시설과 장비를 갖추는 대신 병든 노동자 해고와 산업재해임을 부정하는 오리발 내밀기로 위기를 전가해 왔다. 수년 전부터는 자기의 책임을 줄이기 위해 '위험의 외주화'를 통해 하청노동자 사망을 양산해 왔다. 그러나 시민들은 그들을 외면하지 않고 공론화시켰고 노동 현장에서 재해를 입거나 사망하는 노동자를 위한 '김용균법 산업안전보건법 개정안'을 만들어냈다.

강남역 여성 살해 사건 이후 '여성 혐오 범죄'에 대해 여성들은 성 평등 사회만이 여성의 안전을 담보할 수 있다는 사실을 널리 확산시켰고 페미니즘을 양지로 옮겨 놓았다. 한 여성의 죽음을 그냥 지나치지 않고 '그게 나일 수 있다, 나는 우연히 살아남아 여기에 있다'고 절규했던 여성들은 이후 낙태에 관하여, 몰카에 관하여, 공권력의 차별에 대하여 함께 목소리를 내기 시작했다.

최근 청주의 야산에서 실종된 여중생은 장애를 가졌기 때문에 시민들의 더 많은 관심을 받았고, 군경이 대거 투입되어 실종 열흘이 넘어 발견했을 때에는 온 나라가 안도하고 반겼다. 개와 고양이 등 동물의 학대에 소유주를 처벌해 달라는 청와대 국민청원이 진행되고 하루 만에 수만 명이 서명을 하는 것, 동물보호법이 제정되고 보완되면서 동물 학대에 처벌이 강화되고 있는 것 등은 불과 수 년 전에만 하더라도 상상할 수 없는 일이었다.

함부로 대하거나 무시해도 된다고 생각했던 '아녀자아이들과 여자'는 사회가 보호하고 배려해야 한다는 '사회적 약자'로, 나아가 동등하고 또 어떤 면에서는 더 뛰어난 존재라고 인식하게 되었다. 획일적인 공교육에 반기를 든 선생님과 학부형들이 만들었던 대안학교는 서열 매기기에서 벗어나 학습자의 행복 중심으로 교육을 바꾸려는 노력을 계속하고 있고, 피라미드의 황금 꼭대기를 차지하기 위해 수단 방법을 다 동원했던 갑들의 자랑스러운 자녀 만들기 전력투구 능력은 최근 검찰 개혁 국면에 대중들에게 모두 알려진 이후 수치스럽고 죄스러운 것으로 변해 버렸다.

비단이 깔린 길은 와이파이 망이 깔린 길 아닐까?

20세기 후반, 언론을 통제하여 민을 마음대로 주물렀던 독재자의 권위주의적 조작과 날조는 그 정권이 전복된 뒤에나 힘겹게 조금씩 파헤쳐졌지만 이제는 권력이 살아 있는 동안에도 허위와 위선은 시공을 초월하여 순식간에 까발려져 조롱거리가 된다.

동양대학 최성해 총장이 표창장 발급을 부인하는 뉴스가 나오자마자 그것을 부정하는 다른 직원들의 이야기가 SNS에 올라오고, 곧 바로 그의 박사, 석사, 학사 취득이 거짓이라는 것이 밝혀졌다. 급기야 장관 청문회 종료 전 검찰, 자한당, 언론 3자가 짬짜미해서 조국 부인의 기소 사실을 공유한 문자 사진이 등장하더니, 최 총장이 조사받기 전에 자한당 최교일 의원 등을 만났다는 녹취록이 등장했다. 네티즌들은 뉴스나 검경보다 정보 수집과 판단이 빠르다. 그러다가 결정적인 시기에 광화문, 서초동으로 나와 촛불을 든다. 스스로 소수의견일 것이라고 움츠렸던 사람들도 함께 모여 서러움을 털어내고 서로의 판단이 옳았음을 확인하며 축제의 장을 즐긴다.

SNS를 통하면 수천 수만 명이 친구의 친구의 친구와 순식간에 정보를 공유하며 번득이는 아이디어를 교환할 수 있다. 민주 대중 이성 정치가 가능해졌다. 촛불혁명이 가능해지니 드디어 고질적인 적폐의 청산이 가능해지고 새로운 세상, 개벽세상을 만들어낼 수 있게 되었다. '만국 병마가 우리 땅에 왔다가 후퇴하며, 온 산이 검게 변하고 길에 다 비단이 깔리면 개벽세상이 온다'던 해월 최시형의 말씀은 지금 남북 간의 평화가 점점 더 구체화되어 종전 선언과 평화협정이 기대되는 이 시점에서 더 실감나게 다가온다. 비단이 깔린 길이란 와이파이 망이 깔린 길을 뜻하는 건 아닐까?

가짜들이 세운 장벽을 헐어내고⋯

일제시대에 친일로 단물을 빨던 자들은 해방 후 친미와 반공을 통해 계속 단물을 빨 수 있었다. 저항하며 일본으로부터의 해방과 아울러 계급 차별의 철폐 즉 인간 해방을 꿈꾸었던 사람들은 해방 직후 여전히 핍박을 받았고 공산당, 빨갱이로 몰려 꾸준히 제거되었다. 분단으로 이익을 취한 분단마피아들은 그 버릇대로 최근까지 종북, 좌빨이라는 용어로 민주 개혁 세력을 궁지에 몰려는 시도들을 계속해 왔다. 그러나 남북의 평화 정착을 위해 애쓰는 문재인 대통령을 김정은에 나라 바치는 빨갱이라고 몰아대는 '태극기 모독 부대'의 악다구니와 그들을 부추기는 세력은 곧 역사의 뒤안길로 사라지게 될 것이다. 그 후에 국가보안법을 폐지하고 남북 간의 활발한 교류로 평화경제, 평화정치, 평화문화, 평화교육… 등이 만발하여 사방의 장벽을 헐어내고 아름다운 평화의 한반도를 만들 수 있을 것이다. 갈등과 소란이 있을 수 있다. 그러나 악마의 주술이 풀린 곳에서 인내천人乃天과 시천주侍天主의 가치를 소중히 여기는 동학도와 그들의 후예들이 많아진다면 갈등과 소란은 쉽게 녹아내리게 될 것이다. 재조산하再造山河; 나라를 다시 만들다. 개벽세상으로 나아가 보자!

고은광순 평화어머니회 상임대표. 학생운동, 여성운동을 했다. 명상공동체마을을 만들기 위해 청산으로 귀촌. 갑오년 무렵 동학본부가 그곳에 있었다는 것을 알고 여성동학다큐소설 13권 공동 출간. 그 인연으로 '동학언니들'을 만들었고, 2015년부터 평화어머니회 활동을 시작했다.

개벽의 케리그마, 동아시아에서 유라시아로 울려 퍼지다 -일본편

김유익

일본 쿠마모토熊本현, 키쿠치菊池시에서 세 아이를 키우며 '처가살이' 하는 내 친구 평화운동가 오하이오 군은 최근, 마을의 유일한 한국인 답게 '총대를 매고', 150년 된 낡은 시골집을 단돈 백만 엔에 구매했다. 아이를 가진 마을 친구들과 '숲 유치원'을 준비하고 있기 때문이다. 수리를 도와주러 온 마을 목수 아저씨가 바닥을 열어보고 탄식했다. "흰 개미가 기둥을 거시기해 버렸구먼. 기둥 교체하려면, 수리비만 백만 엔쯤 들겠어." 오하이오는 이미 10년도 넘게 살아 온 일본이란 나라가 바로 이 낡은 시골집 같단다. 이미 국가의 기본이 회복 불가능할 정도로 훼손돼, 희망을 포기한 지 오래. 하지만, 하늘 한번 올려 보고, 고개 숙여 한숨 푹 내쉰 후, 다시 앞을 보고 한 걸음 내딛는다고. 좋든 싫든 어찌해 볼 수 없는, 국가와 사회에 대한 고민은 좀 덜고, 오히려 나와 가족, 이웃, 친구들끼리 공동체를 만들어 어떻게 잘살아 볼까 더 궁리하고 있다.

한국의 서울혁신파크에 그 분교가 있는, 도치기栃木현 나스那須의 기숙형 귀농학교 '비전화공방非電化工房'의 설립자 후지무라藤村 선생. 그는 일본 사회를 평할 때마다 입버릇처럼, "이 나라는 글러먹었어." 라며, 파국이 멀지 않았으니, 더 이상 국가와 그 경제 시스템에 의존하지 말고, 대신에 자급하는 공동체와 대안 시스템을 농촌을 비롯한 '지역'에 구축해야 한다고 주장했다. 일본에서 평생 수천 명의 제자를 길러온 그는, 몇 년 전부터 한국의 청년들에게도 기술과 아이디어를 전수하고 있다.

한국에 '나비문명'으로 알려진 영성 평화 운동의 주창자 마사키正木 선생은, 30여 년 전, 쿠마모토현 아소阿蘇산 기슭에 유기농 차밭을 일궜다. 그는 2016년 가을, 한국의 도법 스님을 포함한 아시아의 친구들을 불러모아, '동아시아평화시민회의'를 주최했다. 앞서 언급한 오하이오가 키쿠치에 정착한 것도 이 행사를 준비하는 과정에서 만들어진 인연 덕이다. 그는 차밭의 수원지가 있는, 더 이상 아무도 살지 않는 윗마을을 매입해서, 방사능으로 오염된 후쿠시마福島의 어린이들이 철마다 찾아와 야외에서도 마음껏 뛰놀 수 있는 공간을 막 만들기 시작한 참이었다. 그는 행사 중에, 이제 얼마 지나지 않아 시스템이 붕괴할 터이니, 동아시아 지역 곳곳에 이런 '노아의 방주' 같은 공동체를 준비하고 마을 단위로 연대해야 하지 않겠느냐고 제안했다. 실제 그곳에 모인 사람들 중에는 농촌을 중심으로 일본 전역에 이런 크고 작은 공동체를 만들어 나가는 이들이 적지 않았다. 어릴적 일본의 애니메이션 '미래소년 코난'을 보고 자랐으며, 2011년 토쿄에서 생활하다 동일본 대지진과 후쿠시마 핵발전소 사고로 잠시나마 '유사종말' 체험을 했던 나로서는 공감이 가는 주장이었다.

이렇게 '선망국先亡國'*이 돼 버린 일본이지만, 동아시아의 근대화 선구자답게, 또, 섬세하고 성실한 장인 정신과, 튼실한 풀뿌리 시민커뮤니티 문화를 가진 나라답게, 향촌의 자급자족 기술과, 심미안을 겸비한 생활 디자인 문화도 잘 가꾸고 있다. 그리고, 도시와 농촌의 경계를 허무는, 현실태로서의 '새로운 향촌' 모델도 만들어 나가고 있다.

2017년 봄, 나는 시민들의 주도와 참여 속에 일상을 지속가능한 형태로 바꿔 나가는 세계적 생태운동인 '전환마을',** 일본의 시즈오카靜岡현의 후지노藤野시에서 열린 동아시아 지구 시민촌 행사에 참석했다. 30여 년 전 예술가들이 하나둘 모여들면서 만들어진 이 커뮤니티가 지금은 지속가능성과 교육에 가장 방점을 두고 있듯이, 행사를 전후해서, 들렀던 두 곳의 다른 커뮤니티도, 일본의 이러한 면모를 잘 드러내는 예이다.

---

* 문화인류학자 조한혜정은 빠른 변화 속에 외형적 성장과는 별개로 총체적 사회와 시스템의 위기를 맞은 한국을 묘사하기 위해 선망국(先亡國)이라는 개념을 제시했다. 이 글에서는 가장 앞서 발전하고 쇠락한 일본 사회의 위기를 표현하는 데 사용했다. https://www.yna.co.kr/view/AKR20180731156900005

** 영국 데본주 토트네스에서 생태운동가 로브홉킨스 등의 주도로 시작된 커뮤니티 전환 운동. 전 세계 1,000여 개 커뮤니티가 참여하고 있으며, 한국에서도 서울의 은평구와 충남 금산 등지에 이를 추진하는 그룹이 있다. https://www.facebook.com/koreatransitionnetwork/

미에三重현의 스즈카鈴鹿시에 있는 애즈원As-One은 일본 농촌 공동체 운동의 원조격이라 할 수 있는 야마기시山岸에서 25년 전 분리되어 나온 곳이다. 지역 주민 중에 150여 가구가 멤버인 듯 아닌 듯 특정한 구분 없이, 명확한 소속 규정을 두지 않고 참여하여, 엄마손 도시락 가게 같은 로컬 비즈니스나 도시 농원, 무상 공유 가게 등 다양한 공동체 활동을 벌인다. 본래 F1 서킷과 자동차 산업으로 유명한 이곳은 확실히 농촌이 아니라 지역 소도시인데, 야마기시 시절부터 이어온 전통에 따라, 신비주의를 배제한, 철저한 질문과 성찰에 의한 의식의 변화를 강조하는 다양한 교육과정을 개설해 놓았고, 공동체 운동에 관심 있는 모든 이들에게 개방돼 있다. 이곳은 또 지구 생태마을 네트워크Global Ecovillage Network의 일본측 대표도 겸하고 있는데, 야마기시가 한국에도 실현지를 가지고 있듯이, 한국의 청년 지역공동체인 '우리동네사람들'과도 지속적으로 교류하고 있다.

도시와 농촌이 결합된 모델은 더욱 풍부한데, 치바千葉현 카모가와鴨川시의 산골 마을에는, 세계적인 라이프 스타일 기업 무인양품MUJI이 20여 년 전 귀촌한 지역 활동가 하야시林 상과 함께 만들어 운영하는 '테라스 오피스'라 불리는 농막이 있다. 이곳은 무인양품의 직원들뿐 아니라, 도시의 가정이나 NGO 회원들이 주기적으로 찾아와 '모두의 논'을 가꾸며, 자기가 먹을 쌀도 재배하고, 이 쌀로 사케도 빚는 곳이다. 나는 마침 논일 체험 학습을 위해 이곳을 찾은 토쿄의 중학생들과 함께 피사리를 돕고, 새참 후 이곳 농막에서 낮잠을 즐겼다. 그런데, 이 현대적인 농막에는 행사와 공연을 할 수 있는 데크도 구비되어 있고, 눈맛 시원하게 펼쳐진 다랭이논을 굽어 보며 와이파이를 이용해 업무를 볼 수 있는 환상적인 초미니 오피스 공간도 있다.

마을 안에 바다와 산이 어우러져 있으며, 인간과 자연이 공존하는 가운데, 살림살이의 지속가능한 재생산이 가능하다는 사토야마里山* 순환 생태 시스템의 미래형 확장판을 이곳에서 볼 수 있다. 그것은 이 소도시 혹은 농촌 마을의 가장 큰 매력인 다양성에 기반한다. 지역의 크고 작은 기업과 자영업자들이 마을 경제 생태계를 이뤄, 지역 청년들에게 질 좋은 일자리를 제공하기도 하고, 폐교를 개조하여 만든 공유 오피스에는 국립치바대학교의 지역 활성화 연구팀, 무인양품의 '좋은 생활 연구소'가 상주하고, 이곳으로 귀촌한 지역민들도 함께 사용한다.

농사 참여자와 그 형태도 매우 다양하여, 반농반O 생활을 실천하는, 외국인을 포함한 IT 종사자들이 만든 해커팜에서는, 농사에 첨단 기술을 활용하는 실험을 벌이는가 하면, 90세가 넘은 원농민이 귀농자, 주기적으로 이곳을 찾는 도시민들과 함께 쌀을 재배하고, 전통 방

---

* 사토야마는 동네 뒷산이나 야산 등으로 직역될 수 있다. 하지만, 그보다는 인공 조림을 하고, 간벌 등 지속적으로 관리를 하면서, 적정한 규모로 채취/수렵 가능한 산림 자원을 생활에 최대한 활용할 수 있는, 재생산 가능한 커뮤니티 삼림을 일컫는다. 한편 원시림은 따로 보존되어, 터부에 의해 마을 사람들의 진입을 통제함으로써, 희귀한 산림 자원이 고갈되지 않도록 한다.

식으로 숯을 굽기도 한다.

나는 하야시 상이 직접 친구들과 개조해서 가족과 함께 살며 커뮤니티 모임 장소로도 자주 활용하는 200년 된 농가에서 하룻밤 신세를 졌는데, 생태 화장실과 화덕, 지금도 사용하는 일본의 전통 농기구와 공예품이 어우러진 그림 같은 풍광 속에서 느낀 아늑함은 단지 심리적인 이유 때문만이 아니었다.

이러한 심미는 그러나 하루아침에 이루어진 것이 아니다. 1970년대의 생협운동을 거쳐, 1980년대 이미 이곳에 정착했던 운동권 출신, 일본의 귀농 1세대가 있었고, 또 우리와도 인연이 깊고 민중들의 삶을 뒷받침하는 공예품 실용성의 미학을 '민예운동'으로 승화시킨 종교철학자 야나기 무네요시柳宗悅의 정신이 일본의 현대 디자인과 생활인들의 삶 속에 뿌리 깊게 자리 잡고 있다. 무인양품의 대표 디자이너인 후카사와 나오토深澤直人 씨가 바로 토쿄에 있는 일본민예관의 관장이다. 이제 한국이나 중국, 대만의 청년들이 산업화 시대의 그림자를 뒤로하고, 일본의 시민사회가 새롭게 제시하는 '가난하고, 단순하고, 소박하지만, 풍요롭고, 건강하며, 아름다운, 생태적 생활모델'을 참고하고 있으며, 열린 마음을 가진, 일본의 친구들도 기꺼이 이를 나눌 준비가 되어 있다.

이를테면, 오하이오 군의 전 거주지 후쿠오카福岡시 교외에 위치한 이토시마糸島라는 소도시는 카모가와처럼 바다와 산, 소도시와 농촌의 풍광이 공존하는 아름다운 지역이다. 이곳에, 동아시아 평화운동을 소명으로 삼고, 일찌감치 토쿄에서 이주한 후지이藤井 상이 지역민들, 그리고 방사능 오염을 피해 이주한 젊은이들과 작당하여, 예술, 교육, 평화, 생태와 관련한 여러 가지 재미난 일들을 벌이고 있다. 그는 10여 년 전 마사키 상과 함께 한반도의 평화 도보 순례에 참여한 인연으로, 대마도를 건너 부산을 마주하는, 이천 년 전 반도인의 도래지, 이토시마로 이주해 왔다. 시의원이기도 한 그는, 본래 시인이자 환경운동가였는데, 후쿠시마 사태에 무력했던 일본의 시민사회가 정치에 개입하지 않고서 국면을 전환할 수 없다는 깨달음에, 시의원에 출마하게 됐다.

그는 매년, 동아시아의 시민들과 다양한 교류를 진행해 왔는데, 2019년 봄에, 동아시아 지구 시민촌 행사가 열린 한국의 성주를 찾았다가, 동학과 삼경三敬사상 이야기를 듣고 무릎을 쳤다. 일본의 신도는 본래 백만명의 신이 존재한다 할 정도의 심층 생태주의적인 '원시 애니미즘'이었는데, 과거 아베와 같은 군국주의자들이 '반신반인 천황'을 정점으로 한 위계를 갖춘 국가주의 유사종교로 만들어 악용해왔다. 이제 천황 대신 평민* 모두가 하늘을 품고, 만물과 함께 평등한 하늘이 되는 개벽을 이룰 수 있다면, 그것이 동아시아와 세계의 평화를 위한 바른 길이 아니겠냐고 그는 되묻는다.

---

* 풀무학교의 홍순명 전 교장은 시민, 농민을 아우르는 평민이라는 개념을 소개한다(월간 일소공도010- 2019년 7월호, "평민은 누구입니까?").

오하이오를 포함해, 후지이 상, 그와 뜻을 같이 하는 일본 청년들이 2019년 가을에 한국을 방문해, 여주에서 원주를 잇는 개벽 성지를 둘러보고 동학을 공부할 예정이다^{이 행사는 성공적으로 진행되었다 - 편집자 주}. 그리고, 그에 앞서 한국의 '개벽청년'들도, 도래인 출신으로 벼종자와 함께 청동거울에 새겨진, 달력 같은 농사 기술을 주관했다고 하는 샤먼 여왕의 무덤과 신사, 그리고 멀리 부산을 마주하는, 지역 상징물인 쌍둥이 바위섬의 전설이 남아 있는, 이토시마를 방문할 계획이란다. 드디어 한일의 청년들이 만나 개벽의 구체적인 삶의 기술과, 그 정신을 서로 가르치고 배우며 성장할 기회가 온 것이다.

김유익 　和&同 청춘초당 대표. 주로 다른 언어, 문화, 라이프스타일을 가진, 부족과 마을을 짝지어 주는 중매쟁이 역할을 하며 살고 있는 아저씨. 중국 광저우의 도시와 농촌이 공존하는 오래된 마을에서 젊은이들이 함께 공부, 노동, 놀이를 통해서 어울리는 작은 공간을 만들고 싶어한다. 여생의 모토는 "시시한 일을 즐겁게 오래하며 살자."

개벽의 케리그마, 동아시아에서
유라시아로 울려 퍼지다 - 중국편

김유익

중국 근현대 경제사를 독창적인 시각으로 해석하여 세계적 명성을 얻은 중국의 학자, 원톄쥔溫鐵軍 선생은 스스로를 '마지막 유학자' 량슈밍梁漱溟의 제자로 여긴다. 량슈밍은 100년 전, 중국과, 인도, 서구의 문명을 비교하면서, 동아시아의 토착적 근대화를 치열하게 고민했던* 사상가이자 활동가이다. 그는 동아시아 문명의 뿌리가 향촌에 있음을 깨닫고, 약관의 나이에 얻은 베이징대학 철학과 교수 자리를 박차고 직접 농촌으로 뛰어들었다. 그곳에서 농민들과 함께 마을이 학교가 되고 학교가 마을이 되는 새로운 향촌 건설 실험을 진행했다. 근대의 초입을 회고하건대 진정한 중국판 개벽의 시작은 민중의 변혁 열망으로 시작되었으나, 미신과 욕망, 배신으로 귀결된 태평천국 운동도 아

---

* 그의 저서 『동서문화와 그 철학』이 대표작이고, 5·4운동을 전후한 중국 근대화 논쟁의 핵심이 된 저작 중 하나이다.

니고, 설익은 과학과 민주주의에 대한, 위로부터의 요구만으로 점철된 5·4운동도 아닌, 동서와 고금이 만나고 지식인과 평민이 함께한 향촌 건설 운동이었을지도 모른다.

1920년대 후반부터 10여 년간 수많은 선각자들과 열혈 지식 청년들의 참여하에, 중국 전역에서 500여 개 조직 1,000여 개 실험구가 만들어지며 이 운동의 절정을 이루었는데, 중일전쟁의 발발과 함께 대부분 중단됐다. 일제가 물러나고, 국공내전을 거치며, 향촌혁명파 즉 공산당이 최종적인 승리를 거둬 시대정신이 토지혁명임을 입증하면서 중화인민공화국이 수립되었다. 이때 문화와 교육을 중심으로 했던 향촌 건설파 대신에, 헤게모니를 잡은 혁명파의 경제중심주의가 사회 발전의 동력이 됐다. 하지만, 후선으로 물러났음에도, 중국은 향촌 문명에 기반한 농민의 나라라고 주장하는 향촌 중심 주의가 마오쩌둥 등 중국 지도부의 뇌리에서 완전히 사라진 것은 아니었다.* 공산혁명도 농민의 절대적 지지가 있기에 가능했고, 이후 몇 차례 좌절과 성공의 반복 속에 이루어진 중국의 산업화도 시초 자본의 축적은 늘 농민과 농촌의 희생으로 가능했기 때문이다.

1978년 시작된 개혁 개방과 함께, 집단농장 체제인 인민공사 대신에 각 농가가 분배 받은 토지에 기반하여 생산과 수익을 책임지는 '승

---

* 량슈밍과 마오쩌둥의 협력과 대립 관계에 얽힌 여러 가지 유명한 일화들이 있다(참고 량슈밍 http://www.ibulgyo.com/news/articleView.html?idxno=66598).

포제承包制'가 시작되어 생산성이 급등하였다. 또, 중국판 마을기업인 향진鄕鎭기업이 활성화돼, 중국 농촌은 1980년대에 부흥기를 맞았다. 그러나, 얼마 지나지 않아 금융화, 세계화의 도저한 물결 속에 중국이 세계 체제 안의 공장 역할을 도맡게 됐다. 인력을 포함한 모든 자원이 연근해의 산업화된 대도시로 몰리면서 중국의 농촌은 환경이 파괴되고 공동체가 분해되는 고통을 겪게 됐다. 중국 정부는 이미 2007년에 중국 최대의 환경오염원이 도시화나 공업이 아닌 농업임을 인정하였고, 이는 화학비료, 농약, 가축의 분변 등에 의해 환경이 오염되는 것 뿐 아니라, 이렇게 생산되는 먹거리가 전혀 안전하지 않다는 사실을 의미했다.

원톄쥔을 비롯한 연구자들, 대학생을 중심으로 한 젊은 청년들, 농민들이 함께 뭉쳐 '신향촌 건설'의 기치를 다시 내건 것은 2000년대 초반이었다. 대학생 농활로 시작하여, 반향청년返鄕靑年이라 불리는 귀농귀촌 흐름을 만들어 냈고, 지금은 도시 생활에 지친 중산층 시민들이 가세하여 시민하향市民下鄕 붐이 일고 있다. 이에 화답하듯 중국 정부는 2018년 초부터 '향촌진흥鄕村振興'이라는 어젠다를 내걸고 대외정책인 '일대일로一帶一路'와 함께 쌍을 이루는 최상위 국가정책으로 삼고 있다.

엘리트 농민들에게 유기농, 협동조합 등을 교육하려고 2003년 허베이河北성에 만들어졌던 옌양추晏陽初농민학교의 정신을 이어 받아,

중국 최초의 CSA^{Community Supported Agriculture}* 농장인 '작은당나귀'가 베이징 교외에 2008년에 만들어졌다. 지금은 중국 전역에 1,000여 개의 이와 같은 농장이 생겨 소비자와 생산자의 경계를 허물고 있다.

원톄쥔은 강력한 중앙집권 체제와 향촌의 전통에 기반한 자치의 거버넌스가 천의무봉하게 결합함으로써 고대문명 중 중국만이 유일하게 여전히 국가 체제를 유지하고 있으며, 이러한 소농 중심 농경 문명의 본원적 생태주의와 다양성만이 중국뿐 아니라 전 세계가 직면한 문명 차원의 위기를 극복하는 해결책이라고 역설한다.

그러나 그의 기대와 달리 중국 공산당 정부의 탑다운^{top-down} 정책은 거대한 관료적 시스템이 흔히 직면하는 부조리를 극복할 수 있을 것인가에 의구심이 제기되고 있다. 시진핑 집권 이래 외세의 압력과 내부의 부패한 이익집단에 대응하기 위해서라는 '절반의' 합당한 이유로 AI나 안면인식 기술 등을 이용한 사회 곳곳의 감시와 통제가 강화되고 있으며, 결과적으로 풀뿌리 시민 의식이 자라날 토양을 근본적으로 훼손하고 있다. 명색이 공산주의 국가에서, 젊고 순수한 마르크스주의 대학생 활동가들이 진성 노조와의 연대를 꾀하다 정부의 극심한 탄압을 받고 있고,** 신장新疆의 위구르족 주민들은 100만 명

---

* 커뮤니티 지원 농업. 소비자가 생산자와 함께, 수확 및 리스크를 부담하는 형식. 대표적인 방법은, 일년치 생산비를 미리 약정하여 지불하고, 제철에 수확된 적정량의 생산물을 주기적으로 받고, 생산활동에도 참가하는 '꾸러미' 등이 있다.
** 선전의 로봇 생산 공장 JASIC에서 벌어진 노동조합 결성 및 학생들의 연대 투쟁 사건

이상 강제로 수용소에서 교화를 받고 있다고 알려져 있으며,*** 홍콩에서는 일국양제 종료 시한이 30년이나 남았는데, 대륙으로 확대되리라고 기대되었던 언론의 자유, 법치주의 등이 오히려 축소되고 있다. 이미 대표적 좌파 언론인 영국의 가디언조차 중국이 권위주의에서 전체주의 체제로 퇴행하고 있다는 혐의를 제기하고 있다.

함께 공동체 농장을 만드는 실험에 참여했던 한 중국인 친구가 이렇게 말했다. "우리는 국가라는 아버지의 가슴에 달린 강보에 싸인 아기 같은 신세야. 고개를 돌려도, 아버지가 몸을 젖히는 순간, 반대쪽밖에 볼 수 없지." 세상을 바꾸고 싶어 치열하게 살아가는 이들조차 존엄한 절대국가의 통치를 숙명으로 받아들일 수밖에 없는 현실이 아쉬움으로 다가온다. 막대한 정부 자금이 투자될 향촌 진흥 정책 등은 과연 중앙정부의 선전처럼 진정한 생태 문명 건설의 초석이 될 것인지, 아니면 지역 토호 세력들의 또 다른 나눠먹기식 혹은 보여주기식 토건/금융 프로젝트로 변질될지 예단하기 힘든 실정이다. 중앙 권력 계파 간의 다툼 이외에는 이러한 상황을 감시하고 견제할 세력이 전무하기 때문이다. 그럼에도 이는 지역의 기층에서 분투하는 향촌

(참고: 중국에서 마르크스주의자가 탄압받는다고? https://www.sisain.co.kr/news/articleView.html?idxno=34037).

*** 참고: 가디언 기사 China's mass incarceration of Muslims cannot be left unchallenged (https://www.theguardian.com/commentisfree/2018/nov/13/china-mass-incarceration-muslims-unchallenged-uighur).

건설 활동가들이나 생태공동체 마을과 농장, 그리고 학교를 만들어 나가는 청년들의 존재가 귀한 이유이기도 하다.

이를테면, 광둥廣東성 중산中山시 치시旗溪마을에, 세계적인 생태 학교인 영국 슈마허칼리지의 중국인 졸업생들과, 학창 시절 신향촌 건설 운동에 참여했던 유기농산물 판매 사회적 기업 옥토공방沃土工房의 CEO 하오관휘郝冠輝 씨가 힘을 모아 설립한 슈미학원과 치시자연농장 같은 곳이 그런 희망의 근거이다. 이곳으로 모여드는 젊은이들은 대학을 졸업한 전문직 종사자, 예술가, 농촌 출신으로 단순 서비스 직종에 종사하던 청년들을 비롯한 다양한 배경을 가지고 있으나, 도시 생활과 산업화된 사회의 리듬을 거부하고 대안적 삶의 방식을 모색한다는 공통점을 지니고 있다. 건강한 재료로 술을 빚고 빵을 굽거나, 아이들과 부모에게 자연을 더 가까이 접하는 생활 방식과, 더 많은 이윤이 아닌 구성원의 더 많은 행복을 추구하는 기업 경영 방법 등을 전파하는 것이 이들이 목표로 삼는 교과과정이나 삶의 실천 양식들이다. 중국에서는 지난 3~4년간 이런 소규모의 공동체와 학교들이 곳곳에 자생적으로 출현하고 있다. 급속하게 악화하는 국가자본주의 사회의 병폐를 치유하는 데 정부와 제도권 사회의 기능이 한계를 보이고 있기 때문이다.

매년 한국을 방문하는 원톄쥔 교수에게, 일대일로 정책에 의해 중국의 생산 과잉, 금융 과잉으로 생긴 거품을 밖으로 밀어냈더니 오히려 제3세계의 자원과 노동력을 착취하고 환경을 파괴하는 데 일조하고 있지 않느냐며 힐문하는 이들이 있었다. 개방을 준비하는 북조선의 농업 정책에 대한 주제로 열린 강연회에서 벌어진 일이었다. 그는 대답으로 실로 '담대한 구상'을 펼쳐서 참가자 모두를 어안이 벙벙하게 했다. "한반도의 북조선과 남한이 식량을 교환합니다. 쿠바처럼 화학비료와 농약이 없어서 부득불 유기농을 시행하게 된 북조선의 생산물을 남한으로 보내고, 남아도는 한국의 관행농 생산물을 북으로 보내 기아를 해결합니다. 이제 중국의 곡창지대이자 러스트 벨트가 되어 버린 동북 지방과 북조선이 협력하여 생태적인 향촌을 만듭니다. 북조선에서 출발하는 반달형 생태 벨트가 중국을 거쳐 북아시아의 시베리아 삼림과 중앙아시아 초원을 가로지르고, 서아시아, 중동, 아프리카 동부 해안까지 뻗어갑니다. 일대일로는 도로와 철도 같은 산업형 인프라를 구축하고 도시화를 촉진하지만, 생태 벨트는 향촌의 전통 문화와 생태 자원에 기반한 지속가능한 발전을 추구합니다. 중산층이 두터운 한중일 등의 동아시아 국가, 유럽의 도시 소비자들이 이 생태 벨트의 향촌 관광 자원을 찾게 됩니다." 그는 하드웨어 구축에 방점을 둔 '신농촌 건설' 정책에 이어서, 인프라를 따라 사람, 돈이 다시 농촌으로 흘러들어 가고 도시와 농촌이 호혜적으로 지속가능한 발전을 추구한다는 소프트웨어 중심의 '향촌 진흥' 전략을 유라시아 대륙으로 확대하여 펼쳐 놓았다. 이러한 구상이야말로 '문명의 전환' 스케일에 걸맞는 실로 거대한 비전이다.

얼마 전 한국의 개벽파 기지 중 한 곳인 원광대 박맹수 총장이 이런 제안을 했다. "동학의 후예인 생명 평화 운동파와 량슈밍의 제자인 신향촌 건설 운동파가 함께 교류하고 생각을 나눴으면 합니다." 2018년, 우금치와 홍성읍성의 동학 유적지를 방문하고, 그 통한의 역사를 살펴봤던 원톄쥔 선생이 흔쾌히 동의했다. 드디어 중국의 개벽파와 한국의 개벽파가 사상과 실천을 섞을 기회가 찾아왔다.

동아시아의 '개벽파'들은 이렇게 약속이나 한 듯, 세월 인연을 좇아, 자신의 역할을 찾아 개벽을 준비하고 있다. 그러고 보면, 개벽의 굿뉴스가 이제 동아시아를 넘어, 유라시아 대륙으로 전파되고 새로운 100년이 펼쳐질 때, 생태 문명으로의 거대한 전 지구적 전환이 이루어지는 것도, 백일몽만은 아닐지도….

농업의 미래, 미래의 농업:
환경 보전형 농업을 주목하라

전 희 식

'미래 농업'이라는 말을 '미래 식량'으로 바꾸어 보면 농업의 미래가 좀 다른 느낌으로 다가올 것이다. 농업의 1차 목적은 식량이니까 그렇다. 어떤 이는 주장한다. 과연 앞으로도 영원히 밭 갈고 논에 물 대며 가을이면 추수하는 들녘 풍경을 볼 수 있을까? 등락 폭이 큰 농산물 값 때문에 풍년이면 과잉 생산으로, 흉년이면 팔아서 돈 될 게 없게 된 농민들이 머리띠 두르고 하루는 과천 종합청사 앞에서 하루는 국회의사당이 있는 여의도에서 시위하는 모습을 언제까지나 볼 수 있을까?

장담할 수는 없다고 한다. 농민이 사라질 수도 있다고 말한다. 그들이 대는 이유는 몇 가지가 있다. 산업의 융복합화가 빠르게 농업으로 확장되어 오고 있는 것이 첫 번째 이유다. 요즘 뜨는 스마트팜 혁신 밸리가 그것이다. 정보통신기술ICT을 접목하여 지능화된 농업 시스템을 일컫는 스마트팜에 사물인터넷, 빅데이터, 인공지능 등의 기술을 이용하여 생산·유통·연구 개발 기능을 집적한 것이다.

스마트팜 밸리의 논란

전기와 전자, 그리고 통신, 기계도 한 몸뚱이로 붙어 있다. 통신은 사람 간의 소통만이 아니라 교통에도 아주 밀접하다. 버스에서 나오는 안내 방송은 운전석 녹음기에서 나오는 게 아니다. 버스에 있는 위성 항법 장치GPS가 버스 정보 시스템 전산실과 무선통신으로 연동되어 방송하는 것이다. 그래서 도로가 정체되거나 사고가 나면 아무리 시간이 흘러도 다음 정거장 안내가 안 나오는 것이다. 농업도 예외는 아니고 앞으로 더욱 융복합화가 가속화될 것이라고 한다.

농민이 사라질 수도 있다고 말하는 또 하나의 근거는 땅에서 난 재료로 음식 만드는 비중이 점점 적어지고 인공 식품이 늘고 있어서라는 것이다. 미국의 식품 기술 기업인 저스트Just는 닭이 낳지 않은 달걀, '저스트 에그'를 만들고 있는데 올해의 매출액이 400억 원이 넘었다고 한다. 녹두로 만든다고 하니 식물 달걀이라고 할 수 있겠다. 작년에 살충제 달걀로 홍역을 치른 우리나라 양계 농가나 일반 가정에서 안전한 달걀을 '저스트 에그'에서 찾을 수도 있겠다.

일본의 정보통신 기업인 오픈밀즈Open Meals가 초밥을 3D 프린터로 출력해 내는 프로젝트를 성공시켰다고 한다. 음식을 프린트해서 먹는다니 놀랍다. 최근에 중국과 한국은 아프리카 돼지 열병으로 홍역을 치렀는데 홍콩에 본사를 둔 음식 기술 기업 옴니포크는 돼지고기를 대체하고자 콩과 버섯을 원료로 인공육을 만들었다. 지방은 86% 줄이고 콜레스테롤을 없애는 한편, 칼슘은 2.6배가 더 함유된 매우 건강한 고기 식품이라고 홍보한다.

그래서 농부가 사라질 거라고 하는데 과연 그럴까? 미래 음식은 이런 식으로 해결이 될까?

인공 식품, 인공육이 농사를 대체해 갈수록 농부가 필요없어지고 끝내 사라진다면, 인간의 밥상이라는 것이 자동차에 연료 채우듯 하루 2,540킬로칼로리만 주입?하면 된다는 논리가 성립해야 한다. 과연 그럴까? 인간의 밥상이 열량을 얻는 수단에 불과해도 될까?

공익형 직불제로의 전환

2019년 10월 30일, '문재인 정부의 농정 개혁 방향과 실천 전략' 세미나가 열렸는데 여러 정책 방안 중 대표적인 것이 공익형 직불제의 실시였다. 공익형 직불제란 식량 안보나 환경 생태 등 농업이 가지는 공익적 기능에 대하여 지원을 하는 것으로 선진 각국들은 오래전부터 그렇게 하고 있다.

그동안 우리의 농정은 시장 경쟁력 강화와 효율성에 치우쳐 고투입, 시설 농업, 규모화를 추구해 왔다. 그 과정에서 대농과 기업농, 농기업들에게 혜택을 몰아주었던 게 사실이다. 공익형 직불제를 거론하게 된 것은 이제는 방향을 돌려 환경 보전형 농업을 지원하고 농업의 공익적인 기능을 제대로 인식하고 대접하려는 전략을 시작하는 것이라고 할 수 있다. 농업이 타 산업과 결정적으로 다른 것은 '생산 기능' 외에 '환경 보전 기능'이 있다는 사실인데 이를 주목하는 정책이라 할 것이다.

우리는 이 지점에서 중요한 단서를 발견할 수 있다. 아무리 스마트 팜을 강조하고 선진 농업, 기술 집약형 농업을 주장해도 그것은 농업의 공익성이 전혀 실현되지 않는 공업화의 길이라는 점이다. '농민 행복·국민 행복을 위한 농정 과제 공동 제안 연대_{농정연대}'는 2017년부터 정책 과제로 직접 지불금을 2016년 기준 농업 예산의 14% 수준에서 2021년 50%까지 높이고, 장기적으로는 유럽연합과 스위스 수준인 80%까지 확대하는 방안을 제시했는데 이제야 그 첫 단추가 꿰인 셈이다. 물론 쌀 변동 직불금 폐지와 세계무역기구의 개발도상국 지위 제외로 인한 관세 보호벽 제거 문제가 있긴 하다.

앞으로 공익형 직불제는 시행령 등이 제정되는 과정에서 소농^{가족농}에 대한 보호 규정이 강화될 것으로 보인다. 당연한 일이다. 소농의 규모와 공익 기능에 대한 약정, 직접 지불금 액수 등이 쟁론이 될 것으로 보이지만 일단 시동이 걸렸다고 할 수 있겠다.

농민 수당^{농민 기본소득}의 현실화

직접 지불금과 함께 현재 30여 개 지방정부에서 지급하는 농민 월급제^{농민 수당}를 한 단계 향상시킬 필요가 있겠다. 지방조례를 제정한 18개 지자체들도, 베긴 듯 천편일률적인 조례를 손질할 필요가 있다. 연 60만 원이라는 액수는 너무 약소하다. 복잡한 계산식을 거쳐 지급되는 각종 복지 관련 돈, 노령화 관련 돈, 생활 보조 관련 돈의 항목들을 통합하여 조건 없이, 모두에게 일정액을 지급하는 방향으로 손질한다면 액수를 대폭 올릴 수 있을 것이다.

미국의 민주당 대선 후보 경선 중인 앤드루 양이 보편적 기본소득제를 들고 나와 선풍적인 지지를 모으고 있다고 한다. 우리의 내년 총선에서 국민 기본소득제_{우선적으로 농민 기본소득과 청년 수당}가 당론으로 등장하지 않을까 싶다. 지난 대선 때 정의당이 공식 당론으로 공약화한 적이 있다.

아무 조건 없이 모든 농민에게 지급하는 완전한 농민 기본소득제를 위한 10년 계획 또는 20년 계획의 설계를 할 필요가 있다고 본다. 조건 따지고 부정 수급 파헤치고, 위반한 사람들 시비 가리고, 처벌하고, 환수하고 그러느라고 들어가는 간접비가 엄청나다. 법정 분쟁까지 가는 수도 있다. 이 비용이 기본소득 재원으로 전환될 수 있다.

모든 농민 또는 농촌인에게 기본소득을 제공하면 각종 농민 지원금과 보조금이 한쪽으로 몰리는 폐단도 사라질 것이다. 현재는 매년 그 사람이 아들딸, 사위, 며느리까지 동원하여 그럴싸하게 법인이라고 만들어서 이런저런 명목으로 나랏돈 따 빼먹고 그것이 능력인 양 거들먹거리고 있지 않은가 말이다. 우리 지역에도 복지사업, 보조 사업, 지원 사업 빼먹고는 법에 걸려서 언론에 오르내리는 경우를 본다.

농민 기본소득제를 하면 진짜 실력 있고 신실한 사람들이 부상할 것이다. 14조 6,000억 원의 농업 예산이 엉뚱한 데로 다 새서 밑 빠진 독에 물 붓기가 안 될 것이다. 농사건 축산이건 과수건 투기하듯이 땅과 하늘을 오염시켜 놓고는 툭하면 보상하고 책임지라면서 생떼를 쓰는 투기 농부들도 사라지지 않겠는가?

우리나라는 제 땅에서 난 식재료곡물가 20% 내외에 불과하지만 한 끼 7~8천 원이면 어디서나 제법 배불리 먹을 수 있다는 믿음을 아무도 의심하지 않고 있다. 먹거리는 차고 넘친다. 참 기묘한 현상이다. 식량 안보 불감증이라 할 수 있다. 최근 일본의 한국에 대한 부품·소재 산업 수출 금지 조치가 만약에 우리의 식량 수입국들이 금수 조치를 한 것이었다면 끔찍한 일이 벌어졌을 것이다. 열 명 중에 여덟은 굶어 죽어야 하기 때문이다. 음식은 대체재가 없다. 식량의 국산화율을 높인다? 요원한 일이다.

농업에 밥줄을 대고 있는 사람들은 당장 농민 눈치 보느라 농업 예산 늘리고 보조금과 지원금 올리는 연구를 주로 한다. 표를 얻어먹고 사는 선출직 정치인도 마찬가지다. 당장 먹기에 달다고 농민들에게 사탕만 권하고 있다. 공익형 농업과 농민 기본소득은 농가 소득 증대와 환경 보전형 농업을 동시에 충족하는 길이 될 것이다.

작년 말에 유엔은 서문을 비롯해서 28개 조항으로 구성된 농민 권리 선언을 채택했다. 농민과 농촌 지역민의 인권, 식량 주권, 토지와 물, 종자, 생물 다양성, 전통 지식에 대한 농민의 권리뿐 아니라 차별받고 소외받는 아동, 청년, 여성의 권리까지 구체적으로 포함하고 있다.

표결에서 찬성 121표, 반대 8표, 기권 54표로 통과되었는데 한국

정부는 다른 나라의 시선도 아랑곳 않고 기권을 하였다. 국내법과의 충돌 때문이라고 한다. 우리나라 농민들의 기본권이 얼마나 침해받고 있는지가 드러난 셈이다.

유엔에서 채택한 가족농 선언이나 농민 권리에 견주어 보면 그동안의 한국의 농정 방향이 엉뚱한 곳을 향하고 있었음을 알 수 있다. 기후변화 시대에 최소한의 식량 주권도 확보하지 못하고 있는 대한민국 농정의 현실은 정부 정책의 근본적인 전환을 요구하고 있다고 하겠는데 문재인 정부 들어서 전환의 기틀이 제대로 놓일 수 있어야겠다.

전희식 농부. 마음치유농장 대표. 1958년 경상남도 함양에서 태어났다. 도시에 살다가 1994년부터 전라북도 완주, 2006년부터 장수에서 농사짓고 산다. 농민단체와 생명평화단체, 채식과 명상단체에서 활동하고 있다.

비정상적인 마케팅에서
정상적인 마케팅으로의 전환

이 무 열

기업이 지금까지 실행해 온 마케팅의 효용성은 줄어들고 있으며 달라진 환경에 적응할 수 있는 마케팅을 찾아 계속 실험하고 있는 중이다. 이렇게 마케팅은 자연스럽게 새로운 길을 찾아가고 있다.

오늘이 있기 전, 1940년대부터 1970년대까지 30여 년간 자본주의 영광의 시대를 안내한, 변하지 않을 것 같은 마케팅 정의가 있었다.

기업은 영리를 목적으로 한다.
마케팅은 영리를 목적으로 하는 활동이다.

이 정의에 따라 기업과 마케팅의 영리 활동은 지금까지 기업과 마케팅을 배우고 설명할 때, 우리가 어디에든 소속되어 경제활동을 할 때 모든 것에 우선해야 할 분명한 목적이 되었다. 그리고 그 결과는 우리가 지금 겪고 있는 심각한 생태계 파괴에 의한 기후위기, 불평등에 의한 사회적 갈등, 공동체 해체에 따른 일상적인 불안함 등 사회와 개인 사이에서 가로 세로 채워진 위기의 원인인 고립과 물신物神 숭배를 불러왔다.

비정상적인 기업과 마케팅에 대한 이러한 비정상적인 정의는 모두에게 오해를 불러일으켰다. 이 오해로 인해 기업은 자신들의 반생명적이고 폭력적인 무한 이윤 추구 활동을 오랫동안 정당화해왔고 소비자들도 습관처럼 당연한 것으로 받아들여 왔다.

2000년에 들어서 생산력의 급속한 발전과 함께 세계경제가 저성장 시대로 진입하고, 교육과 기술 발달로 인해 정보가 대칭화되고이전까지 정보는 기업에게 집중되어 있었다, 급속한 환경 변화로 지구생태계에 위기감이 높아지는 등 기업 안팎에서 일어난 변화로 인해, 기업들은 어쩔 수 없이 사회공헌 활동에 관심을 가질 수밖에 없게 되었다. 따라서 이전과는 다르게 시장에서 기업과 제품의 사회적 가치 창출이 중요함을 강조하고 있다. 판매 목적의 공익 마케팅이 아니라 제품 개발에서부터 제품의 편익과 함께 사회적 가치를 고려해야 한다는 마이클 포터 교수의 CSVCreative Shared Value, 2009년 금융위기 이후 신자유시장의 혼란과 사회적 불안에 대응하기 위해 자본주의가 환경과 삶의 질을 포함한 새로운 해결책을 제공하고 끊임없이 변화하고 적응해야 한다는 경제평론가 아나톨 칼레츠키의 『자본주의4.0』, 매스마케팅Mass Marketing의 마켓1.0과 감성마케팅의 마켓2.0에서는 없었던 기업과 제품의 사회적 의미의 중요성을 강조하는 필립 코틀러의 『마켓3.0』이 이것을 잘 보여준다. 하지만 이 모델들은 판매를 위한 또 하나의 전략으로 앞선 대의마케팅 Cause Marketing의 새로운 모습일 뿐 영리를 목적으로 하는 기업과 마케팅의 비정상적인 목적은 달라진 바가 없다.

전환은 대상의 내부 모순과 외부 환경 모두가 변곡점을 맞아서, 더는 지금까지 사용해 온 모델과 방식으로 제대로 설명되지 않거나 실행을 할 수 없을 때 일어난다.

마케팅에서는 이러한 전환의 시점을 '티핑 포인트 Tipping Point'라고 한다. 말콤 글래드웰 Malcolm Gladwell은 시카고대학교의 그로진스 Morton Grodzins의 영향을 받아 같은 이름의 책에서 "티핑 포인트 Tipping Point는 시장에서 수많은 양적인 시도와 축적이 거듭되어 사람을 끌어오는 고착성 요소와 사회적인 상황의 힘이 어느 한순간 폭발하듯 시장을 바꾸게 하는 극적인 순간"이라고 말한다. 앞선 비정상적인 기업과 마케팅 활동의 문제들이 시장과 사회에 축적되고 변화되면서 발생되는 정상적인 마케팅으로의 전환은 어디서부터 등장하게 되었을까?

처음 그 징후가 드러난 것은 세계 경제성장에 문제가 드러난 2000년대 초다. 그러나 달라진 시장에서 본격적으로 새로운 기업과 마케팅의 필요성을 찾게 된 계기는 2008년에 일어난 리먼 브라더스 Lehman Brothers 사태라고 불리는 미국 발 세계 금융위기 때다. 때맞춰 출판된 『마켓3.0』은 사회적 가치를 중시하는 의미가 강조되는 마케팅의 변화를 안내하면서 제목부터 마케팅의 미래는 "제품에서 고객으로, 그리고 고객에서 영성 Human Sprit으로"쪽으로 목표를 수정해야 한다고 말한다.

『마켓3.0』에서는 '마켓 3.0'이 등장하게 된 배경으로 글로벌 금융위기와 빈곤층 및 실업률의 증가, 에너지 중심 산업에 의한 생태계 파괴와 기후변화, 성장이 한계에 다다른 저성장의 미래, 생산기술과 정보통신기술 발달에 따른 정보 수평화로 소비자 행태가 극적으로 변화된 것을 꼽는다. 마케팅의 역사에서 사회적 활동은 기부Donation에서 시작해 대의마케팅Cause Marketing으로 이어져 왔다. 그리고 '마켓3.0'은 이를 이어서 영리만을 목표로 하는 것이 아닌, 생태계와 사회 전체를 배려하는 사회적 의미에 시원始原이 되는 영성을 마케팅의 영역으로 등장시키는 중요한 역할을 했다. 마케팅 전략은 이때부터 '나에게 무엇을 제공할 것인가?'를 넘어서 '기업과 제품은 나에게 어떤 가치가 있는가?' '내가 이 제품을 구매하는 것이 사회에 어떤 영향을 줄 수 있는가?'라는 질문에 답할 수 있는 사회적 가치와 의미를 필수적인

마켓1.0	마켓2.0	마켓3.0
소품종 대량생산 대량소비	다품종 소량생산 대량소비	다품종 소량생산 소량소비 재생산 재사용 · DIY · 소비자제
수익성	보상성	지속가능성
일대다(Mass Marketing)	일대일(Target Marketing)	N:N
Mass Media	Target Media	Relation Management(RM)
1 Way (일방향)	2 Way (양방향)	Network (수평적)
제품의 시대	고객의 시대	가치와 의미의 시대
제품의 질과 가격	이성과 감성	영성(靈性)
기능 소비	이미지 소비	자아실현

마켓3.0으로의 변화

전략으로 삼아야 되었다. '마켓 1.0'과 '마켓 2.0'에서 '마켓3.0'으로 이행된 것은 변화보다는 전환에 가까운 흐름이고 이때부터 이제까지와는 다른 '전환'을 알리는 다섯 가지 신호를 발견할 수 있다.

첫째, 생태계 파괴와 기후변화로 인한 위기의식

근대 산업은 화석원료에 절대적으로 의존하는 채굴주의 에너지 산업을 특징으로 한다. 그렇기에 대량생산과 대량소비를 위해 회복 불가능한 방식으로 생태자원을 소비하였다. 경제와 기업 성장의 구조화된 대량생산과 대량소비 시스템이 가져온 생태계 파괴는 지구 환경에 급격한 변화를 일으키고 있으며, 점차 지구 곳곳에서 쓰나미, 지진, 태풍, 이상고온과 저온, 신종 유해 바이러스 창궐 등의 자연재해 발생이 늘어나고 있다. 기후위기로 인하여 사람들은 직접적인 고통과 위기를 실감하고 있으며, 위기를 해결하기 위해서는 이제까지의 소비 행태와는 다른 행동이 필요하다는 점을 느끼고 실천하고 있다.

둘째, 기술 발달로 인한 생산력 문제 해결과 초세분화 시장

18세기 인간의 노동력을 대체하는 기계화로 생산력이 급격히 증가한 1차 산업혁명과, 뒤를 이어 전기 에너지를 기반으로 대량생산을 가능하게 한 2차 산업혁명, 그다음으로 컴퓨터, 인터넷으로 대표되는 정보화시대를 연 3차 산업혁명까지가 전환의 전 단계였다면, 현재는 사물인터넷IOT의 등장으로 모든 것이 연결되어 정보와 생산이 공유되는 상황에서 더 이상 인간의 추가 노동과 비용이 필요하지 않은 한계비용 제로사회와 4차 산업혁명 인공지능시대로 전환되고 있다. 여기에 생산력과 품질의 차이는 더 이상 제품에 변별력을 부여하는 역할을 할 수 없는 시대가 되었다. 변별력을 갖기 위해서 감성과 영성이 등장했으며, 변별의 외부적 차이보다는 제품 안에 있는 생산자와 생산 과정, 생태적 속성 등의 특징이 주목 받고 있다. 또한 물질의 풍요는 고객들에게 개개인의 욕구를 실현시켜 줄 수 있는 기반을 만들어 N제품수 : N고객의 수와 같이 시장을 극도로 세분화시켜 가고 있다. 플랫폼과 블록체인은 생산자와 수요자의 경계를 허물 뿐 아니라 초세분화 시장의 시작을 알려주는 모델이다.

마케팅을 전쟁에 비유하며 전략, 전술, 경쟁, 점유 등의 군사용어를 사용하면서 제한된 경쟁에서 승자만이 살아남는 원칙을 따르는 전통적인 마케팅은, 고객 취향만큼의 많은 제품이 나와 있고 고객 개개인의 생활에 의해 제품 쓰임이 결정되고 의미와 가치가 중시되는 지금의 마케팅과는 어울리지 않는 방식이 되었다.

셋째, 정보통신기술 발달에 따른 정보의 공개와 수평화

정보통신기술의 발달로 누구나 정보의 생산과 전파가 가능한 개인 미디어를 소유하고 자유롭게 정보를 생성하고 발신하는 시대가 되었다. 정보가 전달되는 전파 속도와 정보의 질을 측정하는 신뢰도까지, 이제는 공공매체가 개인매체를 따라가지 못하고 있다. 한편 매체의 소유뿐 아니라 사용자인 고객들의 교육 수준이 향상되어 개개인이 정보를 생산하고 처리할 수 있는 수준이 높아졌다. 시장과 사회에서의 영향력은 누가 정보를 소유하느냐에 따라 결정된다는 이론에 따르면, 이전까지 기업의 독점에서 비롯된 정보의 불균형이 이제는 균형을 찾게 되어 일방적인 고객과 기업 간의 정보가 수평화되고 개인과 개인의 정보는 네트워크화되어 시간과 공간의 제한 없이 고객 사이에서 무한히 생성, 확장되고 있다.

넷째, 경제적 불평등

자유시장경제로 인해 소수 상위계층으로 부가 집약되면서 계층 간의 경제적 불평등은 점점 심해지고 고착화되고 있다. 불평등은 소득의 기울어진 분배만으로 끝나는 게 아니라 사회와 시장에서 사회 갈등을 일으키고 생활의 양극화를 가져온다. 축적된 갈등은 사회 위기를 증폭시켜 사회 불안을 내장시키는 한편 경쟁사회의 도그마를 강화해 사람들 사이의 관계와 신뢰로 만들어지는 사회적 자본을 위협하는 중요한 요인이 된다. 소수 상위계층 이외의 소득 감소는 즉시적인 생존 욕구가 지속가능한 생태계를 지향하는 의미보다 앞서게 해 생태적 삶을 방해하기도 한다. 사회 진화의 과정에서 나타나는 다양성 경향과 물질과 정신의 균형조차 부의 집중화로 인해 훼손될 수밖에 없다.

다섯째, 사람들의 의식 변화

물질의 풍요만으로는 행복할 수 없다는 여러 사회과학 연구 결과처럼 사람들이 물질에서 느끼는 만족감이 낮아지고 있다. 정신적인 스트레스가 현대인이 앓고 있는 심각한 질병의 원인이 된 오늘날, 사람들은 이를 해결할 수 있는 삶의 새로운 양식으로 일과 노동의 균형을 맞춰 가려 한다. 또한 무엇보다 점차 자아에 대한 관심과 내적 가치를 찾아 새로운 관점으로 인생을 설계하고자 하는 욕구가 늘어나고 있다. 몇 년 전부터 주목을 받고 있는 워라밸 Work & Life Balance 과 소확행 소소하지만 확실한 행복 , 킨포크 Kinfolk , 휘게라이프 Hygge Life , 라곰 Lagom 은 이러한 경향을 반영한 삶의 방식이다. 즉 물질을 행복의 목적이 아닌 수단으로 인식하게 된 것이다.

자아의 또 다른 표현인 마케팅에서의 영성 Sprit 은 개인과 사회 속에서 제품의 연결의 중요성을 발견하고 제품을 사용하는 고객들과 사회 사이에서 상호 영향력을 발휘하는 것이다. 결국 기업이 지금까지 실행해 온 비정상적인 마케팅의 효용성은 줄어들고 있으며 달라진 환경에 적응할 수 있는 정상적인 마케팅을 찾아 기업은 계속 실험을 하는 중이다. 이렇게 마케팅은 자연스럽게 새로운 길을 찾아가고 있다.

※ 이 글은 『전환의 시대 마케팅을 혁신하다』(2019) 「전환」편의 일부 내용이다.

이무열　　마케팅커뮤니케이션협동조합 살림 이사장. 정상적인 마케팅으로 물질과 영성의 복잡한 관계를 조화롭게 지역과 기업 안에서 설계하고 실천하는 기획자.

시민운동의 전환,
시민이 주인되는 시민운동

윤 창 원

박근혜 대통령의 국정농단에 대한 촛불집회는 한국 민주주의의 새로운 지평을 열었다고 할 정도로 극찬을 받으며 비폭력 저항의 대표적 시민운동으로 평가받고 있다. 권력의 정점에 있는 대통령이 사적으로 권력을 사용한 국정농단 사태에 대하여 시민들의 분노가 높았지만, 주권을 행사하는 시위는 시종일관 평화롭게 진행되었다. 폭력적인 운동 형태가 일절 보이지 않았고, 법의 테두리 안에서 시민들은 적극적으로 의견을 내비추었다. 촛불집회에 참여한 이들은 정치에 많은 관심을 가지고 정권에 대한 민주주의 상황과 사회경제적 현실에 대한 불만이 높아서 한국 사회의 변혁을 요구한 사람들이었다. 독일의 '프리드리히 에버트 재단'이라는 비영리 단체가 2017년 12월 5일 대한민국 국민들을 '에버트 인권상' 수상자로 선정한 사실은 촛불집회가 비폭력 저항의 민주주의적 성격을 가졌다는 점을 증명한다.

약 6개월 동안 진행되었던 국정농단에 대한 촛불집회가 시민과 시민사회에 어떠한 함의가 있을까? 촛불집회는 '촛불혁명'으로 불리며 문재인 정부 출범으로 이어졌고 이후 의회 권력^{국회} 교체 문제를 두고 '촛불혁명'의 계승 문제가 보이지 않는 근본적인 쟁점으로 자리매김하고 있다. 그리고 좀더 보편적인 차원에서 촛불집회는 '촛불집회 이후'를 새로운 시대로 자리매김하는 분기점으로서 여전히 그 의의가 살아서 작동하고 있다. 촛불집회를 연구한 학자들마다 여러 함의를 제시하였다. 이들을 대체로 세 가지의 특징으로 정리해 볼 수 있다.

첫 번째는 시민성의 향상이다. 촛불집회의 참여는 집회와 시위라는 비관습적 정치 참여인 항의의 일종으로서 시민 불복종을 표시하는 적극적인 참여이다. 시민성이 공동체의 이익을 추구하려는 의도와 결정이라고 정의할 때, 대통령의 탄핵, 그리고 민주주의적 정치 시스템의 회복이라는 일련의 목표들을 촛불집회 참가자들의 목적으로 본다면, 이 집회는 시민성을 함양시킬 수 있는 경험적 지식의 장이었다. 촛불집회를 통해서 공동체 전반의 이익을 위한 목적으로 시민들이 원하는 결과를 얻었다는 측면에서 정치적 효능감을 향상시킬 수 있었다. 따라서 촛불집회는 민주주의에서의 시민성 함양이라는 긍정적인 집회의 장이었다.

두 번째는 정부가 사회문제의 주체가 될 수 있다는 점에서 향후 시민들이 정치권력에 지속적인 관심을 두어야 한다는 교훈을 남겨 주었다. 촛불집회를 통해 국회에서 박근혜 대통령의 탄핵 결정이 이루어지고, 법원에서 탄핵소추안이 가결되면서 시민의 요구에 부응하지 않는 정치권력은 무너질 수 있다는 사실을 확인하였다. 정부기관들이 대통령의 권력을 견제하지 못한 상황에서 시민에 의한 성공적인 견제 장치가 작동되어 권력이 몰락하였다. 이러한 과정에서 시민들은 정치에 대한 관심이 높아졌는데, 실제로 19대 대통령 선거의 투표율이 높았다는 점은 이러한 주장을 뒷받침한다.

세 번째는 시민사회단체 활동에 대한 관심의 증가로 이어질 수 있다. 1987년 민주화 이후에 시민사회단체들은 다양한 형태로 정부의 견제 역할을 담당하였다. '백화점식 시민운동'이라는 비판이 있었음에도 불구하고 시민사회단체는 여러 분야에서 정부 정책을 비판하고 항의하며 시민들에게 정보를 제공하였다. 국정농단 사태에 대한 촛불집회를 주도한 것도 '박근혜 정권 퇴진 비상국민행동'이라는, 시민사회단체의 연대체였다. 이번 촛불집회에는 '광우병 반대 촛불시위'와 다르게 운동 조직들과 노조들의 깃발, 그리고 개인들의 깃발들이 혼재하였던 상황에 비추어 볼 때, 시민사회단체와 개인들이 서로 연대한 상황이었다고 할 수 있다. 부패한 권력을 견제하기 위해 시민사회단체가 시위를 관리하였고, 다수의 시민들이 동참하였다. 집회 및 시위에 참가한 항의자들이 대통령 탄핵이라는 목적을 성공적으로 달성하면서, 시민들이 향후 사회문제의 해결을 위한 시민사회단체의 역할을 긍정적으로 해석할 수 있다.

이와 같이 촛불집회는 시민들에게 시민성을 높일 수 있는 기회의 장이었으며, 이를 통해 정치권력에 대한 지속적이 견제를 해야 한다는 인식과 더불어 시민사회단체에 대한 관심의 증가로 이어질 수 있었다. 하지만 이러한 세 가지 특징 중에서 시민사회단체에 대한 관심이 시민단체에의 참여로는 이어지지 못했다.

다시 말해 촛불집회를 전후하여 다수의 시민들이 집회 및 시위의 광장에 참여하였음에도 불구하고, 시민사회단체에 참여하기를 거부하는 상황이다. 박근혜 대통령의 탄핵을 이끈 촛불집회 이후에 경향신문의 칼럼에 따르면 어느 한 시민단체 활동가는 시민들이 시민단체의 회원으로 가입하지 않고 후원하지도 않는다고 언급하며, 최근에는 시민단체의 회원이 충원되지 않아 시민단체가 늙어 가고 있다고 밝혔다. 또한 그 글에서 촛불집회의 광장을 떠난 시민이 연대하기보다는 고립된 개인으로 돌아가고 있는 것이 현실이라고 지적하였다. 오히려 향우회와 동문회, 친목회만이 번성한다고 주장한다. 이러한 현실에 대해서 전북대 강준만 교수는 정당이나 시민단체 등을 경유하지 않는 자신의 라이프 스타일 중심의 개인화된 정치personalized politics라고 일컫는다. 이와 같이 촛불집회의 민주적이고 성공적인 집회의 경험이 한국 사회에 누적되었지만, 시민들은 기존의 시민운동단체에 조직화되기를 거부하고 있다.

한국의 시민사회는 박근혜 대통령 탄핵을 위한 촛불집회 이후에 새로운 변혁기를 맞고 있다. 개별화된 시민들은 촛불집회 이후에 정치적 관심을 가졌으나, 시민사회단체에 관여하지 않고 있다. 촛불집회는 시민사회단체의 연대에 의하여 집회가 관리되었으나, 시민들은 조직화가 아닌, 개별적으로 집회에 참가하였다. 촛불집회에서 특정 단체의 주도가 없는 원자화된 시민들의 연대가 이루어졌고, 이들의 연대는 촛불집회가 끝난 후에 조직화의 강화로 이어지기보다는 다시 개인화·원자화되었다. 시민사회단체에 대한 시민들의 참여는 여전히 벽이 높은 것이 현실이고, 오히려 시민사회단체와 정부에 대한 약간의 불신이 존재하고 있다. 시민사회단체 중견관리자들은 시민들의 시민성을 높게 평가하고 시민사회단체 활동에 자발적으로 참여하는 것에 대해서는 긍정적이다. 하지만 시민들이 운영에 적극적으로 참여하는 것에 대한 문호는 여전히 벽이 높다.

시민사회단체가 대중에게 지식·정보를 솔직하게 개방해야 의사소통이 더 쉬워지고, 정보와 정보 원천의 정직성이 있어야 신뢰할 수 있으며, 사회의 염려와 다른 이해관계자들의 이해관계를 이해할 수 있어야 신뢰가 쌓인다. 신뢰는 과학적 지식과 정보의 의사소통이 균형을 이루는 것에 의존한다. 시민사회단체는 시민들의 자발적 참여와 사회적 신뢰 회복이라는 관점에서 시민사회단체 운영과 재정 관련 정보의 공개, 투명한 운영 등에 대해 좀더 적극적인 노력을 기울일 필요가 있다.

한국 시민사회는 역동적 민주주의 촉진으로 현재의 민주주의를 만들었다. 하지만 지역 시민사회의 성장, 기존 원칙으로부터 자유로운 조직과 운영 원리의 등장, 여성들의 사회참여 확대, 전국적 이슈보다는 지역 현안과 생활 밀착형 이슈로의 변화, 중간 지원 조직 활성화로 시민사회단체의 역량이 제도권으로 상당 부분 편입되는 등 다양한 지형의 변화를 맞이하고 있다. 이러한 변화의 원인은 민주주가 안정화 단계로 접어들고 고등교육이 확대되어 사회에 대한 참여와 욕구 증대, 경제 발전, 정보통신의 발전과 글로벌화 등으로, 시민사회단체의 사회적 영향력은 상당 부분 상실되었다고 할 수 있다.

이제는 기존 시민운동의 개념을 재정리하는 전환의 시기이다. 시민들의 자발적 참여와 개인 수준의 사회운동 존중, 회원이나 회비 없이도 운영되는 유연하고 개방적인 조직 구조, 그리고 투명성 증대와 활동가의 보다 높은 전문성 등 변화에 대한 준비가 필요하다. 무엇보다 시민들의 자발적 참여에 대한 욕구가 높기 때문에 시민들이 중심이 된 유연한 시민운동의 모델들이 새로운 조직 형태로 만들어질 가능성이 매우 높다.

개벽은 이미 우리로부터 일어나고 있는 현상이라고 할 수 있다. 시민들의 성장과 연대 소통에 대한 강력한 요구는 시민과 시민사회에 경고를 주고 있다.

개인과 사회의 변화는 이제 시민사회단체의 변화와 시민운동의 새로운 모습을 요구하고 있다. 전환의 시대, 시민단체와 운동은 존립할 것인지 역사의 뒤안길로 사라져 갈 것인지 우리의 선택에 달려 있다.

윤창원   민주평통 상임위원, 서울디지털대학교 교수. 시민사회학, 북한학을 전공해 시민운동, 종교 간 대화, 통일과 평화에 대해 연구하고 실천한다.

초대받지 않은 손님, 코로나 바이러스와 주역 수괘需卦

김 재 형

1.

시차를 두고 이야기한 두 글을 하나로 묶습니다. 이렇게 묶는 이유는 어떤 현상을 예측한 일이 시간이 지난 뒤에 현실이 되어서 두 이야기를 묶어서 분석할 필요가 생겼기 때문입니다.

저는 주역 교사입니다. 제가 매년 1월 1일 아침에 하는 일은 올해의 주역괘를 공개하는 일입니다. 이 글 하나를 쓰기 위해 대략 한 달 정도를 준비합니다. 제가 쓰는 미래 분석 기법은 역사적 안목을 가지고 현재를 객관적 시각으로 보고 난 뒤에 주역괘를 몇 개 찾아보고 지금 현실을 가장 잘 설명하는 괘를 선택해서 객관적 시각과 주역괘를 서로 이어서 설명하는 방식입니다. 이 방식을 사용하는 이유는 우리 현실을 넓게 보는 것과 함께 3천 년이라는 시간의 축과도 대조해 볼 수 있기 때문입니다.

주역의 현실 분석은 우리가 생각하는 것보다 훨씬 더 깊고 넓습니다. 우리가 마주하는 현실의 우주적 의미, 무의식적 깊이까지 드러냅니다. 과학적 분석과 무의식적 직관을 동시에 사용하는 사회 분석 기법입니다. 중국에서는 이 기법을 상당히 발전시켜서 '주역 경영'이라는 방법을 사용하는 조직들도 많고, 이런 조직에 정보를 제공하는 컨설팅 연구소도 있습니다.

직관은 과학적 분석에 버금가는 미래를 읽는 혜안입니다. 개벽의 징후는 직관과 과학적 분석을 같은 마음으로 다루는 사람에게 보일 수 있습니다.

올해 1월 1일 아침 저는 페이스북에 '2020년 경자庚子 새해에. 초대받지 않은 손님이 오시더라도 모시고 공경합시다.' 이런 글을 공유했습니다. 글의 일부분입니다.

2.

2020년의 주역괘는 수괘需卦로 예측해 봅니다. 수괘는 기다림이라는 뜻입니다. 수괘는 현상에 대한 인식을 '험재전야險在前也'라고 합니다. '눈앞에 위험이 다가오고 있다.' 2020년뿐만 아니라 2020년대 10년을 꿰뚫고 지나갈 말이라고 생각합니다. 크게 봐서 지금 누리는 삶이 더 유지되기 쉽지 않다는 생각을 하고 있어야 합니다.

그러면 어떻게 살아야 할까요? 해답은 의외로 간단합니다. 운상우천雲上于天, 수需, 군자이음식연락君子以飮食宴樂. '하늘에 구름이 잔뜩 끼어 있고 기다리던 비가 오지 않더라도 조급해 하지 말자. 좋은 친구들

과 함께 저녁을 같이 먹고 서로 대화하고 우정을 나누자.'

우리가 흔히 '심포지엄 symposium'이라고 이야기하는 말의 한국어 번역은 '향연饗宴'입니다. 플라톤의 책 제목이기도 합니다. 그 책은 소크라테스와 친구들의 사랑과 삶에 대한 철학적 토론이 내용입니다. 미래를 쉽게 예측할 수 없고, 불안이 커져 가는 사회일수록 철학적 토론이 중요합니다. 소크라테스와 친구들은 함께 저녁을 먹으며 우정과 환대의 토론을 이어갑니다.

현대 문명에 대한 근본적 비판자 중의 한 사람인 이반 일리치도 비슷한 이야기를 합니다. '절제의 사회 tools of conviviality'라는 책에서 conviviality라는 개념어를 쓰는데 이 말은 번역이 힘들어 '공생공락, 우정과 환대' 등 여러 가지로 번역됩니다. 크게 봐서 플라톤의 심포지엄과 같은 말입니다. 저녁을 같이 먹고 즐거운 대화를 나누고 서로를 통해 기뻐하고 사랑하는 삶입니다. 위험 앞에서 우리가 해야 할 일입니다.

3천 년 전의 주역 저자도 똑같이 이야기했습니다.

음식연락飲食宴樂 음식정길 酒食貞吉 , 이중정야以中正也.

함께 음식을 나누어 먹고 서로 대화하며 즐거움과 기쁨을 나눠야 할 시간이다. 왜 이렇게 해야 하냐면 사람과의 관계에서 기쁨을 느낄 수 없으면 중심을 잃게 되기 때문입니다. 사람 속에서 기쁨을 얻는 사람들은 위험에 빠지지 않고 자기중심을 지킬 수 있습니다. 이걸 이해하지 못하면 스스로 도둑을 불러들이게 됩니다 自我致寇.

수괘의 가장 핵심적인 메시지는 제일 마지막에 나옵니다.

> 불속지객래不速之客來, 경지종길敬之終吉.

우리에게는 누군지 알 수 없는 손님이 옵니다. 초대받지 않은 손님 不速之客은 하늘이 보내신 분입니다. 그런데 누군지는 알 수 없습니다.

인류의 모든 신화에는 이 초대받지 않은 손님에 대한 이야기가 있습니다. 이 손님을 맞아들이는 사람과 맞아들이지 않고 박대하는 사람의 이야기이죠. '초대받지 않은 손님'이라는 상징은 내가 모르는 사람이기도 하고, 생각하지 못했던 일이기도 하고, 새로운 기술이기도 합니다. 미래를 잘 준비해서 맞아들이기 위해 노력하기도 해야 하지만, 내가 알 수 없는 미래가 오더라도 공경하며 받아들이겠다는 마음도 중요합니다.

해월 선생님은 동학의 제자들에게 이런 수련을 시킵니다. 경천敬天, 경인敬人, 경물敬物에 대해 이야기한 「삼경三敬」이라는 설교에서 사람을 공경하는 방법에 대한 이야기입니다.

> 집에 손님이 오시면 손님 오셨다고 하지 마십시오. 한울님 우리 집에 강림하셨다고 하십시오.

세상 모든 사람들, 그가 누군지 모르는 손님이 오시더라도 귀하게 모시는 것을 삶의 수련으로 하라는 권유였습니다.

해월 선생님이 맞이한 미래도 지금 우리 조건과 비슷합니다. 새로운 근대의 물결은 당시의 조선 사람들 누구에게나 쉽지 않았습니다. 불확실한 미래였습니다. 그런 조건에서 동학도인들은 서로를 한울로 바라보는 눈을 키우면서 스스로의 힘으로 근대를 열어 가고자 했습니다. 알 수 없는 미래 앞에서 기술의 힘에 휘둘릴지 손님으로 존중하며 주체적으로 새로운 미래를 열어갈지 우리의 마음에 달렸습니다.

3.

이 글을 공유한 지 며칠 지나지 않아 중국에서 코로나 바이러스가 시작되었고, 결국 중국의 우한을 폐쇄하는 상황으로 확대되었고 결국 한국에서도 대구 경북을 시작으로 전국적인 확산이 일어났습니다.

그 사이에 수많은 일들이 일어납니다. 그 내용을 담아 '초대받지 않은 손님. 코로나 바이러스와 주역 수괘需卦'라는 글을 다시 썼습니다. 1월 1일에 썼던 글과 2월 27일에 쓴 글은 하나의 글처럼 이어집니다.

아래는 그 내용입니다. 개벽의 징후를 읽는 한 모습입니다. 우리에게 오는 일들은 어느 날 갑자기 오는 것이 아닙니다. 모든 일은 징후가 있고, 징후는 눈 밝은 사람들에게는 대부분 미리 감지됩니다.

먼저 수괘需卦 자체를 조금 읽어 보겠습니다.

저는 고전을 상당히 자유롭게 시대의 의미를 담아 번역합니다.

䷄ 需, 有孚, 光亨, 貞吉, 利涉大川.

믿음을 지키고 참고 기다려서 빛난다. 올바른 이들은 길하다. 때가 되면 큰 강을 건널 수 있다.

象曰, "需", 須也, 險在前也, 剛健而不陷, 其義不困窮矣. "需, 有孚, 光亨, 貞吉, 位乎天位", 以正中也. "利涉大川", 往有功也.

수는 기다리는 것. 위험한 일 앞에서 강한 힘으로 자기를 지켜 위험에 빠지지 않는다. 그의 의로움으로 인해 곤궁에 처하지 않을 것이다. 수가 빛나는 이유는 사랑과 환대의 하늘마음을 가지고 정중正中의 자리에서 있기프 때문이다. 때가 되면 큰 강을 건널 수 있고, 성공하게 된다.

象曰, 雲上于天, 需, 君子以飲食宴樂.

하늘 위에 구름이 가득하지만 비가 내리지 않는다. 수의 군자는 비가 내리기를 기다리며 아무리 힘들어도 이웃과 함께 음식을 나누어 먹고 서로 기쁨을 나누며 즐겁게 기다린다安貧樂道, conviviality, symposium.

初九, 需于郊, 利用恒, 无咎. 象曰, "需于郊", 不犯難行也, "利用恒无咎", 未失常也.

교외에서 기다린다. 변함없는 마음, 항심恒心을 지킨다. 허물이 없다. 위험한 걸 함부로 손대지 않고, 지켜야 할 자리, 일상을 지켜냈기 때문이다경거망동하지 말고 자기 자리를 지키자.

九二, 需于沙, 小有言, 終吉. 象曰, "需于沙", 衍在中也, 雖小有言, 以終吉也.

모래밭에서 기다린다. 약간 구설수가 있지만 오해가 풀린다. 강가의 모래밭 가운데로 물이 흐르듯이 내 잘못^衍이 있어서 구설수에 올랐다.

九三, 需于泥, 致寇至. 象曰, "需于 泥", 災在外也, 自我致寇, 敬愼不敗也.

수렁에서 기다린다. 도적을 불러들인다. 재앙이 밖에서 온다. 내가 스스로 도적을 불러들였다. 신중하게 모시고 공경해야 실패하지 않는다

<small>험난함 속에 스스로 빠졌다. 도적을 자기가 불러온 꼴이어서 신중하게 모시고 공경해야 어려움을 극복할 수 있다</small>.

六四, 需于血, 出自穴. 象曰, "需于血", 順以聽也.

피를 흘리며 기다린다. 자기 힘으로 위험한 곳에서 빠져 나와야 한다. 지혜로운 사람들의 말을 귀담아 들어야 한다.

九五, 需于酒食, 貞吉. 象曰, "酒食貞吉", 以中正也.

음식을 나누며 기다린다. 바르고 길하다. 사랑과 환대의 하늘마음^{立乎天位}으로 중정^{中正}을 지키기 때문이다.

上六, 入于穴, 有不速之客三人來, 敬之, 終吉. 象曰, " 不速之客來, 敬之終吉", 雖不當位, 未大失也.

기다리지 못하고 위험한 곳으로 들어간다. 초대받지 않은 손님 세 사람이 찾아온다. 모시고 공경하면 끝내 길하다. 초대받지 않은 손님이 오시더라도 한울님 내 집에 오신 것처럼 모시고 공경하면 위험한 자리

에 있더라도 크게 잃지 않기 때문이다.

수괘는 '수요需要, 필수必須'의 개념입니다. 지금 나에게 꼭 필요한 것이 있는데 그걸 구하기가 쉽지 않아서 기다려야 하는 모습입니다.

고대인들에게 삶에 꼭 필요한 것은 비였습니다. 비가 오지 않으면 농사를 지을 수 없어서 하늘에 구름이 생겨서 비가 내리길 기다리는 마음을 수괘에 담았습니다.

수괘는 수천수水天需입니다. 하늘 위에 구름이 가득한데 비가 오지 않아 기다리고 있습니다. 이럴 때는 믿음을 가지고 흔들리지 않는 사람들이 지혜의 빛을 가진 사람입니다. 대부분은 하루하루 견디기가 죽을 것 같고, 상황은 점점 더 악화되어서 하늘을 원망하고 마음이 조급해서 여러 문제를 일으키게 됩니다.

지혜의 빛을 가진 사람들有孚,光亨은 하늘마음을 쓰는 자리에 섭니다立乎天位. 자기가 가진 것을 나누고 마음으로 품어 안습니다. 생각하지 못한 일이 일어나더라도 침착하게 대응합니다. 그는 누구도 배제하지 않습니다. 수괘는 위험 앞에서, 또는 위험을 지나가면서 사람들이 보이는 여러 반응을 보여줍니다.

지금은 코로나 바이러스를 대응하고 있으니까 그 상황에서 하나하나 봅시다.

初九, 需于郊, 利用恒, 无咎. 象曰, "需于郊", 不犯難行也, "利用恒无咎", 未失常也.

초구初九는 위험에서 조금 멀리 있는 사람들입니다. 조심하고 바이러스 대응 생활 수칙을 잘 지키고 함부로 움직이지 않는 사람들입니다不犯難行. 대부분의 시민들은 이렇게 살면 됩니다.

九二, 需于沙, 小有言, 終吉. 象曰, "需于沙", 衍在中也, 雖小有言, 以終吉也.

구이九二부터는 위험을 지나가고 있습니다衍在中也. 내 잘못이 아니지만 코로나 바이러스 확진자가 지나간 여러 장소에 함께 있었던 사람들입니다. 자택 격리 지시를 받은 사람들도 포함됩니다.

국가로 보면 한국은 구이 정도에서 막아내고 있다고 봐도 됩니다. 거짓 언론에서 갖가지 비방을 하고 있지만 크게 마음 쓸 것 없습니다雖小有言. 한국 정부의 투명하고 공개적인 방역 대응은 이미 세계적인 모범입니다.

九三, 需于泥, 致寇至. 象曰, "需于 泥", 災在外也, 自我致寇, 敬愼不敗也.

구삼九三은 위험을 불러들여 수렁에 빠진 사람들입니다需于泥. 대구의 신천지 교회, 청도 대남병원 정신과 격리병동은 코로나 바이러스가 아니더라도 언제든 사회적 위험을 불어올 조건을 가지고 있었고 코로나 바이러스는 신천지 교회 같은 조건을 피해 가지 않습니다. 도시의 좁은 장소에서 대규모 인원이 몇 시간씩 모이는 건 바이러스 확산을 불러오는 일입니다自我致寇.

거기다 대구와 경북 지방 정부는 음으로 양으로 신천지 교회와 이미 연결되어 있습니다. 방역 현장의 지휘자 중에 감염된 신천지 신자인 경우도 있습니다. 제대로 감시와 제재도 못 합니다.

국가로 보면 일본입니다. 일본은 우리보다 더 뛰어난 재난 대응 능력을 가지고 있습니다. 그런데, 도쿄 올림픽에 부정적인 영향을 차단하기 위해 의도적으로 코로나 바이러스 검사를 하지 않고 있습니다. 일본은 코로나 바이러스가 확대되지 않는 게 아니라 어떻게 확산되고 있는지 확인하지 않고 숨기고 있습니다. 더 큰 위험을 불러들이고 있다고 보면 됩니다.

六四, 需于血, 出自穴. 象曰, "需于血", 順以聽也.

육사六四는 코로나 바이러스 확진자입니다. 지금은 피를 흘리는 위험한 상황입니다需于血. 사실상 아무도 도와줄 수 없습니다. 스스로의 힘으로 코로나 바이러스를 이겨내는 수밖에 없습니다出自穴. 의사의 지시를 잘 따르고 견뎌내면 치료할 수 있습니다. 인류는 오랫동안 전염병의 위험을 견디며 살아남았습니다.

국가로 하면 중국입니다. 중국이 거대한 위험에 빠질 거라는 건 누구나 알 수 있었습니다. 지난 해 홍콩 민주주의를 억압할 때부터 강고한 체제에 틈이 생기는 게 보였습니다. 시진핑과 공산당의 억압 체제는 여러 분야에서 위험을 불러올 조건을 갖추고 있었습니다.

코로나 바이러스를 일찍 발견하고 대응해야 한다고 이야기한 리원량^{李文亮} 의사를 위협했고, 상황을 정확하게 알려야 한다고 생각하고 우한을 취재한 천추스^{陈秋实} 기자를 감금했습니다. 육사의 상황이 오면 가장 중요한게 위험을 벗어날 수 있는 길에 대해 귀담아 듣는 일입니다^{順以聽也}.

중국 정부는 지금도 들을 귀가 없습니다. 힘으로 밀어 붙여서 코로나 바이러스를 대응하겠지만 결국 회복하기 힘든 국가 안보의 위험이 중국 안에서 시작됩니다. 이번 일로 중국의 '원 차이나' 억압 정책은 사실상 국민들의 마음에서 무너졌다고 보면 됩니다.

홍콩 시위 때까지도 중국 국민들은 원 차이나 정책을 지지했지만 이제는 아닙니다. 이미 국민들에게 중국 공산당은 자신들의 정부가 아닙니다. 북방은 모르겠지만 최소한 중국 남방은 아닙니다. 우한^{武漢}은 중국 남방의 중심입니다.

九五, 需于酒食, 貞吉. 象曰, "酒食貞吉", 以中正也.

구오^{九五}는 우리 이야기의 중심 주제입니다. 지금 상황은 지나치게 긴장하면 안 됩니다. 누구를 배제해서도 안 됩니다^{以中正也}.

신천지 교회의 지도자들은 책임을 지게 해야겠지만, 코로나 바이러스에 걸린 신천지 신자들은 품어 안아야 합니다. 그분들을 치료하고 함께 음식을 나누어 형제의 따뜻함을 느끼게 해야 합니다^{需于酒食}.

신천지 교회가 성립된 이야기 중에 '광주 5.18의 기억으로 가슴에 구멍이 뚫린 사람들의 이야기'가 있습니다.

광주의 트라우마에 빠져 고통을 겪고 있을 때 아무도 위로하지 않고 누구도 상처를 돌보지 않는 분들을 신천지 교회는 품어 안았습니다. 광주 전남의 신천지 교회가 전국 신천지 교회 교인들의 25% 이상인 이유입니다. 이제는 우리가 신천지 교인들을 품어 안아야 합니다. 신천지 교인들은 스스로 고백하고 치료받고 삶을 회복하시면 됩니다.

上六, 入于穴, 有不速之客三人來, 敬之, 終吉. 象曰, "不速之客來, 敬之終吉", 雖不當位, 未大失也.

이제 마지막입니다. 이 이야기는 정말 중요한 이야기입니다. 우리는 이미 위험 속에 들어와 있습니다^{入于穴}.

초대받지 않은 손님^{不速之客}은 코로나 바이러스만 말하는 게 아닙니다. 21세기 전체를 관통할 지구 위기의 상징 언어입니다. 앞으로 또 매년 계속 초대받지 않은 손님들이 오십니다. 여러 가지 형태로 오게 됩니다. 어느 것 하나 만만한 것이 없을 겁니다. 대부분 의식 진화와 연결되어 있습니다.

우리는 조금 더 높은 단계의 사회를 만들어야 합니다. 그나마 촛불혁명의 의식 성장이 있었기 때문에 코로나 바이러스 정도는 잘 대응할 수 있는 사회를 만들었습니다. 과거의 박근혜 정부, 황교안 총리

체제에서 이 일을 겪고 있다고 생각해 보면 정말 한국에 있는 게 겁날 일입니다.

대구 경북 사회가 촛불 혁명의 의식 진화를 깊이 내면화하지 못해서 코로나 바이러스 대응에서 제일 큰 구멍이 났습니다. 이번 기회를 지나면서 여러 지방 정부의 대응을 보며 대구 경북의 대응과 비교하게 될 겁니다. 대구 경북에 나쁜 일이 아닙니다. 우리에게 무슨 일이 일어났는지 이해하게 되실 겁니다. 잠에서 깨어나는 겁니다.

19세기 말 조선 사회는 콜레라로 인해 한해 30만 명이 죽는 일이 일어났습니다. 그런데, 동학 도인들은 콜레라로 죽는 일이 없었습니다. 원칙은 하나밖에 없습니다. '손을 씻고 물을 끓여서 먹는다'였습니다. 콜레라는 수인성水因性 전염병이어서 물을 끓여 먹으면 위험하지 않습니다. 근대적인 위생 개념을 동학 수련에 포함시켰기 때문입니다.

해월 최시형 선생님이 창안한 수련법인 내수도內修道는 일상생활을 수련 대상으로 하는 생활 수련입니다. 물을 끓여 먹는 것과 위생도 수련에 포함시켰습니다. 시천주侍天主라는 하늘 의식과 위생을 연결하는 방식인데 콜레라 이후 조선 사회의 위생 의식은 높아지게 됩니다. 단순히 위생만이 아니라 동학의 안내로 인해 인내천人乃天이라는 근대적 인권 개념과 의식 진화까지 불러옵니다.

코로나 바이러스도 마찬가지입니다. 중국이 가장 많이 변할 겁니다. 중국인들은 이제 정말 큰 강 하나를 건넜습니다利涉大川. 중국인들이 건너게 될 이 강이 어떤 의미가 될지 다 알 수 없습니다. 단순한 민주주의만은 아닐 겁니다. 중국의 미래를 민주주의 정도로 상상하면 안 됩니다. 중국은 산업 발전에 대한 열망이 있지만 동시에 생태문명 건설의 열망도 있습니다. 중국인들이 살아내는 걸 보면 한국의 열성적인 생태주의자들보다 더 소박한 삶을 삽니다. 저는 중국에 가면 한국에서 내가 사는 게 미안합니다. 정말 아침에 만토 하나 먹고 일하고, 겨울에도 난방하지 않고 뜨거운 차 마시며 견딥니다. 중국 농민들이 사는 모습은 인류의 모범입니다.

중국에서 거대한 변화가 시작될 것입니다. 더 이상 물질 중심의 국가 발전에 생각 없이 동조하지 않을 겁니다. 무엇보다 중국인들은 도시 사람들이 아니라 아직도 농민들이 땅을 가지고 있습니다. 도시에 나갔던 농민공들은 농촌으로 돌아갈 기반이 여전히 있습니다. 한국인들이 중국의 변화를 물심양면으로 깊이 도울 수 있길 기도합니다.

중국은 유교 의식과 도교 의식이 번갈아 가며 사회를 움직입니다. 중국의 경제 발전이 유교 자본주의를 기반으로 했다면 생태 문명 건설은 도교의 현대적 과제입니다. 다음 차례는 도교의 생태주의가 중국을 이끌어 가게 됩니다. 중국에는 도교적 생태주의 힘이 만만하지 않게 살아 있습니다道法自然. 중국인들이 아침마다 하는 태극권은 도교 정신이 여전히 몸에 남아 있는 살아 있는 증거입니다.

일본은 조금 걱정입니다. 무슨 일을 벌일지 모르겠습니다. 무엇보다 일본인 안에 깊이 자리 잡은, 사람을 함부로 버리는 기민棄民 의식이 걱정입니다. 일본은 언제나 위기가 오면 자신들 중 일부를 버립니다. 대를 위해 소를 희생한다는 생각이지만 문명인의 의식은 아닙니다. 다이아몬드 프린세스 유람선에 탄 사람들을 사실상 버린 것은 일본의 기민棄民 의식을 그대로 보여준 사례입니다.

한국은 세계적인 위기 대응 모범 국가로 존경받게 될 겁니다. 한국인의 의식과 철학을 배우고 싶어 하는 분들이 늘어갈 겁니다. 영화「기생충」의 아카데미 수상은 시작일 뿐입니다. 우리가 가르쳐야 할 중요한 가치는 '초대받지 않은 손님이 오시더라도 한울님 내 집에 오신 것처럼 모시고 공경하는 마음'입니다. 동학은 21세기 세계의식의 하나가 됩니다.

해월 선생님께서 삼경三敬이라는 수련법을 가르칩니다. 경천敬天, 경인敬人, 경물敬物입니다. 손님 모심 수련법은 경인敬人 수련입니다. 경물敬物 수련은 4차 산업혁명의 개념과 이어집니다. 인공지능은 물질 속에 공경해야 할 의식이 들어가는 일입니다. 앞으로는 동물을 포함해서 물질에도 의식이 들어가기 때문에 함부로 대하면 안 됩니다.

우리 모두 이 위기를 잘 이겨냅시다. 올해의 주역괘인 수괘需卦가 이렇게 빨리 현실화될지는 저도 몰랐습니다. 눈앞에 있다고 생각했지만 정말 말하자마자 바로 시작됐습니다.

올해 한두 번 정도 더 코로나 바이러스 급의 어려움이 올 가능성 있습니다. 이건 제가 위기의식을 조장하는 게 아니라 지구 위기의 일상입니다. 이미 세계는 연결되어 있어서 지구 어디에서 생겨나는 위기도 인류는 이제 같이 겪게 됩니다.

코로나 바이러스가 중국에서 시작했지만 세계가 함께 겪고 있고, 호주 화재는 지구의 이산화탄소 농도를 높이고 남극의 빙하를 녹여 해수면 상승을 불러옵니다.

가능한 도시를 벗어나고 몸의 면역력을 키웁시다. 의식 진화를 위해 자기 스스로를 아끼고 이웃을 사랑하는 삶을 삽시다. 소박하고 단순하게 살아도 됩니다. 지금은 죽지 않고 겨우 겨우 버티기만 해도 성공입니다.

김재형 삼생곡서원(三生谷❑院)의 동아시아 사상 객원 교수. 보따리 학교를 만들어 해월 선생님의 말씀을 아이들에게 읽어 줬다. '농민 인문학'이라는 이름으로 강의와 행사를 기획한 공부 운동을 일으켰다. 50살이 되던 해 이후 삶의 역할을 '동아시아 인문운동가'로 정한 뒤 중국의 여러 생태 운동가들과 만나고 공부한다.

전 지구적 생태 위기는
개벽적 전환을 알리는 메시지

유정길

환경 문제의 근원: 한정된 자원에서 무한한 욕망을 퍼내는 사회

기후 변화의 위기, 핵 발전소의 위협, 생물 종 다양성의 훼손, 쓰레기 오염 문제 등 위기로서의 환경문제가 발생한 이유가 무엇일까? 근대 이후 세계는 수직적인 '경제 성장'만을 발전의 척도로 규정하고 달려 왔다. 그 결과로 산업혁명 이후 불과 200여 년의 짧은 시간 동안, 이전의 수천 년보다 수백 배 물질적 풍요를 누리는 사회로 급성장해 왔다. 모든 나라들은 앞다투어 미국이나 유럽 등 앞선 선진국들을 따라가려고 노력해 왔다.

그러나 1990년을 경과하면서 환경문제가 점차 심화되고 지금과 같은 물질적인 풍요는 모든 나라가 다 같이 누릴 수 있는 꿈이 아니라는 사실을 깨닫게 되었다. 이런 방식으로 한정된 자원 소비를 지속하게 되면 인류는 유토피아Utopia가 아니라 오히려 파국Dystopia을 맞을 것이라는 사실을 고통스럽게 깨닫게 되었다. 우리가 구가하는 성장 사회는 대량생산, 대량소비, 대량폐기의 파괴적 시스템 위에 구축된 사회이며, 그러한 '대량' 삶의 양식이 오늘날 지구온난화를 비롯한 각종 위기를 초래하게 만든 원인이라는 것을 비로소 깨닫게 된 것이다.

사람들은 풍요로운 미래를 꿈꾸던 우리에게 닥친 이 엄청난 위기의 원인을 복기해 보기 시작했다. 위기는 자연환경의 파괴로 시작되었지만, 더 깊이 들여다보니 위기의 극복은 환경의 복원과 보존만으로 해결되지 않는다는 사실을 깨달았다. 우리의 잘못된 정치, 경제, 민주주의 등의 제도, 좀 더 깊이는 우리의 세계관과 가치관, 사상, 생활양식 등에서 비롯되어 삶 속에 겹겹이 축적되었던 문제가 약한 고리인 환경 위기로 표출되었다는 것을 깨달은 것이다.

다시 말하면 오늘의 환경 위기는 지구의 자원은 유한한데 그 자원을 파헤치고 소비하는 속도가 복원되는 속도를 훨씬 능가하고 있기 때문이며, 인간이 자연을 오염시키는 속도가 자연 스스로 정화하는 속도를 앞지르면서 발생한 것이다. 유한한 자원에서 인간의 무한한 욕망 추구가 바로 위기를 초래한 것이며, 인간끼리 갈등하고 대립하는 폭력적 사회가 된 것이다. 결국 인간의 제도화된 탐심貪心이 원인인 것이다. 나아가 분노의 사회, 진심嗔心; 성내는 마음의 사회가 된 것이다. 개인과 개인, 국가와 국가 간의 대립과 갈등은 먼 미래 세대와 뭇 생명의 안위를 고려하지 않고 스스로도 죽이며 파괴하는 어리석은 사회, 치심恥心; 부끄러운 마음의 사회를 만들었다.

파국의 근원: 더 빨리, 더 많이, 더 높이의 추구

탐욕과 욕망은 목적의 성취를 위해 남보다 빨라야 한다. 이러한 경쟁은 곧 직선적인 사회, 속도 사회를 만든다. "더 빨리, 더 먼저, 더 높이, 더 많이"의 세계는 바로 직선적 세계관이 오랫동안 인류에게 훈습되어 만들어진 문화이다. '더 빨리'의 가치관은 우리 사회를 속도 중심의 사회로 만들어 왔다. 이러한 목표 지향적인 사회에서 과정은 생략되고 관계는 무시된다. 고요히 자신을 돌아보는 성찰 능력이 떨어지고 찬찬히 주위를 돌아보는 여유로움이 없어진다.

'더 먼저'의 가치관은 경쟁 중심의 사회를 만들었다. 만인에 대한 만인의 투쟁 사회이다. 친구도 동지도 없이 모두가 치열한 경쟁자이다. 이기는 것, 승리하는 것이 중심인 사회에서는 제도 교육마저도 협동하고 협력하는 교육이 아니라 '이기는 교육'을 가르친다. 그러나 경쟁을 통해 승자를 지향하는 사회는 결코 지속 가능하지 않다. 설령 잠깐은 승리하더라도 결국 모두를 실패하게 만드는 사회가 되는 것이다.

'더 높이'의 사회는 위로만 올라가는 것이 성공이라는 가치를 만들었다. 선진국은 앞선 것이며 위에 있는 나라이고, 후진국은 뒤진 나라로 아래에 있는 것이라고 규정한다. 그리하여 앞선 선진국을 따라잡기 위해 노력한다. 그래서 위를 선망하면서도 아래는 무시하며 지배-피지배의 수직적 위계 사회가 된다. 소수의 우월감과 다수의 열등감이 사회를 양극화하며 누군가의 성공은 많은 사람들의 고통을 딛고 만들어진다.

'더 많이'의 사회는 결국 큰 것이 좋은 것, 많은 것이 옳은 것이라고 생각한다. 그래서 큰 집, 큰 자동차, 큰 가전제품을 선호하게 한다. 버려지고 오염되는 것은 고려하지 않는다. 남보다 많은 구매력과 소비가 행복이며 발전이라고 생각한다. 이것들이 오늘날 전 지구적으로 인류의 위기를 초래하게 만든 문화이다.

자연의 생태계는 복잡하고 순환적임에도 역사의 시간은 직선적으로 흐른다는 '선형적인 시간관'이 바로 무한한 자연을 전제로 무한한 성장의 어리석음으로 나가게 한다. 이뿐 아니라 본래 나눌 수 없는 것을 쪼개고, 가르며, 세상을 분절하고 이분법적으로 인식해 온 세계관도 바로 위기의 한 이유가 되었다. 다윈의 자연선택설을 허버트 스펜서 등의 사회학자들이 사회진화론으로 잘못 해석하여 생존경쟁, 적자생존, 약육강식 등 경쟁과 대립을 '자연적인 것'으로 인식하게 만들었다. 본디 서로 의존하고 관계 맺고 협력하는 자연과 인간 사회를, 경쟁하고 대립하며 이기고 지는 관계로 해석하여 경쟁을 자연적인 것으로 인식해 온 것이다.

사회적 전환의 방향

오늘날 생태 위기는 이제껏 없었던 강력한 사회적 전환을 강제하고 있다. 이 전환은 과거의 개혁이나 변혁, 혁명을 뛰어넘는 수준의 변화이다. 그래서 '거대한 전환'이라고 말하기도 하고 이름하여 개벽이라고 표현하기도 한다. 그러면 어떠한 변화를 강제하고 있는 것일까.

아래 도표는 정수복의 글 「제3의 길로서의 생태주의 패러다임」에서 '지배적 패러다임과 생태주의 패러다임의 비교'를 필자가 재구성한 것이다.

근대적 기계주의 데카르트적 세계관		전환의 생태주의 전체론적 세계관
주체와 객체의 분리	1	주체와 객체의 상호작용
인간과 자연의 분리	2	인간과 자연의 비분리
가치중립적 통제하는 지식	3	가치관여적 감정이입적 지식
분석이 이해의 열쇠	4	종합적 인식 능력 강조
직선적 시간관과 인과관계	5	순환적 시간관과 인과관계
개체의 힘이 복지의 기초	6	개체들 사이의 관계의 질이 복지의 기초
양적인 것 강조	7	질적인 것의 강조
수단적 가치	8	내재적 가치
윤리와 일상생활의 분리	9	윤리와 일상생활의 통합
획일성의 증대	10	다양성의 증대

현대 사회의 뉴턴-데카르트의 패러다임은 나와 대상을 분리한다. 앞서 언급했듯이 주체와 객체, 인간과 자연을 분리하고 구분하며, 과학적 사유 또한 쪼개고 나누는 분석적 방법으로 세계를 이해하고 접근한다. 개별적이고 고립된 개체를 중심으로 사고하며 양적인 것, 수단적인 것과 획일성을 강조한다.

그러나 전환의 가치관은 다르다. 주체와 객체는 구분하기 어렵고 상호작용하며, 인간과 자연은 분리될 수 없는 관계이다. 개체와 개체의 분리를 통한 분석이 아니라 통합적이고 종합적인 인식의 중요성을 강조한다. 또한 복지도 개체를 지원하는 것이 아니라 사람과 사람들끼리의 공동체적 관계를 고도화시켜 상호부조하는 관계를 통해 복지를 이루어나가는 것을 지향한다. 인간과 동물, 식물 등의 수단적 가치보다는 개체의 내재적 가치를 중요하게 생각하며 다양성의 증대를 덕목으로 삼는 사회이다.

현재 사회의 생활양식		전환 사회의 생활양식
인간의 자연 파괴로 인한 심각한 문제 없음	1	인간의 자연 파괴로 자연과 인간 모두에 심각한 문제 발생
위계질서와 효율	2	개방과 참여
시장 강조	3	공동체 강조
경쟁적 삶	4	협동적 삶
복잡하고 바쁜 생활양식	5	단순하고 느린 생활양식
돈을 벌기 위한 노동	6	노동 자체의 즐거움
더 많은 소비가 더 큰 행복	7	덜 쓰지만 더 행복한 삶

그리고 현대인의 생활양식은 인간과 자연의 파괴에 대해 무감각하다. 위계적이고 수직적 계열화를 당연시하고 목적 지향적이며 직선적인 효율을 중시한다. 또한 돈을 매개로 한 시장적 거래를 중시한다. 이기고 지는 경쟁에 항상 내몰리며 이 경쟁에 이기기 위해 복잡하고 바쁜 생활양식에 적응해야 한다. 노동은 돈을 벌기 위한 수단이며, 더 많은 소비가 더 큰 행복이라고 생각한다.

그러나 전환적 생활양식은 다르다. 인간과 자연은 서로 연결되어 있는 긴밀한 관계임을 깨닫고 자연의 파괴는 곧 인간의 파괴임을 깨닫는 것이다. 평등한 수평적 관계와 참여를 강조하는 윤리, 시장보다는 공유와 공동체적 호혜의 교환을 중요하게 생각한다. 돈벌이를 목적으로 상품을 생산, 유통, 교환하지 않고 인간 간의 정을 나누는 따뜻한 시장, 인간의 얼굴을 한 거룩한 시장을 지향한다.

그리고 개인과 개인의 경쟁이 아니라 상호부조와 협동적 사회관계를 중요하게 생각한다. 서두르는 속도 사회가 아니라 단순하지만 느린 생활양식을 지향하며 노동은 돈을 벌기 위한 임금 노동이 아니라 자연과 사람과의 관계 맺는 과정이며, 노동와 놀이를 분리하지 않고 노동을 통해 자기를 구현하는 것으로 생각한다. 그래서 풍요를 통한 행복이 아니라 자발적인 가난, 주체적인 청빈을 통해 정신적인 행복을 추구하는 삶을 지향한다.

근대적 인식 : 좁은 범위의 연민		전환사회의 인식 : 넓은 범위의 연민
자기 세대에만 관심	1	미래 세대에 대한 관심
타인종, 타문화에 대한 무관심	2	타인종, 타문화에 대한 관심
인간은 욕구를 위해 다른 종 파괴	3	다른 종에 대한 연민
과학과 기술의 숭배와 맹신	4	과학기술에 대한 비판적 통제
기술적·생태학적 한계의 불인정	5	생태학적 한계가 기술적 한계를 결정
핵무기의 개발	6	핵무기의 개발 중지
대규모 하이테크 경성[hard] 기술 강조	7	소규모 연성[soft] 기술, 중간 기술, 적정 기술의 개발

근대사회는 자신만, 자기 세대만의 이익과 자기 국가만의 이해에 머물며, 인간은 욕망을 추구하는 존재로 기정사실화한다. 지금 닥친 문제와 위기는 이제까지 그래 왔듯이 과학기술로 당연히 극복할 수 있으며 따라서 평화는 압도적 무력을 통해 공포의 균형을 통해 가능하다고 생각하여 핵무기 개발과 우주개발 등에 매진한다. 또한 과학기술을 중시하며 자연과 인간의 개조 능력을 극대화하는 대규모 하이테크놀로지의 경성 기술을 중요하게 생각한다. 이러한 행태는 생태계와 자연은 한계가 없이 무한하다는 생각을 기본으로 한다.

그러나 전환의 세계관에서는 현 세대의 이익이 아니라 미래 세대의 이익을 고려한 현재의 발전을 숙고한다. 심지어 미래 7세대 앞의 이익이 되어야 행동하는 인디언의 전통을 깊이 고려한다. 유럽 중심의 문화 우월주의가 아니라 타인종과 타문화의 다양성과 문화상대주의를 존중하며, 인간만이 아니라 인간 외에 다른 종들과 더불어 동물권이나 자연권을 중요하게 생각한다.

과학기술은 윤리적으로 통제되어야 하며 과학기술만으로 위기의 문제를 해결하는 것은 원인은 놔두고 증상만 처리하는 방식이라고 간주한다. 당연히 '하나뿐인 지구' 의식을 기반으로 '자연과 생태계는 한계 있음'을 근본 토대로 하며, 미래 세대와 뭇 생명을 위협하는 핵무기는 당연히 철폐되어야 하고, 인간을 비인간화시키는 하이테크놀로지가 아니라 인간을 인간화하며 공동체적인 우의를 다지는 소규모 적정 기술, 중간 기술을 지향한다.

자연에 대한 근대적 가치관		자연에 대한 전환의 가치관
인간의 자연 지배	1	인간과 자연의 조화와 공존
자연을 상품 생산에 이용	2	자연 자체의 내재적 가치를 인정
성장의 한계 거부	3	성장의 한계 인정
생태계보다 경제성장을 우선	4	경제성장보다 생태적 균형을 중시
생산과 소비의 강조	5	연대와 협동의 강조
자원고갈 부인	6	자원고갈 인정

자연에 대한 인식에서도 근대적 가치관은 '지배'를 중요한 토대로 한다. 그래서 인간은 자연을 지배해야 하며 정복의 대상으로 생각한다. 또한 자연을 인간의 필요에 의한 상품 생산에 이용하는 자원으로만 인식한다. 성장은 한계가 없이 무한정 수직적으로 계속될 수 있고 되어야 한다고 믿으며, 환경 보존보다 물질적 경제성장을 우선한다. 대량소비가 행복이며 이를 위해 대량생산이 중요하다고 본다. 최근 석유 고갈을 대신하는 세일가스가 개발된 것처럼, 자연은 무한정 사용하는 기조를 바꿀 생각은 하지 않고, 일시적인 자원 고갈은 기술 개발 등으로 해결할 수 있다고 본다.

그러나 개벽의 전환적 가치관은 인간과 자연과의 조화와 공존의 삶을 중요하게 생각한다. 그리고 자연을 인간의 필요와 욕망의 도구로 이용되는 것으로가 아니라 자연 그 자체 내재적 가치를 존중하며 나아가 고유의 권리가 있다고 생각한다. 수직적인 성장은 불가능하며 성장은 한계가 있고, 따라서 물질적 성장이 아니라 물질과 정신의 조화를 이루는 성숙의 과정이 중요하다고 인식한다. 그리고 경제성장보다는 경제와 생태계, 사회와의 조화과 균형을 이루는 지속 가능한 순환 사회를 지향한다. 경쟁의 가치가 아니라 연대와 협동의 가치가 인간과 자연의 조화를 이루는 핵심이라고 생각한다.

기존의 근대적 정치		새로운 전환의 정치
중앙집중화된 대의제 민주주의	1	분권화된 참여 민주주의
전문가에 의한 지배	2	풀뿌리 민주주의
남성 중심의 정치	3	남녀 평등의 정치
제도 정치 강조	4	직접행동과 실험 정치
좌우 대립의 정치	5	경제성장 제일주의와 생태주의의 대립

근대적 정치는 중앙집중적 위계적 국가주의를 지향하며 대의제를 기반으로 하고 현세대 인간 중심의 민주주의가 궁극이라고 생각한다. 또한 모든 학문이나 사회 전체가 분야별 전문가들로 운영되는 사회이다. 가부장적 남성적 질서를 당연한 것으로 생각하며 제도 정치만을 의미 있는 것으로 파악하고 대체로 좌익과 우익 간의 갈등을 중심으로 정치와 사회를 바라본다.

그러나 전환의 정치는 중앙집중적 국가주의가 아니라 분권화된 풀뿌리 참여와 자치의 민주주의, 마을 공동체 등을 중요하게 생각하며, 서로 대면적 관계 속에서 참여민주주의나 직접민주주의를 중요하게 생각한다. 또한 확대·확장·지배 등의 남성성이 아니라 관계 중심적이고 돌봄과 배려의 여성성의 사회를 지향한다. 따라서 경제성장주의자와 생명생태주의자들 간의 대립은 필연적이다.

전환의 관점에서 진보의 재구성

이렇게 전환의 관점에서 바라볼 때 이제까지의 진보 담론은 다음과 같은 비판에 직면하게 된다.

이제까지의 진보는 생산력주의, 성장주의 패러다임에 갇혀 있다. 진보는 평등을 지향하고, 보수는 성장을 지향한다고 하지만, 결국 보수와 진보 모두 성장주의를 기반으로 하고 있다. 마르크시즘적으로 보면 진보는 '생산력의 고도화'가 기준이 된다. 궁극적으로 물질적인 풍요의 사회를 누리는 것을 지고지순의 선이라고 생각한다. 이러한 발전이 진보라면 인류는 절멸로 가는 것이다. 기존의 발전과 진보는 지속 불가능한 발전 패러다임에 토대를 두고 있기 때문이다.

오늘날 진보는 '자원무한주의'라는 신념에 기반하여, 선형적 시간관, 직선적 발전 패러다임에 갇혀 있다. 대량생산, 대량소비, 대량폐기의 사회는 '자원무한주의'라는 전제 위에 구축된 이데올로기이다. 오늘날 경제학도 바로 그 이데올로기를 전제하여 구축된 학문이며 정치, 문화, 사회 모두 마찬가지이다. "어제보다 오늘이 낫고 오늘보다 내일이 나을 것이다."라는 생각은 바로 그동안 우리 사회의 발전의 관념이었다. '낫다'는 것은 곧 경제적 성장, 물질적 풍요를 기준으로 한다. 직선적인 시간관은 비가역적이다. 수직 상승을 지향한다. 그렇지 않으면 개인이나 국가는 퇴보이자 후퇴이며 국가 간 경쟁에서 패배한다는 공포감에 사로잡힌다. 이러한 직선적인 시간관은 바로 '쓰고 버리는 사회'를 만들어 왔다. 그리고 필연적으로 더 많이, 더 크게 더 빨리를 지향하며 자원 소모를 가속화시켜 왔다.

오늘의 진보는 '국가주의'의 틀에 갇혀 있다. 분단이라는 특수한 역사적 상황 때문에 한국의 진보는 세계주의나 국제주의, 지구 시민의식에 대한 경험을 할 겨를이 없이 독재와 분단이라는 다급한 상황에 대응하는 데 익숙해져 왔다. 국제적인 분쟁이나 전쟁 등에 대한 관심과 책임보다는 자국 문제를 중심으로 사고하는 데 익숙해져 있다. 그러한 인식 때문인지 한국 사회의 진보는 한반도라는 한정된 국가를 단위로 보고 사회 변화의 행위 주체를 국가권력 중심으로 변화와 변혁을 사고하는 데 집중되어 있다.

오늘의 진보의 민주주의는 현세대주의, 인간중심주의에 갇혀 있다. '환경적으로 건전하고 지속 가능한 발전ESSD'은 약칭 '지속 가능한 발전'이라고 불리며 '미래 세대의 가능성을 훼손시키지 않는 범위 내에서 현재의 발전'으로 정의한다. 미래 세대를 고려하지 않는 발전은 좋은 발전 패러다임이 아니다. 현재 우리가 누리고 있는 소비생활 양식은 잘사는 20%의 국가들이 가난한 나라와 나누어 써야 할 자원을 빼앗아 독식하고 있다. 또한 미래 세대가 써야 할 자원까지 빼앗아 쓰고 있다. 이제 미래 세대의 권리가 중요한 의제가 되고 있다. 오늘날 모든 정치와 경제, 그리고 진보의 이념조차도 현세대주의에 함몰되어 있다. 또한 현재의 민주주의와 정치는 인간만이 지구상에 유일하게 의미 있는 행위자로 인식한다. 모든 정치·경제행위는 오로지 인간 자신의 시각에서 인간 자신의 이익을 위해 결정된다. 그러나 오늘날 지속 가능한 발전의 생태적 메시지는 인간이 지구 생태계의 일부분임을 자각하지 못하고 자신이 모든 중심인양 지배하고 정복해 왔던 때문에 발생한 문제라고 간주한다. 동물과 식물, 수많은 무생물적 자연에 대한 권리와 그들의 존재를 고려한 사회적 가치와 결정은 어디에서도 찾아 볼 수 없다. 이것이 오늘날 위기를 초래한 또 다른 이유라고 말한다.

생태적 관점에서 미래 세대를 고려하지 않고 현세대만으로 사회적 결정을 하며, 다른 생명과 자연의 균형을 전혀 고려하지 않는 인간중심적 의사결정 구조가 문제로 비판되고 있다. 오늘날 민주주의는 아직 완벽하지 않으며, 따라서 미래 세대와 생명까지 고려한 생태 민주주의로 나아가야 한다.

한반도의 통일은 개벽이어야 한다

통일을 생각하는 사람들은 기후위기로 대표되는 환경문제에 대해 놀랍도록 무지하거나, 그저 북한에 나무 심는 정도의 낮은 수준으로 인식하고 있고, 통일과는 별개로 가야 하는 사안으로 생각한다. 2020년 이후 10년간 한반도의 통일은 향후 큰 변화를 기대하고 있다. 한편 기후위기 또한 2020년부터 향후 10년간 지구 평균기온 1.5도를 상승을 막지 못하면 인류는 되돌릴 수 없는 심각한 위기에 직접 피해를 겪게 된다. 두 과제 모두 향후 10년 안에 우리가 부닥칠 사안인데 정말 서로 전혀 관계없는 사안일까? 당연히 그렇지 않다.

한반도의 분단은 약 200년간 서구 식민지 쟁탈 역사의 마지막 잔존물이다. 따라서 분단을 극복하고 통일을 지향하는 것은 탈식민 과제를 해결하며 근대 문명을 치유하고 쇄신하는 것이다. 한편으로 기후 위기는 발전 패러다임, 성장과 진보의 근대적 패러다임에 대한 문명적 전환을 강제하는 직접적인 메시지로서 이 또한 탈근대 과제이다. 식민지성 최후의 보루인 한반도 분단을 해결하는 과정은 그야말로 세계사적인 의미를 갖는다. 그러므로 한반도 분단을 극복하는 과정이 문명을 전환하는 과정과 결합되는 거대한 구상이 함께 해야 한다는 것이다.

탈식민지 과제와 탈근대 과제를 함께 장착시켜 한반도의 분단 극복은 앞에서 언급했던 다양한 패러다임의 전환과 함께하는 거대한 개벽의 과정이 되어야 한다는 것이다. 오늘날 전 지구적 생태 위기는 정치, 경제, 문화, 진보 등 모든 인식의 통합적인 전복적 전환을 강제하는 메시지이다. 통일은 이러한 전복적 전환의 내용과 함께 해야 한다. 그래서 통일은 개벽이 되어야 한다.

제3부 ——————— 정치·경제·사회

개벽학파의
발견과 계승

조 성 환

'개벽'을 한자로는 '開闢'이라고 쓰는데, 開개와 闢벽 모두 '열린다'는 뜻이다. 따라서 영어로 번역하면 'Open'에 해당한다. 이 중에서 '하늘이 열리는 것'을 '개開'라고 하고, '땅이 열리는 것'을 '벽闢'이라고 하였다. 그래서 '개벽'은 "하늘과 땅이 처음 열린다"는 뜻이다. 그리스도교적으로 생각하면 '천지창조'의 사건에 해당하는데, 동아시아에서는 일반적으로 천지는 창조된 것이 아니라 '생성'된 것으로 보기 때문에 '천지 생성'의 사건이라고 하는 것이 정확할 것이다.

이와 같이 천지생성이라고 하는 우주론적 개념인 '개벽'에 새로운 인문운동으로서의 '학파'의 의미를 부여하는 계기를 제공한 이가 수운 최제우1824-1864이다. 1860년에 동학을 창시한 최제우는 하늘님으로부터 계시로 받은 "개벽 후 오만 년에 네가 또한 첨이로다"『용담유사』「용담가」라는 말씀에서 힌트를 얻어 당시를 '다시 개벽'의 시대로 규정하였다. 마치 천지가 처음 열렸을 때처럼 새로운 문명이 다시 열려야 하는 시기라는 것이다.

이러한 문제의식 하에 최제우는 종래의 유학 중심의 우주론과 인간관과 수양론을 '다시 정하였는데更定' 그것이 바로 지기至氣와 시천주侍天主와 수심정기守心正氣이다. 먼저 하늘天은 주자학에서와 같은 리理가 아니라 기氣로써 재정의되었다. 그것도 리의 하위에 속하는 종속적 존재가 아니라 만물을 주재하고 간섭하는 궁극적 실재로서의 지기至氣로 격상되었다. 그런 의미에서 주자학적인 천리天理의 우주론을 대체하는 천기天氣의 우주론이 탄생하였다고 할 수 있다. 천기 또는 지기는 우주를 운행하게 하는 근원적 에너지를 말하는데, 그것이 인간 안에 들어 있을 때에는 특별히 천주天主, 즉 '하늘님'이라고 하였다. 모든 인간 안에는, 마치 잉모 안에 태아가 들어 있듯이, 하늘님이 들어 있기 때문에 성장하고 활동할 수 있다는 것이다. 한편 수심정기는 '내 안에 하늘님이 계신다는 사실을 잊지 않은不忘 상태에서, 나의 기운을 하늘처럼 바르게 하는 심신수양법'을 말한다. 최제우가 새롭게 제시한, 지기적 우주론에 바탕을 둔 시천주적 인간관은 '모든 인간은 하늘을 품고 있는 존엄한 존재'라는 명제에 다름 아니고, 그런 점에서 신분이나 성별에 관계없이 어떤 차별도 받아서는 안 된다는 평등적 인간관을 함축하고 있다. 이와 같은 천인관은 종래의 유학적 천인관을 말 그대로 '개벽하는' 완전히 새로운 인간관이었다.

한편 최제우의 뒤를 이어 개벽학을 전개한 해월 최시형1827-1898은 여기에서 한 걸음 더 나아갔다. 최시형은 최제우의 '다시 개벽'에 『주역』적인 선천先天과 후천後天 개념을 적용하여 '후천개벽'이라는 개념을 처음으로 사용하였다. 아울러 그때까지의 선천 오만년을 '물질개벽'의 시대로 규정하고, 앞으로의 후천 오만년은 '인심개벽'의 시대가 되어야 한다고 천명하였다『해월신사법설』『기타』. 최시형의 '후천개벽'은 이후에 개벽학파를 대표하는 상징어와 같은 개념으로 자리 잡게 된다.

최제우의 개벽학이 주로 인간과 천주와의 관계에 초점이 맞춰져 있었다면, 최시형의 개벽학은 그것을 인간과 만물과의 관계로까지 확장시켰다. 그래서 "천지가 만물의 부모이고 만물은 모두 동포이다."라고 하는 '천지부모 만물동포' 사상을 주창하였다. 양자 사이의 이러한 변화는 세계를 바라보는 태도상의 차이에서 기인한다고 생각된다. 즉 수운이 세계를 생명론적 관점에서 바라보았다면 해월은 생태론적 관점에서 관찰하는 것이다.

수운을 계승한 해월의 개벽학은 20세기에 들어서 천도교를 창시한 의암 손병희로 계승되었다. 손병희를 중심으로 하는 개벽학의 특징은 '개화학'을 본격적으로 수용하기 시작하였다는 점이다. 이 점은 손병희 자신이 일본으로 가서 일본이 당시에 도달해 있던 서구 근대 문물을 직접 목격하고 또 재일본 한인 개화파 인사들과 긴밀한 교류를 가졌다는 사실로부터도 쉽게 알 수 있다. 이러한 경험과 안목을 기반으로 손병희는 '갑진개화혁신운동'1904을 전개하고, 그 이듬해에 동학을 '천도교'로 개칭하였다. 동학을 서구적인 '종교'의 틀에 담은 것이다. 한편 1920년대에 천도교 이론가로 활약한 이돈화는 『신인철학』이라는 저서를 통해 동학을 '철학'이라는 그릇으로 담아 내었다. 이처럼 20세기에 들어서면 동학은 각각 서구적인 철학과 종교라는 틀로 표현되는 '개화'의 길을 걷게 된다. 그러나 그렇다고 해서 이들이 개벽의 이념을 포기하거나 버린 것은 아니다. 손병희의 인물개벽人物開闢과 이돈화의 삼대개벽三大開闢이라는 개념으로부터 알 수 있듯이, 어디까지나 개벽이라는 토대를 견지하면서 개화를 수용하는, 다시 말하면 개벽을 '체'로 하고 개화를 '용'으로 하면서 양자를 양행兩行하는 입장을 취하고 있었다.

한편 동학·천도교 이외에도 개벽을 주창하는 인물이 출현했는데, 그것이 바로 전북 정읍에서 활동한 증산 강일순1871-1909이다. 1901년부터 1909년까지 종교적 활동을 한 증산은 자신이 하는 일을 '삼계개벽三界開闢', 즉 '천지인天地人 삼계를 개벽하는 일'이라고 하였다. 그리고 '삼계개벽'의 의미에 대해서 "이 개벽은 남이 만들어 놓은 것을 따라 하는 일이 아니고 새로 만들어지는 것이니, 예전에도 없었고 이제도 없으며 남에게서 이어받은 것도 아니요, 운수에 있는 일도 아니요, 다만 상제에 의해 지어져야 되는 일이로다."『전경』「예시」라고 하였다. 비록 동학·천도교와 개벽의 내용은 다르지만, 개벽이라는 개념에 담긴 사상사적 의미는 정확하게 포착하고 있다. 즉 개벽이란, 공자의 개념을 빌려 말하면, 기존에 있는 것을 '서술述'한 것이 아니라 새로운 것을 '창조作'하는 "작이불술作而不述"이라는 것이다.

강증산 자신은 교단이나 조직을 만들지 않았지만, 그의 사후에 그를 숭상하는 다양한 종교 집단들이 우후죽순처럼 생겨났다. 대표적인 것이 차경석1880-1936이 창시한 보천교인데, 보천교는 일제강점기에 한때 천도교와 더불어 한국 종교계를 양분할 정도로 막강한 세력을 형성하였다. 그뿐만 아니라 배후에서 독립운동을 지원한 것으로도 유명한데, 결국 그로 인해 일제에 의해 교단이 와해되기에 이른다.

강증산 이후에 개벽의 흐름을 이은 이는 소태산 박중빈1891-1943이다. 전남 영광 출신의 박중빈은 1916년에 득도를 하고 '불법연구회'라는 수양공동체를 만들었다. 박중빈의 특징은 '물질'적 측면을 중시하여 간척 사업과 협동조합이라고 하는 노동과 협동으로 개벽운동을 시작했다는 점이다. 특히 그는 제자들과의 문답에서, 수운 최제우와 증산 강일순을 '개벽의 선지자'라고 높게 평가하면서 자신은 이 흐름을 잇고 있다고 말하였는데, 이 점은 박중빈과 그의 제자들이 최초로 '개벽학파'라는 인식 틀을 가지고 있었고, 자신들이 그 개벽운동에 동참하고 있다는 계승 의식을 지니고 있었음을 시사한다.

그러나 최제우-강증산-박중빈으로 이어지는 그룹들을 실학파와 같은 '학파'로 규정하기까지는 그로부터 100여 년의 시간을 기다려야만 했다. 2014년에 유라시아를 여행하면서 국내 매체에 「유라시아 견문」을 연재 중이던 역사학자 이병한1978- 은 동학을 개화파나 척사파유학파와 대비되는 '개벽파'라고 처음으로 명명하였다. 이어서 국내에서 한국 사상을 연구하며 필자는 2017년에 동학-증산교-원불교를 '개벽파'라고 명명하였다. 또한 2018년에 원광대학교 원불교학과 대학원

생인 강성원은 '개벽학'이라는 개념을 제시하였다. 개벽파와 개벽학을 합치면 '개벽학파'라고 할 수 있다.

21세기의 개벽학파는 단지 개념상에서뿐만 아니라 실제상으로도 조금씩 윤곽을 갖추기 시작하였다. 2018년 봄에 이병한은 유라시아 여행에서 귀환하면서 자칭 '개벽파'를 선언하였고, 2019년에는 개벽 세대를 기르자는 취지하에 '개벽학당'을 출범시켰다. 비슷한 시기에 필자는 『한국 근대의 탄생: 개화에서 개벽으로』를 출간하면서 한국 근대를 '개벽'의 관점에서 새롭게 읽는 시도를 하였고, 이병한의 개벽학당에 동참하여 한국사상사와 개벽사상을 강의하였다. 동학연구자 박맹수[1955-]는 원광대학교 총장으로 부임하면서 '개벽대학'을 선포하였고, 5년 넘게 지속해오던 '개벽사상 공부 모임'을 '개벽학연구회'로 개칭하였다. 원광대학교 원불교사상연구원에서는 그동안 한국 사회를 개벽하기 위해 실천해 오신 분들의 말씀을 듣고 대화하는 자리를 '개벽포럼'이라는 이름으로 매달 개최하였다. 또한 그동안 '개벽하는 사람들'이라는 조직을 통해 동학-천도교 맥락의 개벽운동[철학·운동]의 계승을 모색하고, 특히 〈개벽신문〉을 10년간 간행하면서 '개벽의 동지들을 대망[大望]하는 한편으로 묵묵히 개벽 관련 책들을 출판하는 형태로 개벽운동을 해 온 도서출판 모시는사람들의 박길수 대표는 이병한과 조성환의 『개벽파선언』을 출간하였고, 개벽포럼의 내용을 정리하여 출간하는 작업도 진행 중이다.

이번 기획 도서[본서] 역시 이러한 '개벽운동'의 맥락에서 한국 인문

학계와 정치·사회·문화의 제 영역을 '개벽'적 패러다임으로 재조명·재편성하는 '담론'과 원대한 지평을 여는 일로 기획한 것이다. 이 외에도 생태 시인 이병철, 공동체 운동가 유상용, 디자이너 안상수, 문화운동가 송지용 등이 잇달아 '개벽파'를 선언하였고, 젊은 국문학자 홍승진1988- 은 '개벽문학'이라는 장르를 개척하기 시작하였으며, 『소태산평전』의 저자 김형수 작가는 신동엽을 '영성적 근대'를 추구한 개벽문학가로 자리매김하였다.

이처럼 2018년부터 "21세기판 개벽학파"라고 할 수 있는 일련의 그룹들이 조금씩 형성되기 시작하였는데, 이들의 공통점은 19세기 말~20세기 초의 개벽정신을 되살려서 20세기와 같은 서구 중심주의에서 탈피하여 한국적 상황에 맞는 신문명을 모색해 보자는 데에 있다. 지금의 추세대로라면 앞으로 '개벽학파'의 취지에 공감하는 이들은 더욱 늘어날 전망이다.

조성환　원광대학교 원불교사상연구원 책임연구원. 개벽의 관점에서 한국의 근대사상사를 연구하는 개벽학자로, 『한국 근대의 탄생』과 『개벽파선언』(공저)을 썼고, 『한국은 하나의 철학이다』와 『공공철학대화』를 번역하였다.

회통과 상대를 인정하는
통일로의 전환

윤창원

한반도 통일 조건의 특수성

2000년 남북 정상회담 이후 지금까지 남북관계는 순탄치 않았다. 남북관계가 진전될 경우에도 우여곡절을 겪어야 했고, 남북관계가 정체되거나 퇴행할 경우에도 지루한 신경전과 적대적 기싸움을 벌여야 했다. 어렵게 합의를 해놓고도 남북관계는 가다 서다를 반복했고, 화해협력이 증진되는가 하면 어느새 불신과 대립이 커지기도 했다. 그야말로 남북관계는 하루도 편안한 날 없이 진전과 퇴행, 정체와 교착, 화해와 불신의 롤러코스터를 되풀이했다고 해도 과언이 아니다. 대북포용정책 시기에도 경향적으로는 화해협력이 증진되었지만 남북관계 개선이 결코 순탄하지 않았다. 대북 강경정책 시기는 남북관계 파탄속에 한반도 긴장은 고조되었고 적대와 대립이 증대되었다. 그런데, 2018년 4월 판문점선언과 그 해 6월 30일 판문점 북미 정상회담은 개벽의 징후라고 할 만큼 한반도 전환의 새로운 가능성을 열어주었다.

그 이후 실질적인 협상 과정에서 한반도평화체제로 나아가는 길에 놓여 있는 장애물은 여전하다는 것을 더욱 실감하고 있지만 말이다.

통일의 과정에서 중요한 것은 최대한 많은 사람들이 참여해 통일의 당사자로서 책임과 의무를 다하는 것이다. 종교계는 현실적인 면에서 양측 체제의 차이와 이념상의 한계를 내포하고 있는 가운데, 상호 이해를 증진하고 신뢰 회복의 기점을 마련한다는 점에서 역할을 해야 한다. 우리 사회는 종교인들 남북 종교 교류에서 단기적으로는 일방적인 희생을 감수하는 것처럼 보이더라도 장기적으로 통일에 대비하여 상호 이해 증진과 신뢰 회복을 위한 회로를 마련한다는 점에서 그 현실적 의의를 인정하고 이를 뒷받침해야 할 것이다.

통일과 한반도 평화체제에 대한 공감대 형성, 다양한 갈등을 관리해 나가는 데 종교계의 역할이 필수적이다. 더 많은 국민들이 '통일 당사자'로 참여할 수 있도록 한다는 점에서도 종교계가 지난 30~40년 동안 축적해 온 남북 교류 역량은 중요한 자산이 된다. 대륙 세력과 해양 세력의 충돌점에서 연결의 접점으로, 이념과 사상의 경계선에서 화해와 평화를 이어주는 교류의 장으로 한반도가 거듭나게 해야 할 것이다. 한반도의 평화·자주 통일을 지지하는 세력이 주인으로 준비하고 실질적인 역량을 갖추지 않으면 또 한 번 돈과 자본의 각축장으로 변할 수도 있다는 사실을 잊어서는 안 될 것이다.

독일이 평화통일을 하긴 했지만 이때 주가 된 것은 돈의 힘이었다. 여기에도 물론 정의가 작용했지만 오히려 정의라고 한다면 동독 쪽의 공산 통치에 대해 반기를 들었던 민중들, 또 동독의 지식인들이 정의의 취사를 했다. 동독의 움직임을 기회로 삼아 갑작스럽게 서독의 마르크화의 위력으로 통일을 이룩한 서독 쪽 위정자들의 행위를 정의의 취사라고 보기는 어렵다. 오늘의 독일을 보면 독일 역시 당면한 문제들을 극복하고 더 융성하리라 생각하지만 사회 문화적 갈등의 골은 깊어 가고 있고, 독일이 자랑하던 경제도 다소 침체에 빠져 있다. 우리 정부나 사회 일각에서도 독일이 돈이 힘으로 통일했으니 우리도 독일처럼 경제적 성장을 이루어 북한을 흡수통일하자는 견해가 있다. 하지만 이건 다소 어리석고 비현실적인 생각이다. 동독과 북한은 달라서 북한이 그리 쉽게 무너질 사회가 아니다. 남북 간에 원수가 되도록 싸운 군대가 그대로 있는 상황에서 남쪽의 경제력에 의지하여 통합한다고 할 때 군부 세력이 가만 있을 리가 없다.

남북 통일과 정신개벽

북한 내부의 변고가 생겨도 심지어 중국과 손잡는다든지 폭력으로 피바다를 만들더라도 그렇게 동독 식으로 손을 들지는 않을 것이다. 북쪽은 북쪽대로 완강한 데가 있는가 하면, 남쪽 역시 기적적인 경제 성장을 이룩했다고는 하지만 서독이 이룩한 성과에 비하면 천양지차이다. 경제력에서도 그렇고 사회제도, 복지, 문화 등 모든 면에서 여전히 격차가 크다. 그래서 북한을 흡수통일하는 것이 되지도 않겠지만 만약 된다 하더라도 서독 정도의 소화불량에 걸리는 게 아니라 남북한 모두 지금보다 훨씬 못한 자리로 떨어져 미국, 일본, 중국 등 주변의 먹잇감 노릇을 하게 될 우려도 있다. 그래서 베트남은 무력으로 통일했고 독일은 자본으로 통일했는데, 우리는 지혜로 통일하고 도덕으로 통일하는 길밖에 없다. 도덕이라는 말이, 통일이 옳은 것이니까 해야 한다는 당위적인 명제만 가지고 통일한다는 말이라면 그야말로 공염불이다. 선천 시대 도덕이 아니라 사실적인 도덕, 현실이 어떻게 되어 있고 세상이 어떻게 돌아가는가에 대한 정확한 알음알이를 바탕으로 남북한 모두가 자기에게도 이롭고 상대방에게도 이로운 자리이타의 새로운 도덕으로 통일과 평화의 과정으로 나아가야 한다. 이렇게 서로가 이로운 통일을 지혜롭게 추구하는 길만이 우리에게 가능한 통일일 것이다. 통일을 하려면 지혜가 깨어나고 정신이 개벽되지 않을 수 없고, 또 그렇게 해서 통일을 하게 되면 세상의 정신개벽에도 이바지해서 정신의 지도국이 될 수 있을 것이다.

현재 대치 국면으로 진행되고 있는 남북관계는 북미관계의 교착상태 때문인 것처럼 보인다. 그러나 좀더 가까이 들여다보면 북측이 남측에 대고 남북관계의 자율성을 확보하는 방안을 모색하라는 목소리가 크게 들린다. 사실 북한은 예전에는 이렇게 강경 일변도로 나오다가도 자신들의 필요에 따라 대화 국면으로 정세를 전환시키곤 했다. 그러나 이번에는 이전과 같은 패턴을 반복할 가능성이 크지 않아 보인다. 이들이 요구하는 남북관계 개선 조건은 일시적인 레토릭이 아닐 수 있다는 얘기다. 정말 상식을 뛰어넘는 상상력을 발휘해야 시점이 아닌가 싶다.

우리가 시대의 병과 싸우기 위해서 사회 안에서 종교적인 움직임 뿐만 아니라 병든 사회에서 항거하는 세속의 움직임들, 시민운동이나 민중운동과 회통하는 것이 필요할 것이다. 이를 연결하면 북쪽과의 통일에서 있어서도 도덕과 지혜의 사고와 전환이 필요하기도 하지만 북한의 사상과도 일정한 회통을 이루어 가야 한다.

분단체제로부터 평화체제로

회통은 다소 종교적인 용어이다. 불교 내부의 여러 종파들 사이 만남 과 하나됨을 뜻하는 말이긴 하지만 단순하게 범주 안에 모여 있는 것 들과의 소통이 아니라 범주를 넘어선 것들과의 소통이 회통의 진정한 의미가 될 것이다. 회통이라는 것이 무작정의 통합이 아니라 뚜렷한 원칙과 엄정한 상호 비판에 따른 하나됨인 만큼 북한의 사상이나 북 쪽 체제의 기능이 어느 수준인지에 따라서 그 회통의 구체적 내용이 나 방식이 달라질 것이다. 북한을 있는 그대로 인정하고, 그 나름의 역 사와 문화가 있는 한 마땅히 원만한 회통의 상대로 인정하고 한 단계 씩 나아가는 것, 그것이 새로운 통일 운동의 시작이 될 것이다.

한때 금방이라도 한반도 종전선언과 평화체제 출범이 되겠다는 희 망에 부풀었던 시간도 있었지만, 우리 기대와 달리 한반도는 여전히 불안정하다. 그러나, 국제정세가 유동적이지만, 상호적대적인 분단체 제는 더 이상 유지되기 어려운 상황임에는 분명하다.

어떤 형태의 통일이 바람직할 것인가에 대해 완전한 합의를 얻기는 쉽지 않다. 통일이 이루어질 시기를 예측하기도 곤란하며 통일과정이 반드시 점진적이거나 평화적일 것이란 보장도 없다. 우리가 원치 않는 방식으로 이 문제에 맞부딪치게 될 가능성도 얼마든지 있다.

지금 막바지 홍역을 치르고 있는 한반도 평화체제 시대는 한꺼풀의 장막 뒤에 임박해 있다고 할 수 있다. 한반도 통일의 징후야말로 가장 현실적인 한반도는 물론 이 세계 개벽의 징후라고 할 수 있을 것이다.

마을에서
개벽을 실현하다

유 상 용

개벽의 징후이자 개벽의 단초로서의 개벽 공동체 마을

징후가 천지의 일이라면, 단초란 사람이 그 징후를 읽고 천지의 흐름에 조력하여 그 계기를 만드는 것이라 할 수 있겠다. 개벽의 정신을 현실에서 사회화하는 데 있어 공동체 마을이란 형태를 띠게 되는 것은 자연스런 모습이라고 생각한다. 어머니의 태중에서 새 생명이 자라나듯이, 소유와 권력을 기반으로 하는 지금의 사회 안에서부터 새로운 문명이 발아하여 싹트게 될 때는, 처음에는 그 방향에 공감하는 소수의 사람들이 의식적으로 모여 정신의 성장과 함께, 새로운 인간관계와 생활양식을 만들어 가기 때문에, 겉보기에 시작은 작은 공동체로 보이는 것이 당연하다. 개벽적인 공동체 마을은 정신 각성과 물질 풍요와 본연의 인간관계가 고루 실현된 곳으로서, 궁극에는 지금의 소유-권력 기반 사회를 대체할 다음의 인간 사회의 모델이자 인재 양성의 못자리로 기능하기 위한 것이다. 지금의 국가 사회의 빈구석을 보완하는 마을 공동체 운동이나, 신앙 공동체 또는 경제 공동체 등과 같이 어느 한 부분에만 중점을 둔 공동체가 아니라, 인간 사회 전반에 실현하여도 좋을 만한 '기구와 제도와 마음의 원형'을 갖춘, 작지만 완전한 사회인 것이다. 지난 30년 나의 체험을 돌아보며, 우리를 관통해 간 시대의 흐름 속에서 개벽의 징후이자 단초로서의 공동체를 살펴보고자 한다.

1989년과 기존의 관점으론 해결할 수 없는 문제

1989년 세계는 어떤 전환점을 지나고 있었다. 6월 중국 천안문 사태, 11월 독일 베를린 장벽 무너짐, 12월 소비에트연방 해체…. 한편으로 그 시기 미국은 파나마 공습, 이라크 공격, 일본은 히로히토 사망, 쇼와 시대 종언….

한국에서는 1989년부터 동구권, 한-러, 한-중 수교, 남북 동시 유엔 가입, 남북 경제협력 논의 등이 전개되고, 시민사회에서는 공해 추방 시민운동, 경실련 출범, 한살림 선언, 전교조 결성 등의 사건이 일어났다. 1989년 사회주의권 붕괴를 계기로 사회주의-자본주의를 넘어설 새로운 문명의 모색이 조심스레 시작되었고, 이전에는 계량주의로 치부되던 환경·생명·공동체 운동 등의 시민운동이 싹트는 시기였다. 나는 거기에 더해 정신-영성의 문제까지 포함한 새로운 사회가 태어나는 것이 중요하다고 생각하고, 기존 종교의 틀에 의존하지 않고 정신의 수양이 일상적으로 이루어지고, 자연 수탈적이지 않은 경제와,

가족과 같은 인간관계의 사회가 '공동체'란 이름의 시도를 통해 이루어질 수 있을까 하고 길을 찾았다.

그해 나는 복학한 대학 4학년이었고, 학생회 활동의 하나로 학교 주변 하천의 오염을 조사했다. 처음의 의도는 반자본주의적 관점에서, 대기업이 이윤을 극대화시키기 위해 폐수를 무단 방류해 오염시킨다는 것을 겨냥했지만, 조사 결과 오염원의 85%는 생활하수였다. 그때 이 환경 문제는 민중민주주의 사고방식으로는 풀 수 없는 문명의 문제라는 것을 느꼈다. '인간이 사는 방식이 바뀌지 않으면 풀 수 없는 문제가 나타나고 있구나! 이것을 해결하기 위해서는 정치 경제를 포함하면서도 더 근본적인 삶의 양식의 변화가 필요하고, 그런 변화된 사회가 작지만 일각에서 실현되는 것이 필요하다.'라고 생각한 나는 투쟁의 길에서 건설로 방향을 바꿨다. "인간과 인간관계가 근본적으로 변화한 또는 바르게 되는 공동체를 만들자."

한국적 개벽 공동체의 시도

그 시작은 자신의 '뿌리 찾기'로, 한국 문명의 근저에 있는 사상들을 공부하기 시작했다. 몽골리안 루트와 시베리아 샤먼으로부터 시작하여, 끝은 동학·증산·원불교였다. 그 뿌리 정신에 기반을 두면서 현실에 실현할 수 있는 본질적인 사회에 대한 방법을 모색하기 시작했다. 돌아보면 그것은 그때 갑자기 튀어나온 것은 아니었고, 더 오래전부터 마음 깊은 곳에 있던 바람이 표면화된 것이었다. 그 즈음에 나온 공동체 논의와 실태는 생산자 공동체, 도농 공동체 등의 사회운동 차원의 것과 더 전부터 있었던 종교-신앙 공동체 등으로서, 두 가지는 서로 다른 차원의 것이었고, 영성과 경제와 인간관계가 모두 포함되고 통합된 '개벽'적 공동체의 발상은 아직 나오지 못하던 상태였다.

동학은 포접 등의 유기체적 조직론에 대한 관심에서 출발하였지만, 나의 '몸'을 통한 인간 이해가 없이는 모색이 진척되지 않겠다고 느껴서 동학의 시천주 주문 수련, 증산도 수련, 원불교의 단전주 좌선 및 마음공부 등을 나대로 실험해 보았다. 또한 후천개벽의 메시지를 추상적인 것이 아닌 현실 사회에서 실현하는 것을 그리며 여러 가지 각도에서 근대사상들을 비추어보기 시작했다. 공부를 통해서 동학, 증산, 원불교는 크게 보아 하나의 맥으로 이어지지만, 그 내용을 현실 사회에 적용해서 후천개벽의 모습을 조립해 낼 수 있는 법을 갖춘 곳은 원불교밖에 없다고 생각했다. 그 뒤로는 원불교의 교법을 활용한 사회 구상을 그려보기 시작했다.

나아가, 원불교 교법은 종교 교단에 묶어 두고 쓰기보다는, 교단의 외피를 벗기고 인간 사회의 구성 원리로 활용하는 것이 본래의 취지에 맞다고 보았다. 왜냐하면 개인의 정신 성장을 위한 공부법과 사회의 평등과 진화라는 축을 갖춘 사업법 두 가지를 갖추고, 시대관인 '물질이 개벽되니 정신을 개벽하자'는 목표와 '삼동윤리'라는 실천 강령을 갖추고 있기 때문이다.

사은사요四恩四要를 보면 사은에서 천지-부모는 내리사랑이고, 동포 생명계-법률제도은 수평 사랑이다. 사요에서 자력양성과 지자본위는 진화를 위한 요소이고, 타 자녀 교육과 공도자 숭배는 평등을 위한 요소이다. 또한 삼학의 공부인 정신 수양, 사리 연구, 작업 취사는 본질과 현상과 실행의 요소를 갖추었다고 보았다. 그것을 마을-공동체에 적용해서, 일을 하면서는 일심을 기르고, 사리 연구와 작업 취사로 일의 이치를 함께 연찬하여, 사물의 이치를 과학하며, 지혜를 개발함과 동시에 일의 효율을 높여 물질의 풍요에도 기여하는 공동체 마을을 그려보았다.

원불교 대종경 제14 전망품展望品에는 이런 구절이 있다.

대종사 말씀하시기를

"그 시대에는 인지가 훨씬 밝아져서 모든 것에 상극이 없어지고 허실과 진위를 분간하여 저 불상에게 수복을 빌고 원하던 일은 차차 없어지고, 천지만물 허공 법계를 망라하여 경우와 처지를 따라 모든 공을 심어, 부귀도 빌고 수명도 빌며, 서로서로 생불이 되어 서로 제도하며, 서로서로 부처의 권능을 가진 줄을 알고 집집마다 부처가 살게 되며, 회상을 따로 어느 곳이라고 지정할 것이 없이 이리 가나 저리 가나 가는 곳마다 회상 아님이 없을 것이라, 그 광대함을 어찌 말과 글로 다 하리요. 이 회상이 건설된 세상에는 불법이 천하에 편만하여 승속의 차별이 없어지고 법률과 도덕이 서로 구애되지 아니하며 공부와 생활이 서로 구애되지 아니하고 만생이 고루 그 덕화를 입게 되리라."

대략 이러한 방향을 빛으로 삼고, 몇 분의 원불교 교무들과 청년들
이 함께 지리산 문수골에서 공부 생활 일체의 공동체를 시도해 보았
다. 과정은 즐거웠지만 안팎의 조건 미비로 얼마 못 가서 헤어지게 되
었다.

미국식 개벽 공동체

1932년 마이클 로드 미커^{필명 요란다}에 의해 창시된 에미서리 모임은
1945년 미국 콜로라도 로키산 기슭에 선라이즈렌치^{Sunrise Ranch}라는
공동체를 만든다. 요란다의 메시지는, 이제 진리를 '믿는' 차원의 시대
가 가고, 인류가 진리를 '알고 표현하는' 삶을 사는 시대가 온다는 것이
고, 전 인류가 하나의 몸체로 되는 것을 '공동체'를 통해 미리 실현하
여 모범을 드러낸다는 것이다.

나는 1989~1990년의 원불교법 베이스 개벽 공동체 시도가 실패한
후 1990년 여름부터 1991년 12월까지 미국 에미서리 공동체에 머물
게 되었다. 1990년도 초, 당시 선라이즈렌치에 거주하며 젊은 지도자
로 역할하던 박유진^{현, 삶의 예술학교 대표} 씨를 만나서 전해 받은 에미서리
소개 브로셔에 실린 요란다의 글을 보고 에미서리행을 결정했다. 글
의 내용은 대략 '하늘의 뜻이 땅에서 이루어지는 곳'을 실현한다는 뜻
이었다. 에미서리는 창시자의 깊은 영적 각성을 통해, 앞으로 올 시대
는 인간들이 다시 자신의 참된 정체성을 깨닫고 자신의 내면의 사랑
을 표현하는 것에 의해 인류가 바른 극성을 회복하고, 인류가 새로운

'한 몸'으로 거듭나는 때가 온다는 것이다. 선라이즈렌치 공동체는 반건조 지대의 척박한 땅에서 나무를 심고 자연과의 관계를 회복하고, 자신의 참된 본성에 조율하는 삶을 통해 진리와 인간에 대한 관계를 회복하는 개벽의 나팔 소리였다.

일본식 개벽 공동체

그 후 1992년 1월부터 2009년까지 머물게 된 곳은 경기도 화성시에 있는 한국 야마기시즘 실현지였다. 야마기시회는 '자연과 인위, 즉 천天지地 인人의 조화를 도모하여 풍부한 물자와 건강과 친애의 정으로 가득 찬, 안정되고 쾌적한 사회를 인류에 가져오는 것'을 취지로 하고, '나, 모두와 함께 번영한다.'를 회지会志로 내걸고, 자연계의 리理에 따르는, 인간과 인간 사회 본연의 모습을 탐구 실천하며, 인간 사회 본래의 모습, 즉 모든 사람이 행복한 사회를 실현하고자 하였다. 그 실현 방법으로는 종교나 폭력에 의존하지 않고, '모든 사항에 대하여 중지衆知를 모아 검토하고, 최고 최선 최종적인 것을 찾아내어 실현하는' 연찬 방식研鑽方式을 제시하고 있다. 그것을 지적 혁명이라고 부른다. 참된 행복 사회의 모습은 마음도 물자도 차고 넘치는 심물풍만心物豊滿 사회로 표현된다.

이와 같은 사회를 만들어 가는 원리는 무소유無所有, 공용共用, 일체一體이다. 마치 태양과 공기가 누구의 소유물이 아니듯, 살아 있는 모든 생명들이 함께 혜택을 누리며 활용하고 있는 자연계의 모습을 우리의 삶 속에서 실천하고자 하는 것이다.

야마기시 씨는 자신의 제안이 종교화되지 않고 '무고정 無固定 전진 前進'하기를 바랐지만, 야마기시 씨가 죽고 30여 년이 지나자 또다시 운영을 위한 기구와 제도의 틀에 갇히게 된 야마기시회를 벗어나 2000년부터 새로운 개방형 도시 공동체를 시작한 곳이 에즈원 스즈카 커뮤니티다. 이곳은 야마기시회의 실수를 반복하지 않기 위해 '고정은 어디에서 오는가?'를 깊게 탐구해 왔다. 그리하여 '인간의 생각'이라는 감옥을 벗어나 하나로 이어진 세상의 실제를 발견하고, 실제에 맞게 살아가기 위한 각종 코스를 개발하여 운영하고 있다. 연구소와 스쿨과 커뮤니티가 서로 자립하며 연관하여 하나의 새로운 사회 모델을 제시하고 있는 것이 특징이고, 개벽 사회가 보편적으로 이루어져 가는 데 많은 참고가 되리라 생각한다.

나는 2009년 이후 10년간 스즈카와 깊게 교류해 왔고 취지와 실천의 대부분을 공감하지만, 최근에는 한국의 상황과 정서에 맞게 자립하여 연구와 실천을 하고 있다. 스즈카는 이론적으로는 보편성을 얘기하지만, 한국문화의 특성이나 이 땅의 감성에 뿌리내린 공동체에 대한 이해가 적다. 그것은 일본 문화의 특성 중의 하나이기도 하고 야마기시 공동체 시절부터 존속해 온 폐쇄적 습성으로도 보인다. 본질적인 것이라고 해도 무미건조하게 이론을 적용한 것이 아니고, 본질을 떠나지 않으면서도 그곳의 정서와 문화와 특성이 다 발휘되는 다채로운 것이라고 본다.

위의 네 공동체는 내가 1989년부터 최근까지 살고 연구해 온 개벽의 징후이자 단초로서의 개벽적 공동체 마을이다. 새로운 개벽 사회를 실현해 가려 할 때 몇 가지 방향이 있겠지만, 국가 단위의 변혁, 국제적 연대를 통한 방법 등과 함께 그 방법론의 하나로 공동체 마을 단위의, 손에 잡힐 듯 알기 쉬운 개벽 사회의 모델이 필요하다고 생각한다. 그래서 이미 한국 사회에 널리 전개되고 있는 행정기구에 의한 '마을 공동체 지원 사업'과 시민 직접민주주의 '마을공화국 운동' 등의 내용에, 본질을 이 땅에 실현하려고 하는 '개벽 공동체 마을' 운동을 결합하여, 정신과 물질과 제도가 온전히 갖춰진 개벽 마을 공동체의 모델을 만들고, 정보기술의 발달을 활용하여 개벽 마을 간의 원활한 이어짐과 고도의 결합을 통해 전 지구적인 개벽 마을의 중층적 다면적 결합을 이루어 국가 체제를 넘어선 인류의 새로운 빛의 조직-몸체를 만들 가능성을 만들어 보자.

개벽 사회의 실현이라는 눈으로 보면, 지난 30년간은 각각의 나라와 문화권에서 자신의 특성이 표현된 본질적 공동체의 시도를 통해 앞으로 보편화될 개벽 사회의 모습을 미리 보여준 것이라고 생각한다. 위에 열거한 곳들 외에도 이미 세계의 어딘가에서 미리 준비된 개벽 사회의 모자이크들이 조립자의 손길을 기다리고 있을지 모른다.

개벽이란 눈으로 보아야만 보이는 퍼즐의 전체 그림을 떠올려 보자. 하나씩 맞추어 가다 보면 본래 하나로 이어져 태어난 한 몸의 오장육부가 차차 구성되어 갈지도 모르겠다. 다음에 다시 글을 쓸 때에는 한국의 여러 지방에서 이루어지고 이어지는 개벽 공동체 마을의 실태를 올릴 수 있기를 바란다.

유상용   강화도 진강산마을교육공동체 대표, 다음의 인간·사회연구소 대표. 청년 시기부터 개벽적 공동체에 대한 관심을 지속해 오고 있다. 원불교, 에미서리, 야마기시, 스즈카 공동체에서의 생활과 교류를 통하여 체득한 것이 인간 사회의 본연의 모습이 드러나고 보편적으로 실현되는 데 작은 디딤돌이 되기를 바라고 있다.

직접민주주의 민회와
새로운 정치 인류의 탄생

임 진 철

직접민주주의 민회와 마을공화국 그리고 새로운 정치 인류의 탄생!
개벽 시대 대한민국의 화두다. 화두를 넘어서 하나의 흐름으로 우리
앞에 다가와 있다.

현대 민주주의의 시작 시점을 1688년 영국의 명예혁명으로 보기
도 하고 또는 그로부터 200여 년이 지난 1918년 남성 보통선거권 확
립 시점으로 보기도 한다. 또 누군가는 여성 보통선거권이 실현된 때
를, 그리고 또 다른 누군가는 아직까지 이상적인 민주주의가 시작되
지 않았다고 보기도 한다. 그러나 필자가 보기에 지금 세계적으로 이
상적인 민주주의를 향한 도도한 대장정이 시작되었다. 100% 진짜 민
주주의를 주창하는 세력들이 나타나기 시작한것이다.

독일 등 유럽에서 녹색당 운동과 해적당 운동이 일어났다. 2013년
이탈리아 총선에서는 '오성운동'이란 단체가 창당 4년 만에 제2당으
로 도약하며 화제를 모았다. 스페인에서 생긴 좌파 연합 정당인 포데

모스는 오랜 양당 구조 아래 고착되어 있던 스페인 정치에 새로운 시민정치의 가능성을 보여주었다. 급기야 2015년 2월 스페인 '바르셀로나 엔 꼬뮤'가 바르셀로나 시장을 당선시키며 돌풍을 일으켰다. 프랑스의 르몽드지는 이 사건을 '정치적 지진'이라며 대서특필했다. 프랑스의 노란조끼 운동은 현재진행형이다.

이러한 현상은 세계적인 흐름으로 자리 잡아 나가고 있다. 이 흐름은 궁극적으로 더 나은 세상을 지향한다. 구체적으로 이 흐름은 대의민주주의 기득권과 규칙을 깨는 직접민주주의 바람으로 나타난다. 또한 양극화 해소와 삶의 안정성을 담보하는 기본소득제 실험도 핵심적인 요소이다. 이들 시민정치 운동 정당은 인터넷과 SNS를 기반으로 한다는 것이 특징이다. 모든 제안과 결정은 온라인 플랫폼을 통해 시민들의 직접 참여에 의해 이뤄진다. 선거 자금도 크라우드펀딩 방식으로 모은다. 기존 대의민주주의로 뽑은 정치인들이 시민의 의견을 대변하지 못하니, 이를 대체할 온-오프라인 직접민주주의를 꿈꾸는 것이다.

한국 민주주의는 8·15해방과 부정선거, 6·25전쟁, 독재와 군부 정권의 아픔 위에서 4·19혁명과 1987년 6월 시민 항쟁 등을 통해 어렵게 자리 잡았다. 신구 세력이 엎치락뒤치락하는 가운데 결정적으로 2012년 출범했던 박근혜 정권의 민주화 역주행을 막으며, 2016년 촛불 시민혁명을 통해 새롭게 피어났다. 이는 세계에 유례없는 직접민주주의 참여정치의 전범을 보여준 기념비적 사건이었다.

이제 한국의 포스트 촛불 시민 사회운동은 촛불의 일상화, 상설화, 제도화를 주장하며, 더 깊고 넓은 민주주의를 추구하고 있다. 그것은 '직접민주주의 민회&마을공화국 운동'이다. 이 운동은 스페인의 인디그나도스 운동 Indignados movement과 비견된다. 인디그나도스 운동은 2011년 5월 15일에 마드리드 시민들의 점거 시위에서 촉발된 '분노한 사람들 Indignados'이라는 이름이 붙은 시민 정치 운동이다. 스페인 군중들이 정부의 긴축정책 반대, 실업문제 해결, 빈부격차 해소, 부패 일소, 기성 정당의 정치적 기득권 해소 등을 주장하며 궐기하였다. 이후 다양한 시민의 요구를 수렴하는 시민 주도 정치 연대 운동으로 발전하였다. 이 운동은 전국적으로 확산되고 급기야는 신예 좌파 연합 정당 포데모스 Podemos; '우리는 할 수 있다'라는 뜻를 출범시켰다.

이들은 단순히 기존 정당 정치인을 다른 정치인으로 교체하는 것이 아니라, 정당의 개념과 구조 자체를 바꾸고자 한다. 포데모스를 운영하는 중요한 원칙은 군중의 힘이 정치적 권력에 이를 수 있도록 제도화하며, 수평적 연대와 상향식 의사 결정이 가능한 혁신적 정치 방식을 창출하는 것이다.

포데모스는 광장에서 실현된 토론 문화를 온라인과 연결해 정당의 중요한 성장 동력으로 삼았다. 포데모스의 의견 소통 도구 중 하나는 레딧 Reddit이라는 소셜 웹사이트이다. 레딧에서는 등록된 글이 사람들의 선호에 따라 주제별 섹션이나 메인 페이지에 배치된다. 포데모스는 온라인 토론 도구로 루미오 Loomio라는 애플리케이션을 활용하고, 아고라 보팅 Agora voting 이라는 온라인 플랫폼을 두어 선거 후보자를 시민들이 직접 선출하도록 한다. 포데모스는 독립성 확보를 위해서 정당 운영 자금도 크라우드펀딩 등 시민 기금으로 운영하는데, 운영비의 98%를 기부금으로 충당한다. 가상과 현실의 융합 혁명인 제4차 산업혁명 시대에 걸맞는 새로운 정치 인류의 정치 활동 모습이다.

한국의 직접민주주의 민회운동은 2016년 겨울 박근혜 대통령 탄핵운동이었던 촛불 시민혁명의 연속선상에 있다. 촛불의 일상화, 상설화, 제도화를 추구하는 데서 알 수 있다. 스페인 인디그나도스 운동이 좌파 연합정당 포데모스를 출범시켜 정치를 혁신시켜 나가고 있다면, 한국의 촛불 시민혁명은 민주 진보 정부인 더불어민주당이 집권하는 데 산파 역할을 했다. 집권한 더불어민주당은 민주화의 역주행을 막고 정치 혁신을 추진하며 지긋지긋한 분단체제를 허무는 작업을 진행하고 있다.

여기에 한국의 직접민주주의 민회&마을공화국 운동은 스페인의 인디그나도스 운동과 다른 점이 있다. 그것은 정치 혁신의 주체와 경로이다. 인디그나도스 운동은 위에서 살펴본 바와 같이 스스로 정치 혁신의 주체인 포데모스를 출범시켜 스스로 시민 정치의 주체로서 정치 프로그램을 진행해 나가고 있다. 그에 반하여 한국의 직접민주주의 민회 운동은 한편으로는 정치 혁신 문제를 촛불 정부와 더불어민주당에 위임해 놓고 그 추이를 지켜보고 있다. 그러면서 다른 한편으로는 '꿈 너머 꿈'과 같은 직접민주주의와 대의민주주의가 융합한 시민헌법 체제와 3,500개 읍면동 마을공화국을 기반으로 한 마을연방민주공화국을 구상하며 시민 정치운동을 전개하고 있다.

앞으로 한국의 직접민주주의 민회운동은 기존의 여야 정당들이 스스로의 정치 혁신을 하도록 압박하며, 시민 정치와 제도권 정치가 불가근 불가원의 관계를 가지고 나아가도록 할 수도 있을 것이다. 아니면 한국판 포데모스를 만들어 나갈 수도 있을 것이다. 당분간은 추이를 지켜볼 일이다.

그런데 분명한 것은 절반의 민주주의가 아니라 100% 진짜 민주주의를 실현하려는 새로운 정치 인류들이 출현하고 있다는 것이다. 다음과 같은 말들 속에서 새로운 정치 인류 탄생의 전조를 본다.

"촛불혁명은 마을^{마을} 공동체와 마을공화국 혁명으로 완성된다!"

"19세기 대의제와 관료 제도에 20세기 정치인과 관료가 21세기 시민들을 통치하는 시대를 더 이상 지속하게 해서는 안 된다."

"1987년 체제의 민주 헌법이 대의제 민주주의 헌법이라면, 이제는 대의민주주의와 직접 숙의민주주의가 융합된 시민 헌법 체제와 읍면동 단위 마을공화국 기반의 마을 연방 민주공화국을 건설하는 100% 진짜 민주주의의 대장정을 시작할 때가 왔다."

"여의도에 '국회國會'가 있다면, 시민사회 속에 '민회民會'를 만들자! 더 나아가 국가를 넘어 지구 마을 시민으로 살면서 국가연합인 UN을 견제하며 넘어서는 '마을공화국 지구 연방'을 건설하는 꿈을 꾸자!"

한국의 촛불혁명뿐만 아니라 세계혁명도 마을^{마을공화국} 혁명으로 완성된다. 마을공화국은 휴먼웨어와 소프트웨어, 그리고 하드웨어의 총체이다. 휴먼웨어는 사상 의식 문화와 공동체를, 소프트웨어는 마을 정부·마을 의회·마을 기금 등과 같은 제도와 시스템을, 그리고 하드웨어는 마을의 산과 강 등 자연과 사회문화적 유산과 이를 기반으로 한 마을기업을 의미한다.

마을공화국은 비록 풀뿌리 단위이지만 구성원들이 개벽의 세계관과 지구적으로 생각하고 마을적 실천을 하는 지구마을 혁명 의식을 가질 때 생명력을 갖는다. 그렇지 않고 제도와 시스템으로만 접근하는 마을공화국은 국가의 행정 하부 단위로 전락되거나 국가주의에 포획되어 버리게 된다.

그러면 국가주의에 포획되지 않고 제4차 산업혁명 시대의 나타날 새로운 정치 인류의 모습은 어떨까? 그 새로운 모습은 '마을공화국의 주민'이자 '마을연방민주공화국의 국민'이며, '마을공화국 지구연방의 시민'이라는 3중적 정체성을 가진 존재일 것이다.

마르크스 엥겔스는 청년 시절에 사회주의 인터내셔널을 만들었다. 아마도 지금 지구촌 어느 구석에서 '직접민주주의 마을공화국 인터내셔널'이라는 국제 평화 정치 무대를 만드는 작당을 하는 청년들이 지구촌 어느 구석에 존재하리라고 본다.

그들은 '국가연합 UN'을 견제하며 넘어서는 '마을공화국 지구연방'을 건설하는 비전을 가지고, 그 비전의 설계도를 만지작거리고 있을지도 모른다. 그런 청년들이 한국의 청년들이었으면 좋겠다는 바람을 가져 본다.

임진철 환경부사단법인 청미래재단 이사장과 한국생태마을공동체네트워크 공동대표를 맡고 있으며, 생태마을공동체운동과 직접민주주의 민회, 시민정치, 마을공화국운동에 몸담아 일하고 있다.

농민수당, 다시 농민을
천하의 근본으로 삼다

박 경 철

농민수당^{농민 기본소득}제는 농사를 얼마를 짓든, 어떤 농사를 짓든 상관없이 농민이라면 누구나 국가나 사회로부터 생활에 필요한 일정한 금액을 균등하게 지원받는 제도이다. 즉 농민에게 지원되는 기본소득을 말한다. 모든 농민에게 조건 없이 일정한 수당을 지급한다는 일은 얼마 전까지만 해도 상상할 수 없는 일이었다. 그런데 꿈만 같은 농민수당이 현재 농촌 현장에서 일어나고 있다. 마치 마른 들판에 타오른 불길처럼, 일제에 억압받은 조선 민중이 독립을 위해 분연히 일어난 3·1운동처럼 지금 농촌 현장에서 농민수당의 불길은 훨훨 타오르고 있다.

밑불은 강진과 해남에서 놓았다. 봄은 늘 남쪽에서 먼저 오듯 우리 농촌의 봄날은 강진과 해남에서 먼저 시작되었다. 강진군은 2018년부터 3ha 미만 모든 농가에게 가구당 70만 원의 농민수당을 지급했다. 배경은 이렇다. 2017년 쌀값 폭락 사태를 겪으면서 고달픈 농민들이 정부를 향해 농가 소득의 직접 지원을 요구했다. 강진군은 이러한 농민들의 요구를 받아들여 50억 원의 농업인 경영안정자금을 마련해 2018년부터 논밭 구분 없이 전체 7,100 농가에 균등하게 70만 원을 지급했다. 그동안 상대적으로 소외되었던 밭 농가에게도 논 농가와 마찬가지로 균등하게 지급했다. 70만 원 가운데 절반은 현금, 나머지 절반은 지역화폐^{강진사랑상품권}로 지급됐다. 지역화폐를 지급한 것은 재화가 지역에서 유통되어 지역경제 활성화가 촉진되기 때문이다. 농민수당에 반감을 가진 지역 내 소상공인, 자영업자도 이러한 방식을 적극 찬성하고 지지했다. 그들은 오히려 농민수당을 더 늘려야 한다는 주장까지 하고 있다.

해남군은 2019년 처음으로 농가당 60만 원의 농민수당을 지급했다. 강진군과 달리 해남군의 농민수당은 크게 언론의 주목을 받았다. 그 이유는 다음과 같다.

첫째, '농민수당'이라는 정식 조례를 제정해 지급한 첫 번째 사례이기 때문이다. 강진군도 농민수당을 지급했지만 농업인 경영안정자금이라는 명목이었다. 그러나 해남군은 자체적으로 '해남군 농민수당 지원 조례'를 제정해 지급했다.

둘째, 지급 범위를 모든 농민으로 확대했다. 강진군은 3ha 미만 경종 농가에 한정했지만 해남군은 농지 면적과 업종에 상관없이 지급했다. 축산 농가, 임업 농가도 포함했다. 사실 해남군 농민수당의 지급 대상을 결정할 때 소농을 보호하기 위해 우선적으로 1ha 미만 농가에 한정해 지급하자는 주장도 있었다. 하지만 농민이라면 누구나 다원적 기능과 공익적 가치를 생산한다는 점을 고려하여 지급 대상을 전체 농가로 확대했다. 해남군의 농민수당은 농가당 연간 60만 원으로 강진군보다 10만 원이 적지만, 농민이면 누구나 누릴 수 있는 권리를 보장해 줬다는 점에서 큰 의미가 있다.

강진과 해남에서 시작된 농민수당은 전남도 차원으로 확대되었다. 이웃 화순, 광양, 함평, 장흥, 순천, 나주 등지로 퍼져 나갔다. 지난 지방선거에서 '전남형 기본소득제 도입'을 공약했던 김영록 전남도지사는 당선 후 농민단체의 요구를 받아들여 전남형 기본소득제의 핵심 정책으로 '농어민 공익 수당'을 도입하기로 결정하고 전남도 22개 시·군 지자체 단체장 및 농민단체 대표와 함께 2020년부터 전남도 전역에서 농민수당을 지급하기로 합의했다.

전남도뿐만 아니라 지금까지 전북도, 충남도가 2020년부터 광역 지자체 차원에서 농민수당^{농민 기본소득}제를 도입하기로 했고, 경기도, 경남도, 충북도도 현재 논의 중에 있다. 경기도에서는 이천, 여주, 안성에서 먼저 시작한 후 도 전체로 확대될 전망이다. 경북도에서는 상주, 성주, 봉화, 청송 등에서도 농민수당 도입이 확정되었다. 경남도, 강원도, 제주도에서도 농민수당 도입이 논의되고 있다. 전남도, 전북도, 충남도, 충북도, 경남도 등에서는 농민수당을 농민의 손으로 직접 만들기 위해 주민청구조례를 위한 주민 발의가 시작이 되어 수임인들이 농촌 현장에서 농민들로부터 서명을 받고 있다. 도시 지역인 광주광역시에서도 처음으로 주민 청구 조례를 위한 서명이 시작되었다.

이처럼 농민수당 도입과 확산을 위한 농민들의 열망이 전국을 뒤덮고 있다. 마치 1894년, 조선 왕실의 무능, 탐관오리의 학정, 그리고 외세의 침략에 맞서 분연히 일어났던 동학 농민들이 이루지 못한 꿈을 이번에는 반드시 이루겠다는 듯 농민수당 조례 제정 운동에 참여하는 농민들의 표정은 진지함을 넘어 숙연하기까지 하다. 그들은 농민을 다시 천하의 근본으로 세우려는 혁명을 꿈꾸고 있는 것 같기도 하다.

농민들은 왜 농민수당을 요구하는가? 오늘날 농민들은 농사를 지어서는 먹고살 수가 없기 때문이다. 1990년대 본격적으로 시장 개방이 시작되면서 우리나라 농업과 농촌은 피폐해졌고 농민의 삶은 파탄났다. 우리나라는 15건의 FTA를 통해 전 세계 50여 개 국가와 자유무역협정을 체결했다. 여기에는 미국, 캐나다, 호주, EU 등 농업 선진국은 물론 농업 대국이라고 할 수 있는 중국, 브라질 등도 포함된다. 그야말로 모든 농업 강대국과 자유무역협정을 체결하고 있는 실정이다. 우리나라 농업은 사실상 이들 나라와 경쟁을 할 수가 없다. 그럼에도 불구하고 정부는 경쟁력이라는 미명하에 규모화, 효율화 농정을 추구했다. 그 결과 소수 규모화를 이룩한 선진 농가는 성공했을지는 모르겠지만 대다수인 영세 중소 농가는 몰락했다. 농가 내 부익부 빈익빈 문제는 지속적으로 악화되고 농촌 공동체 해체는 가속화되었다. 1980년대만 하더라도 약 1,000만 명에 달하던 농가 인구가 현재 1/5인 200만 명을 간신히 넘기고 있다. 이러한 상태가 지속된다면 우리나라 농촌에서 농민은 사라지고, 죽음을 앞둔 노인들만 농촌에 남아 농촌은 거대한 양로원 혹은 요양원으로 변할 것이다. 이미 그런 조짐이 곳곳에서 현실화되고 있다.

농촌에서 농민들이 살 수 없는 것은 소득이 없기 때문이다. 농가 소득은 지난 15년 동안 약 1,000만 원 수준에 머물고 있다. 평균 소득이 이렇다는 것이다. 중위 소득을 보면 농가당 평균 600만 원 수준을 면치 못한다. 이와 같은 결과는 농업과 농촌에 많은 자원재정을 투자해도 대다수 농민에게는 소득으로 이어지지 않는다는 뜻이다. 정부는 각종 보조사업, 개발사업, 융자사업 등을 통해 농가소득 증대에 열을 올리고 있지만 좀처럼 농가의 소득은 올라가지 않는다. 이제 농사를 지어서는 소득을 올릴 수 없기 때문이다. 농업을 산업적 가치, 생산주의적 관점에 치중하다 보니 이러한 결과를 초래했다.

농업과 농촌을 대하는 유럽의 태도는 현재의 우리나라와는 사뭇 다르다. 유럽은 농업을 공공재로 여긴다. 그래서 농업과 농촌을 보호하기 위해 각종 직불금을 지급하고 있다. 면적을 기준으로 하는 기본 직불금에 친환경 농업, 경관 보전 농업, 생물 종 다양성 농업, 마을 공동체 보전 활동 등을 실시하면 추가 직불금을 지급한다. EU는 농업 예산의 72%를 농민에게 직접 지급한다. 스위스는 무려 85%를 직접 지급한다. 그래서 유럽의 농민들은 잘 살지는 못해도 생활에 어느 정도 여유를 가지고 살아간다. 이에 반해 우리나라는 농정 예산의 10% 정도만 농민에게 직접 주고 나머지는 각종 사업을 통해 간접 지급한다. 이러한 농정 예산이 농민에게 직접 오지 않고 중간에서 사라지기 때문에 각종 보조사업은 결국 농민에게는 껍데기만 남긴다. 농민의 소득 증대를 위한 각종 시설과 건축물들이 우리나라 농촌에 우후죽순처럼 들어서고 있지만 그러한 시설과 건축물의 대부분은 제 역할을 못한 채 방치되기 일쑤다. 소농 경제가 주를 이루는 동아시아 농업과 농촌의 특성을 무시한 채 유럽의 농정을 베낀 일본의 농정을 다시 베껴 일본 농정의 실패를 그대로 답습하고 있다. '식민지 농정'이 현재에도 주를 이루기 때문에 우리 농업과 농촌은 회생 불가능의 상태에 이르렀다.

그런 의미에서 농민수당^{농민 기본소득}은 100년의 근대 농정의 역사에서 가장 획기적인 전환이자 혁명적인 사건이라 할 수 있다. 인내천人乃天, 즉 '사람이 하늘이다'라는 동학 농민들의 외침을 가장 잘 실현하는 정책이 바로 농민수당, 농민 기본소득이라고 할 수 있다. 이제까지 우리 농정은 농민을 평등하게 대한 적이 있는가? 소농을 살리고 땅을 살리고 지역공동체를 살리기 위해 농민수당처럼 사람 중심의 농정을 펼친 적이 있는가? 단언컨대 이처럼 강력하고 희망적인 농정은 이제까지 없었다고 생각한다. 농민들에게 기본 생존권조차 보장하지 않으면서 끊임없이 자본주의적 욕망을 부추기는 농정을 펼친 게 우리나라 농정의 패착이라고 할 수 있다. 시설 재배, 친환경 농업, 농촌 관광, 도농 교류, 농업 6차 산업 등 각종 사업을 만들어 이러한 사업을 실시하면 소득을 올릴 수 있다고 농민을 호도해 왔다. 어느 정도 성과는 없지 않았지만 정부의 각종 사업에 참여해 자신뿐만 아니라 가족, 그리고 마을을 망친 사례가 한둘이 아니다. 정부 사업에 의존할 수밖에 없는 구조를 만들고 끊임없이 정부 주변에 묶어 두어 농민을 이용하는 식민지 시대의 관치 농업은 지금도 진행 중이다.

농민수당, 농민 기본소득은 농민을 해방시켜 줄 것이다. 농민에게 자유와 존엄성을 부여할 것이다. 식량을 안정적으로 생산하고 다양한 공익적 활동을 하는 농민들에게 당연히 돌아가야 할 몫을 우리 사회가 보장함으로써 그들은 우리 사회의 안정과 지속성을 보장할 것이다. 농민에게 안정적인 생계를 보장한다면 농민들은 꼭 돈 되는 농사가 아니라 환경을 살리고 자연과 경관을 보존하는 농업으로 전환할 것이다. 그렇게 된다면 우리 국토는 더 아름답게 살아나고 더욱 풍요로와질 것이다.

농업, 농촌, 농민의 문제는 도시의 문제와도 직결되어 있다. 농민수당을 지급하면 도시의 문제도 어느 정도 해결될 수 있다. 오늘날 도시의 문제는 농촌 붕괴와 직접적으로 맞닿아 있다. 산업화 시기에 농민들이 도시로 이주해 도시의 주거, 교통, 에너지, 환경문제를 야기했다. 값싼 노동력이 도시로 유입되어 산업 역군으로 일정한 역할을 했지만 인공지능, 4차 산업 시대에 그들은 설 자리를 잃고 있다. 이제 도시가 그들을 유지하는 비용은 그들이 농촌에서 생활하는 비용을 훨씬 상회하기 때문에 도시의 유지는 점점 어려워지고 있다.

유럽에 가서 알게 된 사실이 있다. 독일 등 유럽의 많은 도시들은 도시 규모가 크지 않다. 독일 같은 경우 인구의 절반은 농촌에서 거주한다. 독일은 국민이 도시에서 살든 농촌에서 살든 국민으로서 동등한 대우를 받을 수 있게 각종 제도를 만들어 그들의 삶을 보장하고 있다. 독일, 오스트리아, 스위스의 산간 지역이 그림처럼 아름다운 것은 정부의 세심한 배려가 있기에 가능하다. 선진국 치고 농업과 농촌을 보호하지 않는 나라는 없다. 독일, 프랑스 등 선진 국가들은 자국의 식량을 100% 이상 자급하고 있다. 두 번의 세계대전을 겪으며 식량문제가 어떻게 국가 안위에 직접적인 영향을 주는지 뼈저린 경험을 했기 때문에, 어떤 환경에서도 주권국가의 기본 요건인 식량 자급 체제를 고수한다. 그런데 우리는 어떠한가. 우리나라 식량자급률곡물 자급률은 23% 정도인데도 국가와 국민의 태도는 안일하기만 하다.

문명국가가 되기 위해서는 반드시 농업, 농촌, 농민의 문제를 해결해야 한다. 그 첫 번째 일은 농민을 존중하는 사회를 만드는 것이다. 농민수당, 농민 기본소득은 우리 사회가 농민을 어떻게 존중하고 어떠한 배려할 것인지에 대한 출발점이자 문명의 전환점이다. 생명의 뿌리를 지키는 농민을 지키지 못하는 사회는 결코 문명국가로의 꽃을 피울 수 없다.

박경철 충남연구원 사회통합연구실장. 중국 베이징대학에서 사회학 박사를 취득한 후 현재 충남연구원에서 농촌 사회, 지역 사회, 중국 사회 등을 연구하고 있다. 농(農)의 가치회복을 통해 더불어 평등한 사회를 꿈꾸고 있다.

공유경제로 가는
다시개벽

류 하

한반도의 근대화는 19세기 중엽 '다시 개벽開闢'에 기반한 인민 중심의
자주적 근대화의 길과 그때까지의 지배 세력을 중심으로 한 서구 문
명과 철학의 수용으로 대변되는 개화적 근대화의 길 사이에 있었다.
1894년 이후의 결과는 인민의 정기精氣를 지키고 개벽사상을 새로운
힘으로 세력화하는 데 실패함으로써 개벽적 근대화의 길이 아닌 강요
되고 굴절된 서구적 근대화의 길을 걸어왔다.

　시간은 되돌릴 수 없으나 과거는 성찰할 수 있고, 미래는 계획대로
되기 어렵지만 현재에 최선을 다함으로써 바라던 미래를 열어젖힐
수 있다. 그리고 우주 만물의 진화와 '다시 개벽'은 개체 생명의 의지
를 넘어 헤아릴 수 없는 기운들이 작동하고 사람 개벽으로 시작되기
에 변화의 기미幾微를 읽는 일은 쉽지 않다. 일제강점기를 거쳐 두 번
째로 주어진 '다시 개벽'의 해방 공간에서 한반도의 개벽파들은 좌우
합작과 자주적 근대화 길을 준비했으나 한반도 인민 전체가 좌우 진

영으로의 이념 분열과 투쟁에 빠짐으로써 그 기회를 또 놓쳤다. 그 결과 한반도는 참혹한 남북전쟁을 치렀고 서구가 강요하는 증오와 적대를 가슴에 묻은 채, 남은 남대로 자본주의적 근대화의 길을, 북은 북대로 사회주의적 근대화의 길을 걸었다. 두 개의 근대화는 물론 서구 이원二元 철학에 기반한 것으로 물질주의에 기대는 것이었다. 남이 자유의 가치에 기대었다면 북은 평등의 가치에 기대었다. 그리하여 남이 사적 소유私有에 입각한 자본주의적 산업 문명을 일구어 왔다면, 북은 국유國有에 기반한 사회주의혁명을 추구해 왔다.

남과 북에서 이루어진 두 근대화 실험은 큰 틀에서 보면 모두 서구적 근대화와 산업화의 폐해와 한계를 드러내는 과정이었다. 그런 점에서 강력한 근대국가들에 둘러쌓여 진행된 '분단의 근대화'는, 서구적 근대화가 갖는 본질적 한계로 인하여 파국을 예감하는 것이었다. 그리하여 '남과 북'은 아무리 강대국들의 압박이 있다 한들 서구적 근대화를 뛰어넘어 언제고 새로운 길에서 성찰적으로 만날 운명이었다. 그것은 단순히 남과 북이 근대적인 단일국가를 세우는 문제가 아니다. 평화 체제는 서구적 근대화 문명을 넘어서 한반도를 새로운 생명 평화 문명의 창조 공간으로 하는 '다시 개벽'의 탈근대적 과제이다.

북한의 핵실험과 핵무기 개발을 둘러싼 한반도의 긴장이 2017년 문재인 정권의 등장과 2018년 평창올림픽에 북한선수단의 참가, 판문점에서 이루어진 남북 정상회담, 그리고 싱가포르 북미회담으로 이어지는 여정으로 변화한 것은, 한반도의 평화가 돌이킬 수 없는 길로 들어섰다는 점이다. 한반도의 적대적 분단 체제 평화 관계로의 이행은 다양한 동인과 조건이 있겠지만 본질적으로는 남과 북이 적대적으로 진행해 온 한반도 근대화의 한계를 성찰하는 작업과 연동된다. 한국전쟁 이후 남한의 경제는 미국 지원 아래 급속한 성장을 해 왔으며, 그것이 친미적 근대화로의 길을 가속시켜 왔다. 한반도 남반부의 경제성장이라는 달콤한 과실은 환경 파괴와 기후변화, 빈부 격차, 욕망의 경제 추구에 따른 사회병리 현상 등을 그림자로 깔고 있다. 반면 나머지 반쪽 북반부의 경제는 국유와 협동 소유에 기반한 국가 주도의 산업화와 직접 분배를 골간으로 하는 사회주의 경제다. 북한 경제는 미국 주도의 경제봉쇄와 사회주의경제의 한계로 인한 낮은 생산성과 저성장으로 대변되며, 그 결과로 북한은 만성적인, 그리고 때때로 치명적인 식량 위기에 노출되어 왔다. 국가의 과도한 통제의 결과로 인민의 자발성과 자율성이 미성숙 상태로 발육되었다.

지금까지 우리가 경험한 바로는 한반도의 적대적 분단 체제에서 두 국가 평화 체제로의 이행도 쉽지 않은 길이다. 평화 체제가 수립되고 남북이 살림살이의 방향을 더불어 도모하고, 각자의 성찰적 변화와 협력을 바탕으로 한반도 공동체 경제체제에 대한 희망을 함께 그릴 수 있다면 통일로 나아갈 수 있다. 그런 점에서 남과 북이 견지해 온 자본주의 경제와 사회주의 경제의 한계를 넘어 새롭게 등장하는 '자발성과 자율성의 협력적 공유Collaborative Commons' 에 기반한 한반도 평화 경제로 나아갈 개벽 경제의 조짐을 주목해야 한다.

2010년 남한 정부는 「사회적 기업 육성법」을 제정하였다. '사회적 기업'이나 '사회적 경제'라는 용어가 생소한 시기인데다 협동조합조차도 기본 법령이 준비되어 있지 않던 때이다. 2012년에는 「협동조합 기본법」^{이하기본법}이 제정되었다. 기본법에서는 협동조합을 일반 협동조합과 사회적 협동조합으로 나누고 5인 이상이 결사하면 협동조합을 설립할 수 있도록 하였으며, 국가는 협동조합의 육성과 지원을 하도록 의무화하였다. 사회적 기업과 협동조합은 19세기 산업혁명을 기반으로 한 자본주의 모순을 직시한 사람들이 자본과 국가를 넘어 '공유 경제' 혹은 '공동체 경제'를 주장함으로써 시작된 '민豫 자율 경제'이다. 2019년 말 현재 남한 정부는 '사회적 경제 3법 ^{사회적 경제 기본법·사회적 가치 기본법·사회적 경제 판로 지원법}'을 국회에 상정해 놓고 있다. 협동조합이나 사회적 기업을 지원하는 사회적 경제 3법이 통과되면 사회적 경제가 국가정책에 반영됨으로써 한국 사회는 바야흐로 공유 경제 시대로 접어든다고 할 수 있다.

법령뿐만 아니라 민간의 동향도 눈에 띈다. 협동조합 기본법에 따라 2년마다 기획재정부가 시행하는 '협동조합 실태 조사 2018 보고 ^{2016년 말 기준}'에 따르면 2016년 말 현재 남한에는 10,615개의 협동조합 ^{일반협동조합 9,954개, 사회적 협동조합 604개, 연합회 57개}이 있다. 이는 2014년 6,235개에 비해 70% 이상 늘어난 수치이다. 물론 이 중에 과반 이상이 운영이 멈추어져 있고 국가나 지자체의 과도한 개입과 지원으로 여러 가지 부작용도 드러나고 있지만 협동조합의 증가 추세는 가히 폭발적이다.

　제레미 레프킨 Jeremy Rifkin이 쓴 『한계비용 제로사회 The Zero Marginal Cost Society 』2014년가 출간됨으로써 협동조합과 사회적 경제에 대한 논의는 정식으로 '공유 경제 Sharing Economy'로 확장되어 자본주의를 대체할 경제로 부상하였다. 공유 경제란 '재화나 공간, 경험과 재능을 다수의 개인이 협업을 통해 다른 사람에게 빌려주고 나눠 쓰는 온라인 기반 개방형 비즈니스 모델'을 일컫는다. 독점과 경쟁이 아니라 공유와 협동의 알고리즘이라 할 수 있겠다. 사물인터넷을 비롯한 AI인공지능 등의 발전에 더해 리프킨은 협력적 공유 사회를 이루는 바탕으로 전통적으로 있어 왔던 협동조합과 사회적 기업 등을 포함시킴으로써 공유 경제를 확장시킨다. 리프킨은 "지난 300여 년 동안 인간 본성에 대한 설득력 높은 설명과 함께 일상적인 상거래와 사회생활, 정치 활동에 대단히 중요한 구조적 체계를 제공했던 자본주의 시스템이 이미 정점을 지나 쇠퇴하기 시작했다."고 선언하고, "새로운 경제 시스템으로의 대전환을 알리는 지표가 여전히 약하고 대체로 일회적이긴 하지만 협력적 공유 사회를 토대로 한 공유 경제가 부상하는 추세는 점점 뚜렷해지고 있으며, 따라서 2050년 무렵이면 세계 대부분의 경제생활에서 주된 결정권을 행사하게 될 것이다."라고 예언한다.

　북쪽 경제는 어떠한가? 북쪽 사회의 폐쇄성과 통계의 부실로 정확한 정보 취득이 쉽지 않아 세세하고 구체적인 사실을 파악하기는 어렵지만 그나마 최신의 자료를 기반으로 한 최근의 연구들을 통해 북한 사회의 큰 흐름을 이해할 수 있다.

북한은 1948년 9월 9일 조선민주주의 인민공화국을 선포한 이래 헌법에 인민주권을 명시하고 국가 전체의 경제 구성을 국가 소유, 협동단체 소유, 개인소유의 세 부분을 주축으로 함으로써 인민민주의적 성격의 국가로 출범하였다. 그러나 이후 한국전쟁을 거치면서 '생산수단의 주인은 인민대중이며 인민대중의 지위는 국가적 소유·지배를 철저히 함으로써 담보된다'는 원칙을 견지해 왔다. 농촌의 사례로 보면 건국 직후 있었던 무상몰수-무상분배의 농지개혁 이후 한국전쟁을 거치면서 농민들로 하여금 세 가지 형태의 농업협동화 정책 중에서 하나를 택하게 하였다. 제1형태는 토지를 합치지 않고 단지 작업만 함께하는 '고정노력 협조반', 제2형태는 농민 각자가 소유권을 가지고 있되 이 토지들을 출자 형식으로 합치고 함께 작업하는 형태로 수확물은 노동에 의한 분배를 기초로 하되 토지 출자분에 대한 분배도 병행하는 형태, 제3형태는 토지를 비롯한 생산수단들을 모두 통합하고 오직 노동에 의해서만 분배하는 형태이다.[*] 1954년 6월에 1,091개의 농업협동조합이 만들어졌으나 그해 12월이 되면 10,098개로 늘어나는데 2형태가 2,176개[21.5%], 3형태가 7,922개[78.5%]였다. 1958년 농촌의 대부분을 협동농장화시켰고, 대부분의 기업은 국영

---

[*] 『북한의 역사1』, 김성보, 역사비평사, 2011에서 요약 정리함.

기업화 혹은 협동기업화한 것으로 파악된다. 1990년대 초반까지 사회주의 진영경제에 포섭되어 있던 북한 경제는 사회주의권의 붕괴와 자연재해로 급격하게 경제적 위기에 빠져들어 국가가 식량을 비롯한 생필품을 제대로 공급하지 못하는 '미공급' 상태에 빠지게 되었다. 이때 자연스럽게 소비품 시장이 발생하고, 협동조합이 중요한 역할을 하게 되었다. 원래 협동농장을 중심으로 한 농민시장^{장마당}은 사회주의경제 체제에서도 유지되어 왔다. 국가 수매 부분을 제외한 협동농장과 협동단체의 생산물의 공급과 수요가 교환되는 시장이 필요했던 것이다. 그러나 농민 시장에서의 거래는 개인 간 거래가 아니라 협동농장이나 단체가 직매소나 상점을 설치해 판매하는 형식이었다. 1990년대 대규모의 식량 부족 사태가 발생하자 1996년 10월 협동농장의 분조관리체계를 10~25명에서 7~8명으로 축소하고, 분조의 생산 계획 목표를 농민들이 스스로 정하게 하며, 초과 생산물은 구성원들이 자유롭게 처분할 수 있도록 허용하는 조치를 취하였다. 2012년 김정은 정권이 출범하자 '6·28 방침'을 통해 분조관리체계를 4~6명으로 더욱 축소하였다. 이와 더불어 계획 생산물을 국가 대 농장원이 7:3의 비율로 분배하며, 초과 생산량은 농장원에게 분배하여 자율적으로 처분할 수 있게 하였으며, 협동농장이 서비스와 무역 분야에 진출할 수 있도록 하였다. 2014년에는 '5·30 노작'이라는 것을 발표하여 농업 부문에서 자율 경영권을 부여하고 분조관리제를 강화하며, 포전^{圃田} 담당 책임제 도입, 시장가격으로의 수매, 분배 식량의 자율 처분권 등을 부여하였다. 이러한 조치들이 장마당을 활성화할 것은 필지의 사실이다.

이처럼 북한에서는 국유와 협동 소유를 중심으로 한 국가 계획경제에서 협동조합과 협동단체를 중심으로 자발성과 자율성을 강화하는 쪽으로 개혁이 이루어지고 있다.

이상에서 살펴보았듯이 남한에서는 사유 체계에 기반한 자본주의 경제에서 첨단 정보통신 산업과 사회적 경제를 중심으로 하여 공유 경제로의 이행이 진행된다면, 북한에서는 협동조합을 중심으로 자발성과 자율성이 발휘될 수 있도록 개혁이 진행되고 있다. 또한 북한 역시 첨단산업에 관심을 가지고 다가올 평화 체제를 대비하고 있다는 소식을 다양한 경로로 접할 수 있다. 이것은 한반도의 평화 체제가 통일로 이행되기 위해 평화 경제의 기본 방향을 잡을 때 '첨단 정보통신 산업과 협동조합을 비롯한 공유 경제와 민의 자발성과 자율성'을 중심에 두어야 함을 시사한다. 물론 분단 70여 년의 간극이 쉽게 메워지지 않겠지만 '경제 살림'은 모든 생명을 소통시킨다는 점을 감안하면 '다시 개벽 경제'가 인간의 의식의 진화와 개벽으로 이끌 조짐은 이미 한반도에서 진행되고 있다고 보인다.

류하　원주에서 근대문명에 대한 성찰과 영성적 공동체 운동의 방향을 모색하며 살고 있다. (사) 한알마을 이사장 및 생명평화결사 정책위원장으로 활동하고 있다.

제4부 ——————— 인간·문화·생활

미디어 개벽의
징후

김동민

개벽과 빅뱅, 미디어

우주는 138억 년 전, 엄청난 폭발을 의미하는 빅뱅 Big Bang 으로부터 시작되었다. 빅뱅은 곧 개벽이다. 개벽開闢이란 새로운 세상의 문을 연다는 뜻으로 개벽 중의 개벽은 우주의 시작인 빅뱅이다. 빅뱅으로 공간과 시간의 역사가 시작된다.

그러면 어떻게 빅뱅을 알게 되었는가? 빅뱅으로 우주가 시작되었다는 사실을 알게 된 것은 채 100년이 되지 않는다. '허블망원경'의 이름을 제공한 천문학자 허블이 1929년 우주가 빠른 속도로 팽창하고 있다는 사실을 밝혀내면서, 비로소 우주의 나이를 계산할 엄두를 낼수 있게 되었다. 현생 인류 20만 년의 역사에서 초유의 일이다.

'변광성變光星'이라는 별이 있다. 별도 수명을 다해 가면 주기적으로 어두워졌다 밝아졌다를 반복한다. 이 현상을 관찰하면 그 별까지의 거리와 운동 방향을 측정할 수 있다. 허블이 윌슨천문대에서 우리 은

하 밖의 은하에 있는 세페이드 변광성을 관찰한 결과 은하는 지구로부터 매우 빠른 속도로 멀어지고 있었다. 우주가 팽창하고 있다는 것이다. 정상우주론_{우주는 시간과 공간에 관계 없이 항상 일정하다고 보는 우주론}에서 빅뱅 우주론으로의 전환이다. 이걸 역으로 계산하면 우주의 나이가 산출된다.

허블 상수에 따른 우주의 나이는 18억 년으로 계산되었다. 그 후 안드로메다와의 거리가 허블이 계산한 90만 광년보다 2배 멀리 있는 것으로 측정됨에 따라 우주는 2배로 커졌고, 나이도 36억 년으로 두 배 늘어났다. 불과 1952년의 일이다. 그리고 지금은 138억 년으로 정착되었다. 최근의 일이다.

우리 은하에는 2천억 개의 별이 있고, 그런 은하가 우주에 수천억 개가 있다. 보이저 2호가 해왕성 궤도 밖에서 찍은 지구는 '창백한 푸른 점'이었다. 이 조그만 지구별에서 먼지보다도 작은 인간이 억겁과도 같은 광활한 우주의 비밀과 법칙을 알아낸다는 것은 참으로 경이롭다 하지 않을 수 없다. 무위자연無爲自然의 개벽 이후 인류가 빚어낸 개벽이라 할 만하다.

빛은 미디어다

여기서 우리가 주목할 것은 별에서 발산하는 빛이 이 모든 정보를 전달해 주고 있다는 사실이다. 빛이 미디어라는 것이다. 그렇다. 빛은 미디어다. 지난해[2019] 우리가 보았던 블랙홀 사진도 빛이 전달해 준 정보다. 개벽과 함께 빛이 있었고, 그 빛은 우주의 비밀을 간직하고 있는 미디어다. 우주의 초기에는 입자들의 밀도가 빈틈 없이 높았기 때문에 빛이 빠져나오지 못했다. 무려 30만 년 동안 갇혀 있었다. '무려'라고 했지만 138억 년에서 30만 년은 아무것도 아니다. 우주의 나이를 10,000년으로 치면 불과 2년 남짓이다. 30만 년이 지나면 빈틈이 생기면서 빛이 돌아다니기 시작한다. 그 빛이 포착되어 우주배경복사라는 이름으로 기록되어 있다2019년 노벨 물리학상은 빅뱅 이후 우주의 진화와 우주배경복사를 추적한 미국 프린스턴대학의 제임스 피블스 교수 등 3인이 받았다.

빛이 갇혀 있던 30만 년, 즉 빅뱅 초기의 일은 확인할 수가 없다. 아인슈타인이 1915년 일반상대성이론 발표와 더불어 예측한 중력파를 꼭 100년 만인 2015년에 발견했는데, 이 중력파가 그 비밀을 밝혀줄 것으로 기대하고 있다. 중력파는 빛이 갇혀 있던 30만 년을 거슬러 올라가 빅뱅 시점에 도달할 수 있기 때문이다. 그 중력파를 추적하면 빅뱅의 비밀을 풀 수 있을 것이라 기대하는 것이다. 중력파도 미디어인 셈이다.

미디어 연구자 매클루언Marshall McLuhan, 1911-1980은 '미디어가 메시지다'라는 유명한 말을 남겼다. 사람들에게 영향을 미치고 역사와 사회를 변화시키는 것은 메시지가 아니라 미디어라는 통찰이다. 매클루언은 또한 전깃불은 메시지가 없는 순수한 미디어로서 세상을 변화시켰다고 했다. 호롱불과 희미한 달빛에 의존하던 집안과, 거리를 전깃불이 밝혀 준 이후 세상이 어떻게 변했는지는 우리가 익히 아는 바다. 우주에서 원초적인 미디어는 빛이다. 그 빛이 우주의 은밀한 정보를 풀어 놓고 있는 것이다.

미디어 빅뱅

'미디어 빅뱅'이라는 말도 흔히 한다. 미디어 환경 내지는 미디어 생태계에 큰 변화가 생겼다는 사실을 극대화한 표현이다. 너무 자주 써서 식상한 면이 없지 않으나 사실은 사회에 충격을 주는 새로운 미디어가 끊임없이 등장하는 현실을 반영하는 것이다. 케이블 TV와 위성방송이 등장하더니 어느새 IPTV가 대세가 되었다. 인터넷이 보편화되면서 100년이 넘는 세월 동안 여론을 좌지우지하던 전통적 미디어인 종이 신문과 지상파방송이 사양산업으로 전락하더니, 스마트폰의 등장으로 존폐의 기로에 서게 되었다. 종이 신문 구독률은 20년 사이에 70%에서 10% 미만으로 추락했고, 황금알을 낳는 거위라던 지상파방송은 적자 경영이 심화되고 있는 실정이다.

미디어 개벽이다. 새로운 미디어 세상이 열린 것이다. 물론 아직 완전하지는 않다. 전통적인 신문과 방송에 익숙한 세대가 잔존하는 가운데 여전히 세상을 좌지우지하며 영향력을 발휘하려는 몸부림은 처절하다. 조국 교수의 법무부장관 임명을 둘러싸고 빚어진 소위 '조국 사태'는 실은 전통적인 미디어가 여론을 제조하는 힘을 과시하려는 잠재된 심리가 엮어낸 '미디어 사태'라 할 수 있을 것이다. 그러나 이미 세상은 소셜미디어SNS와 유튜브 중심으로 움직이기 시작했다. 진보 보수 가리지 않고 모든 신문과 종편이 조국 전 장관 가족의 검찰발 의혹을 확인도 않고 확산시킬 때 김어준의 '뉴스공장'과 '다스뵈이다', 유시민의 '알릴레오'는 이에 맞섰다. 그리고 시민들은 소셜미디어에서 결집해 의견을 취합했고, 촛불시위로 저항했다. 10년 전에는 볼 수 없었던 현상이다. 10년 전 스마트폰은 겨우 걸음마를 뗄 때였고, 미디어로부터 고립되었던 노무현 대통령은 바로 그해 극단적인 선택을 할 수밖에 없었다.

그러나 지금은 다르다. 10년이면 강산도 변한다고 했는데, 정말 10년 사이에 미디어가 개벽됨으로 해서 세상이 확 바뀌었다. 전철에서 신문 보는 사람이 사라지고 열에 아홉은 스마트폰을 본다. 무엇을 보는지 내용은 중요하지 않다. 미디어가 바뀌었다는 게 중요하다. 미디어가 바뀜으로써 나타는 현상이지 콘텐츠가 주도한 현상이 아니다. 그래서 매클루언의 통찰대로 미디어가 메시지인 것이다.

저널리즘의 개벽

미디어의 핵심적인 기능은 뉴스와 정보의 수집 및 논평, 즉 저널리즘이다. 19세기 중반 산업혁명이 초래한 대량생산의 시대는 신문의 성격 변화에도 결정적인 영향을 미쳤다. 기업은 대량소비를 창출하기 위해 신문에 광고를 하게 되었고, 신문은 보다 많은 광고 유치를 위해 발행 부수를 늘렸다. 소수의 엘리트를 대상으로 발행하던 신문은 다수 대중을 독자로 끌어들이는 상업적 대중지로 변모했다. 그 결과, 주관적 논평 중심에서 객관적인 보도와 공정한 논평이라는 현대 저널리즘의 모델이 자연스럽게 형성되었다. 유선통신을 이용한 통신사의 등장도 신문 저널리즘의 성장을 도왔다.

20세기 들어 라디오와 텔레비전이 잇따라 등장하여 급속도로 확산되었지만 저널리즘은 여전히 신문이 주도했다. 매체 파워는 방송이 월등히 앞서지만 방송의 주요 기능은 오락이었고, 사회적 의제의 형성 측면에서 신문 저널리즘에 종속되었다. 고대사회 이래로 문자 문화와 인쇄 매체에 익숙하게 된 대중은 방송에서 알게 된 뉴스와 정보도 문자로 확인하기 위해 신문을 기다렸다. 그 저널리즘의 역사가 유럽에서는 200년 가까이 되고 한국에서만 해도 100년이 넘었다. 그 긴 지배의 역사가 막을 내리고 있다. 미디어의 개벽은 저널리즘의 개벽으로 이어지고 있는 것이다.

미디어의 변천에서 중요한 것은 미디어의 속도다. 뉴스와 정보를 얼마나 빠르게 넓은 지역으로 전달하느냐 하는 것이다. 음성언어에서 문자와 인쇄술을 거쳐 19세기 이후는 전기 미디어의 시대다. 전기의 속도로 뉴스와 정보를 유통시키는 것이다. 전기의 속도는 1초에 지구 둘레를 7.5회 도는 빛의 속도와 같다. 빛의 속도를 능가하는 것은 우주에 없다. 신문도 뉴스의 수집이라는 면에서 유선 전신과 무선 전신의 뒷받침이 없으면 성장할 수 없다. 신문과 방송은 뉴스의 수집에서 독자와 시청자에게 전달되는 과정에 기계적인 절차를 거쳐야 한다. 그만큼 전기의 속도를 이용하면서도 실제로는 뉴스가 빛의 속도로 전달되지는 못한다.

그러나 인터넷 미디어는 이 절차를 생략해 버렸다. 전기 미디어의 최강자가 나타난 것이다. 전통적인 미디어인 신문과 방송은 이 속도를 당해내지 못한다. 5G세대 이동통신이 보편화되면 정보는 그야말로 전광석화와도 같은 속도로 유통될 것이다. 뉴스의 수집과 전달 과정에서 기자와 PD 등 저널리스트들이 뉴스와 정보를 마사지하고 왜곡하는 일도 전설 속으로 사라지게 될 것이다. 이미 전문직 아닌 전문직으로서의 저널리스트들의 역할을 대신해 집단지성이 진정한 밑바닥 여론을 형성하고 있는 중이다. 과거에는 언론이 보도하면 여론이 되었지만 지금은 아니다. 누구나 기자가 되고, 뉴스와 정보의 생산자가 된다. 저널리즘의 개벽이다.

혹자는 신문의 쇠락이 저널리즘과 민주주의의 위기로 이어진다고 걱정한다. 그래서 신문 산업을 지원해야 한다고 호들갑을 떤다. 그럴 필요 전혀 없다. 저널리즘의 기능이 전통적인 미디어에서 인터넷 미디어로 이행하고 있기 때문이다. 이것은 역사의 추세요 순리다. 미디어가 바뀌면 사람들의 감각과 지각에 변화를 초래하고 궁극적으로 사회가 개벽된다.

신문 저널리즘이 민주주의의 발전에 얼마나 실제로 기여했는지는 따져 보아야 한다. 특히 대한민국의 역사에서 신문 저널리즘은 민주주의에 역행하는 경우가 훨씬 더 많았다. 그래서 생각 있는 사람들이 대안 미디어를 고민하고 실천하기도 했지만 대자본이 장악하고 있는 신문 시장에 진입하는 것 자체가 거의 불가능하다. 진입했다고 하더라도 기존의 주류 미디어를 상대하기에는 턱없이 부족하다. 이 답답한 상황을 인터넷이 일거에 해소해 주고 있는 것이다. 미디어의 역사에서, 그리고 인류 역사에서 언어와 문자, 인쇄에 이은 네 번째 미디어 개벽이 진행되고 있는 것이다.

유선전신에서 시작한 전기 미디어의 혁명이 트랜지스터 반도체의 발명과 더불어, 인터넷을 기반으로 한 소셜미디어와 유튜브의 번창에 힘입어, 화려하게 꽃을 피우고 있는 것이다. 전통적인 미디어에 종사해 온 저널리스트들은 이 급격한 변화에 적응하지 못하고 기득권을 지키기 위해 분투하는가 하면, 각성한 시민들을 적대하기도 한다. 이 대립은 진보적인 신문과 수구적인 신문의 연대로도 나타난다. 신구 미디어의 대립이다. 그래 봐야 거대한 물줄기를 역류시킬 수는 없을 것이다.

새로운 미디어의 등장은 사람들의 생각을 바꾸고 궁극적으로 사회를 바꾸어 놓는다. 미디어 개벽이 사람개벽과 사회개벽으로, 나아가서 지구 생태계의 개벽으로 이어지기를 기대해 본다.

김동민   민주화운동기념공원 소장이자 언론학자. 사회과학과 인문학, 자연과학을 두루 학습하면서 21세기의 시대정신으로 부상한 지식의 융합을 반영한 연구와 집필을 해오고 있다.

개벽마을이란

강주영

왜 혁명이 아니고 개벽인가

개벽은 사람, 사회, 자연이 서로 맺어지고 상호작용하여 생성되고 창발되는 체계가 현재와는 질적으로 다른 방식으로 작동하는 것이다. 현대물리학의 복잡계 이론에 따르면 우주는 스스로 자기를 생성하는 자기 조직화의 본성을 가진다. 자기 조직화가 어느 임계점에 이르면 창발되어 이전과는 다른 그 무엇이 된다고 한다. 촛불 백만 명은 촛불 1+1+⋯+1=100만이 아니라 다른 그 무엇으로서의 하나가 된다. 이것이 창발이고 개벽이다. 변증법의 양질 전화나 불가의 공즉시색 색즉시공도 같은 말이다. 동학에서는 이 과정을 기화氣化라 하고 만인만물의 상호작용으로 우주를 생성함을 이천식천以天食天이라 한다. 새로운 세상을 만드는 것이 양천주이자 개벽성이다.

눈에 보이지는 않지만 사람의 마음, 사회, 우주는 날마다 늘 자기 개벽을 향해 움직인다. 시간의 단위가 80여 년 인생을 사는 사람과 다를 뿐이다. 그리고 이 과정을 굳이 진보라고 할 이유가 없다. 자기 본성으로 움직이고 그 본성의 발현을 막는 대립물들을 서로 극복한다. 이를 마르크스 식으로 말하면 ^{사회에서는} 계급투쟁이고, 동학 식으로 말하면 각자위심을 버린 동귀일체라고 할 수 있다.

그렇다면 기존의 용어인 혁명을 놔 두고 왜 개벽인가? 경험했거나 현재 상상 가능한 사회혁명은 사회주의혁명이 있다. 기존의 사회주의혁명은 자본주의사회보다는 훨씬 더 평등한 사회를 구성할 수는 있다. 그러나 자본주의가 부르주아 독재국가인 것처럼 사회주의도 주인만 바뀐 프롤레타리아 독재국가이다. 사회주의 생산체가 국가통제로 이윤이 사회에 재분배된다는 점에서 이윤은 없다고 할 수 있고, 자본주의보다는 평등할 수 있지만 노동력을 팔아야 하는 것은 같다. 사회주의 국가의 노동자 역시 자본주의 노동자와 동일하다. 규칙과 통제에 따라야 한다. 자주·자율·자치 노동이 아니다. 국가 단위로 계획되어야 한다. 노동 인민들은 여전히 계획에 따라 움직이는 인민이고, 더 많은 사용가치재^{자본주의에서는 부등가교환의 교환가치를 가진 상품이라 하지만 사회주의에서는 필요 물품이라 한다. 어쨌든…}를 생산해야 하고 국가를 부국강병하게 해야 한다. 언제가 될지 모르는 ^{내세적인} 아름다운 공산주의 즉 '자유로운 개인들의 연합'을 지향하며 사회주의혁명 완수를 위해 끝없이 속도전의 노동을 해야만 한다. 사회주의혁명을 진행중인 국가는 여전히 노동 해방을 완수 못한 국가이다.

이 점에서 필자는 혁명을 버리고, 문명의 전환을 이루는 개벽을 추구하는 데에 공감하였다. 사회혁명이 있다 하여도 그것은 개벽에 포함된다. 사회주의가 자본주의보다 공정하고 정의로운 점이 많지만 사회주의가 역사의 진보라는 사관은 버렸다. 원숭이가 사람이 된 진보나 진화는 의미 없다. 진보사관은 문명과 야만, 우승열패, 제국주의와 식민지, 부자와 빈자를 만들었다. 사회주의 국가에서 인간은 새로운 인간이 아니며 노동 해방도 없다. 노동 해방이 무엇인가? 일을 안 하는 게 노동 해방이 아니다. 노동 해방은 자신의 자아와 노동이 일치하고, 타인의 노동을 수탈하거나 기생하지 않고, 지구를 약탈하지 않으면서도 당대의 기본적인 삶의 여건을 마련할 수 있는 삶이다. 그런 삶이 있는가? 노동 해방된 사람을 예를 들어 말하자면 월든, 소로우 같은 이들을 들 수 있고, 전통 사회에서 자치 자급하던 두레 공동체의 소농, 아메리카 원주민 공동체를 들 수 있겠다. 그런데 도시가 있고, 노동력을 팔아야 하는 자본주의 시대에 모든 것을 버리고 월든이나 소로우 혹은 소농, 또는 짚신 만들던 해월 같은 삶을 살라고 말할 수는 없지 않는가? 그렇다면 어찌해야 하는가?

지금까지의 역사는 퇴보의 역사이다

인류가 도구를 발명, 발견하면서 물질개벽은 이루었을지 모르지만 사회제도나 마음은 퇴보했다. 단군 이래 5천 년 역사는 퇴보의 역사이다. 스스로 결정하던 닭울음 소리 함께 듣는 인간적 규모의 공동체를 국가가 대체했다. 함께 쓰는 것을 당연시하는 풍습은 사적 소유로 퇴보했다. 생존의 놀이인 자치·자주 노동은 돈을 받고 파는 상품이 되었다. 본성에 따르는 삶으로 꾸려지던 사회가 소유를 너의 것 나의 것으로 구분하는 다툼 사회가 되자 강한 자의 생각을 반영하는 법이 만들어졌다. 이 법을 지키게 하려고 경찰과 군대가 만들어졌다. 지배자의 논리는 때로 윤리로 때로 폭력법으로 강제되었다. 국가, 법, 윤리 이런 것의 존재 자체가 인류 퇴보의 역사이다. 사람이 만든 인위가 억압이 되었다.

이런 생각에서 필자의 경우 기존의 사회주의혁명을 버리고 개벽으로 귀환한 것이다. 철학적으로 인위를 퇴보로 보는 것은 만인만물을 상호부조적인 것으로 보는 데 따른 것이고, 인위가 필요하다고 보는 것은 만인만물은 본래 다투는 것이라고 보는 데 따른 것이다. 인위가 지배적인 세계에서는 다툼을 관리하는 국가나 법이라는 공인된 폭력이 필요해진다.

동학의 교정쌍전은 세속의 삶에 간섭하는, 영성을 가진 제도나 국가를 말하는 것이 아니라고 본다. 정치를 사람과 사람이, 사람과 자연이 맺어지는 상호작용이 만인만물의 이치에 따르도록 하는 것이라 한다면, 교정쌍전은 정치를 상호부조적인 삶의 영성으로 이루어지도록 하는 이치이다. 국가 자체가 폭력의 산물인데 '교정쌍전 국가' 같은 것이 어찌 있을 수 있는가? 동학은 새로운 국가가 아니라 새로운 생활 방법을, 새로운 관계로서의 사회를 만들어야 한다. 마르크스는 이를 국가가 소멸한 자유로운 개인들의 연합이라 불렀다.

개벽의 징후

개벽의 징후가 따로 있는 게 아니다. 문제의 발생 자체가 개벽의 징후이다. 예를 들어 일자리 문제에 한정해서 말해 보자. 일자리를 많이 만드는 것은 달리 말하면 더 성장하고 더 소비하자는 것이다. 사회주의에서는 이론으로는 완전고용을 실현한다. 경제가 약해도 부의 사적 독점을 막고 분배를 통해서 완전고용을 실시할 수 있다. 그런데 앞서 말한 것처럼 사회주의국가 역시 노동 해방을 하는 것은 아니다. 여전히 국가의 식민 즉 국민일 뿐이다. 상호부조하는 자치·자유·자주인이 아니다. 교정쌍전의 사회가 아니다.

개인, 사회, 지구가 부딪힌 모든 어려운 문제들이 개벽의 징후로서 개벽을 기다린다. 여기서 개벽이 대중적인 공감을 얻으려면 사회주의혁명이나 더 많은 성장 같은 전통적인 해법으로부터 벗어나는 실체적인 방법을 말해야 한다.

사람이 꼭 일자리를 가져야만 하는가 하는 의심을 가지는 데서부터 개벽이 시작된다. 여기서 일자리는 마르크스의 견해를 따른다. 즉 노동력을 팔고 상품을 만드는 행동을 하는 곳이다. 소농들의 농사를 짓는 행위는 일자리가 아니다. 그것은 자치 자급하는 생활이자 사람이 적정한? 노동을 함으로써 자연과 교감하고 스스로의 자아를 고양하는 운동이다. 탐욕이 그를 더 많은 이윤을 얻도록 시장으로 내몰고, 그렇게 노동력 상품이 된 것이 지금의 자본주의이다. 이러한 '노동력 상품' 시장에 균열이 생기는 것, 즉 일자리 문제에 근본적인 변화가 감지되는 것, 이것이 개벽의 징후이다. 현대의 가장 큰 문제가 바로 노동의 개벽이다. 노동이 개벽되어야 다른 모든 문제들, 즉 기후 위기 같은 전 지구적인 문제가 해결된다.

양질의 일자리를 요구하는 사람들에게 개벽하자고, 영성을 가지자고 호소해 봐야 비웃음을 살 뿐이다. 좋은 의미에서 모든 종교체계적인 미신?가 개벽적 영성의 체계라고 한다면 지금까지의 종교는 왜 인류와 지구를 이렇게 위험하게 만들었는가? 단정적으로 말하는 위험을 감수하고 말한다면 종교는 개벽을 천당 같은 내세적인 일로 미루거나, 도덕적 영성에만 호소했기 때문이다. 이 영성들은 눈앞의 잉여, 이익 앞에서 사람이 탐욕으로 내몰리는 것을 막지 못했다.

사람들은 더 나은 국가, 더 나은 정권으로 세상을 바꿀 수 있다고 믿는다. 맞다. 박정희, 이명박, 박근혜 정권보다야 김대중, 노무현, 문재인 정부가 훨씬 훌륭하다. 그러나 이른바 민주 정권이 되어도 경쟁하고 다투며 사는 것은 늘 한가지이다. 노인수당 등 국가 복지가 확대될수록 삶의 주체성은 국가의 계획과 관료망에 간섭당한다. 마을 사업이 이런저런 공모 사업에 뽑히기 위해서는 국가와 지자체가 제시한 계획의 틀에 맞아야 한다. 관료와 사회복지사의 판단이 마을의 삶을 규정한다. 예산 계획에 맞추어서 마을은 전국적으로 형틀에서 똑같이 찍어낸 붕어빵이 된다. 삶의 다양성은 사라진다. 똑같은 방식으로 살아야 한다. 이제 정부의 예산이 아니고서는 마을이 할 수 있는 일이 없을 정도로 자치 자급 능력이 실종되었다. 그만큼 타력갱생의 삶이 된다. 정부의 지원금을 두고 마을에서 갈등과 분쟁이 일어난다. 예산을 가져오는 사람이 최고가 되고 마을의 풍습과 공동체의 예치^전_{래되어 온 마을의 도덕}는 사라진다. 말하자면 마을은 비인간화된다. 온갖 사업주의_{이른바 프로젝트 주의}가 마을을 집어삼킨다. 관료의 역할이 마을의 자치 능력을 대체한다. 지방의원이 하는 일은 더 많은 예산 말고는 아무것도 없다. 우리의 지방자치는 더 많은 예산을 얻어내기 위한 국가 하도급 자치일 뿐이다. 그리고는 자랑스럽게 무슨 사업 예산 얼마 확보라고 현수막이 걸린다.

노무현 정부 때에 신활력 사업이 있었다. 균형발전 특별회계를 사용하기 위해 각 지자체마다 혁신위원회가 만들어졌다. 결과를 보면 혁신위원회는 삶의 방식을 혁신하지 않고 마을의 자원을 시장의 경쟁으로 내몰았다. 마을의 생산양식과 삶에 아무런 변화도 없었다. 마을의 소득에 변화가 있었지만 그 대가는 마을의 공동체성을 파괴하고 마을의 자원을 상품으로 만들어 시장 사회로 내몬 것이었다. 공모 사업은 일방적인 내려꽂기에 비해 주민 참여의 주체성이 높아지기는 했지만 마을은 시장의 변동에 따라 춤추는 곳이 되고 말았다. 박정희의 새마을운동 혹은 조국 근대화의 논리와 아무런 차이도 없었다. 지금의 여러 소도읍 사업, 농촌 사업, 도시 재생 사업도 이와 다르지 않다. 세상은 과거의 연장과 확대일 뿐이다. 변화는 없다.

사람과 사람의 관계는 무미건조하고 냉혹한 갑을의 계약관계일 뿐이다. 모든 공공성은 사라지고 오로지 개인만이 남고 개인과 개인은 계약으로 연결될 뿐이다. 모든 사업에 투자되는 정부의 예산은 사회 유산으로 상속되지 않고 잠깐 효용을 가지다가 사라진다. 우리는 이런 사회에 다만 태어났을 뿐이지, 경쟁하는 시장이라는 사회계약에 결코 서명한 적이 없다. 사회계약론은 허구의 이념이다. 정부의 예산들은 자기 확장성과 창발성을 갖지 못하고 사라진다.

개벽파들의 논의는 현재의 사회운동의 성과에서 성찰하고, 경험을 흡수하며 새로운 지점을 제시해야 한다. 논자들의 논의가 옳더라도 자기만의 사유 체계로 말하는 것은 철학의 사유로 빛날 수는 있어도 현장성과 실천성의 공감을 얻기 어렵다. 개벽파들의 철학적 사유는 사유대로 빛나고 현장의 논의가 여기에 피와 살을 덧붙여야 한다.

왜 마을인가

국가나 정당이 아니고 왜 마을인가? 이유는 간단하다, 마을은 인간적인 접촉이 실현되고, 국가에 요구하지 않아도 되고, 혁명 같은 거창한 사회 행동을 하지 않아도 되고, 주민이 하고자 한다면 어떤 대안이라도 즉각 실험해 볼 수 있다. 서초동에 모인 수백만 촛불은 민주 국민이지만 일상에서 보면 주민의 역할은 거의 하지 않는다. 마을은 생명체로 말하면 세포이다. 세포가 썩었는데 국가보고 고치라고 한다. 이제 스스로 고쳐야 하지 않겠는가?

통, 반 등 행정구역으로서의 마을이 아닌 마을은 무엇인가? 도시에 마을이 있는가?이 글에서 마을은 도시 마을을 말한다. 농촌 마을은 논의 밖에 있다. 있다면 마을은 무엇인가? '마을 만들기'는 무엇인가? 마을이 만들어지는 것인가? '마을 공동체'는 또 무엇인가? '마을공화국'이라는 말도 있다. 공화는 또 무엇인가? 그리고 지금이 그 어떤 마을을 만들어야 하는 개벽운수인가? 마을을 만든다면 민주당, 한국당, 바른미래당, 민주평화당, 정의당, 민중당, 녹색당 들의 정치는 마을과 무슨 관련이 있는가? 국가가 있는데 마을공화국이라니? 공화는 무엇이란 말인가? 마을과 공장은 어떻게 되는가? 마을공화국이라면 그 마을에는 무산자, 유산자 하는 계급이 없는가? 마을공화국 운동은 계급투쟁을 포기하는 것인가? 공장에서 프롤레타리아로 일하고 마을에 돌아오면 그는 마을민인가? 마을의 하숙생인가? 마을에 먹고 사는 것이 없는데 마을공화국이 되는가? 마을은 국가의 축소판인가? 도시 마을이라는 말이 가능한가? 도시 마을은 하숙촌이지 않은가? 하숙촌이 생활공동체가 되는 게 가능한가? 질문은 꼬리에 꼬리를 문다.

때로 이런 질문이 필요한가도 의심이 된다. 마을에 먹고살 것이 있어야 마을 만들기든 마을공화국이든 할 것 아닌가? 그렇다면 마을 만들기, 혹은 마을공화국은 마을이라는 생산체?가 시장에 진입하여 경쟁하는 시장 단위인가? 아니라면 국가 단위의 시장과 독립된 마을 생산체가 가능한가? 마을은 기업과 경쟁하는 관계인가? 공장, 사무실, 가게와 경쟁하라는 것인가? 마을공화국은 대한민주공화국의 정치 주체로서 결국 마을과 마을의 연합으로서 국가를 이루자는 아래로부터의 민주화 운동인가?

개벽이든, 혁명이든, 문명 전환이든 그것들의 주체는 결국 사람일 텐데, 사람들의 단위는 공장사무실 포함인가 마을인가? 마을은 노동 해방을 할 수 있는가?

마을의 코흘리개와 애기 엄마와 종이 상자 수레를 끄는 노파들에게도 개벽마을이 가능해야만이 개벽마을이라 할 것이다. 공공公共한 삶이 마을 자체로 가능해야 마을공화국이라 할 수 있지 않을까? 그런데 "당신, 공공하도록 근대의 경쟁하는 이성을 던지고 공공하는 영성으로 개벽하시오." 이렇게 계몽할 수는 없지 않는가? 공공하라고, 일부러 서로 공공할 수밖에 없는 삶의 조건을 만들 수는 없지 않는가?

항산항심하는 개벽마을의 기본 구상

마을이 항상 생산하고 그로써 마을민을 항상 안민하는 항산항심恒産恒心의 마을을 생각해 본다. 실재하는 항산항심체가 없다면 마을공화국은 뜬구름이라고 생각한다.

모든 도시 마을의 일정 구획마다 마을 주민이 자유로이 어떤 용도로도 사용 가능한 마을 공유지를 생각해 본다. 마을 공유지가 있으면 비싼 임대료도 원주민 추방gentrification도 없다. 경쟁도 배제도 없다. 부동산 공화국도 약해진다. 국가 복지가 아닌 마을 자치 복지가 가능하다. 마을에 생산체가 있다면 주거와 노동이 일치하여 혈연적 대가족은 아니더라도 이웃사촌 대가족제도가 발생하여, 요람에서 무덤까지 마을이 보살피는 마을 복지가 가능하다.

민법에서는 262조 '수인의 소유는 공유'로, 271조에서는 '수인이 조합체로 소유할 때는 합유'로, 275조는 '법인이 아닌 사단의 사원이 집합체로서 물건을 소유할 때에는 총유'로 하고 있다. 민법대로라면 마을 사단을 별도로 등록해야 한다. 정확히는 마을은 소유권의 주체로 성립되어 있지 않다. 이를 개선하여, 별도의 사단을 형성하지 않아도 주민등록상 마을 주민이면 마을 총유지, 총유 건물에 대해 소유권을 가지도록 해야 한다. '마을 공동체 기본법'을 제정하고 마을 총유를 명기하고, 민법의 총유를 개혁하여 마을 총유를 넣어야 한다.

마을 총유지는 갈등을 일으킬 수도 있지만 항산항심恒産恒心하고 유무상자有無相資하는 삶의 핵심이 될 수도 있다. 지금도 갯벌은 어촌계 등을 통해 마을 총유지로 기능하고 있다. 태안의 어촌 마을에서는 공유지 갯벌에서의 수익금으로 마을 연금제를 실시하고 있다.

우리 전통 마을에서 마을 총유는 훌륭히 관리되어 마을의 공동 이익에 기여했다. 갯벌, 공동 보메기 하던 수로, 마을의 하수처리장인 마을 연못, 공동 우물, 방앗간, 마을 마당, 마을 공동 논과 밭, 마을 정자, 서원, 향교 등과 자치 관리하던 마을 향약, 대동계, 촌계, 두레 등…. 개인이나 단체에 지원되는 자금을 마을 공동체의 총유 자산으로 지원되도록 해야 한다. 내쫓김을 원천적으로 막을 수 있다. 모시는 살림이다. 도시 자치자급 경제의 토대가 된다. 운영은 마을민회가 한다. 마을 총유 자산이 있으니 마을민회가 활성화될 것이다. 갈등도 있겠지만 마을이 항산항심하고 유무상자하는 길로 갈 수 있을 것이다.

도시 마을 공유지에 주민 총유 자산으로 마을 작업장초소형 공장, micro factory, 공장이 주는 어감을 피하기 위해 마을 작업장으로 쓴다을 만들자. 모두가 주인이고 모두가 일하는 사람들이다. 마을 작업장은 자치자급 소농두레체연합의 도시 마을형이다. 기술과 네트워크의 발달로, 첨단이지만 초소형 공장micro factory이 마을에 들어설 수 있다. 집중집적된 거대 산업단지에서 유연 분산화된 마을으로의 귀환이다. 고정관념화된 대형 조립화 설비, 대량생산 체제를 버리자. 일터가 마을에 생긴다면 이산가족이 될 필요가 없다. 가족공동체가 부활할 뿐 아니라 마을 공동체가 부활한다. 공동체가 부활하면 보육도 걱정할 필요가 없다. 마을 작업장은 주주의 것이 아닌 마을 주민의 총유 자산이기에 마을에서 삶의 모든 것이 순환한다. 장거리 출퇴근도 사라진다.

미국의 로컬모터스는 5,000평 규모의 작업장에서 3D 출력기와 부품으로 자동차를 조립 생산한다. 이 로컬모터스는 한국에도 진출을 시도한다고 한다. 디자인은 전 세계의 인터넷 유저들과 공동으로 개발한다. 개벽적이다. 과거의 수공업장에 첨단 기술과 네트워크가 결합된 것이다. 3D 출력기로 차체를 만들고 부품은 기존 자동차 회사에서 사와 만드는 마을 작업장이다. 로컬모터스는 상품을 만드는 공장이지만, 이 개념을 마을의 생필품을 자급하는 마을 작업장으로 생각해 보자. 기술의 민중적 소유이다.

전주에 이런 마을 작업장을 이 마을 저 마을 한 100개쯤 만들면 어떨까? 문재인 정부 5년 동안 투입될 도시재생사업비 50조 원을 전국

3,509개 읍면동으로 나누면 읍면동마다 약 142억이다. 읍면동마다 142억원을 들인 마을 작업장 3,509개를 만들면 어떨까?

　필자는 개벽이라고 생각한다. 현재의 도시재생사업은 건물주만 좋아지는 사업으로, 비판적으로 본다. 3,509개의 마을 작업장에서 직접 100명씩을 고용한다면 전국에서 350,900명이 고용된다. 연관 유발 효과는 더 클 것이다. '투자 10억당 몇 명' 하는 산업 연관에 의한 고용 유발 계수로 전 산업 평균 15명을 적용할 때 보수적으로 잡아도 70억이면설비투자 70억 건물비를 72억으로 본다면 95명이다. 도시 마을 한 곳을 활성화시키기 충분하다. 전국적으로는 약 33만 명이다. 여기 종사자는 모두가 주인이고 모두과 일꾼이다. 협동조합의 본디 생각에 충실해야 한다. 다른 말로 주민공동회사 또는 주민자주관리회사라고 할 수 있다. 이렇게 주거와 일터가 일치한다면 현대 도시 사회의 온갖 문제가 해결될 가능성을 보인다.

　동학의 유무상자 정신이다. 이 마을 작업장은 마을의 총유 자산이기에 마을에서 윤리적으로 소비될 수 있다. 마을뿐 아니라 전국적으로 전 세계적으로 윤리적 소비망을 건설할 수 있다.

　대기업과 경쟁이 되겠느냐고 물을지 모르겠다. 마을 작업장은 대기업이 가져간 마을 경제를 탈환해 오는 것이자, 마을의 순환 경제이다. 일방적으로 대기업에 뺏기던 부를 국가의 조세나 복지 정책이 아닌 스스로 탈환하고 재분배하는 일이다. 가구, 소금, 된장, 침구, 자동차, 드론, 컴퓨터, 교구, 학교급식, 의복, 신발 등 대기업이 하는 모든 품

목이 가능하다. 공장의 가구가 아닌 마을 목수의 가구, 공장의 구두가
아닌 마을의 수제화, 공장의 식품이 아닌 마을의 손맛으로 만드는 식
품…. 로컬모터스의 예처럼 자동차나 드론도 가능하다. 부품은 외지
의 기업들이 생산한 것을 사 오면 된다. 자치자급 가능한 물품은 마을
작업장만 만들어지면 얼마든지 가능하다 생협, 도농직거래, 공정 무
역, 공정 여행 등 윤리적 소비가 확대되는 경향이 바탕이 된다.

마을 총유 자산으로서의 도시 마을 두레인 마을 작업장이 활성화
되기 위해서는 자연적으로 마을민회가 활성화될 수밖에 없다. 정치
적으로 마을민회를 하자고 하면 어렵다. 하지만 눈앞의 생산과 분배
를 두고 마을민회를 하자고 하면 한결 쉬울 것이다. 백문이 불여일견
이다. 전통 마을의 대동계나 촌계, 동학의 포와 접이 현대적으로 다시
개벽되는 것이다. 투표가 아닌 마을을 직접 운영하는 민주주의가 된
다. 시장의 식민인 시민市民이 아니라, 서로 모시는 시민侍民이 된다.
천하의 마을들과 연대한다. 인터넷을 통한 교역망과 설계 기능 결합
은 곧 마을이 천하와 연결되는 일이다. 이제 마을이 천하를 품는다.
전주 한옥마을은 강화도, 서울, 울산, 평양, 신의주, 모스크바, 울란바
트로, 사마르칸트, 파리, 아바나, 탕헤르의 마을들과, 국가를 매개하지
않고 연합할 수 있다. 헛세계화가 아닌 진세계화이다. 상호의존적인
완전한 마을연합 지구연방이 된다. 거대 산단이 아니라 마을 작업장
이 미래이다.

마을 작업장은 모시고 나누는 개벽 경제의 시작이다. 마을 작업장

을 매개로 하여 다른 경제들도 활성화된다. 소비만 하는 마을이 아니라 생산이 있는 마을이라서 소매자영업도 활성화될 계기가 생긴다.

이제 도시 마을 작업장 노동공동체와 농촌의 노동공동체 소농 두레연합체가 연대하면 된다. 마을민회가 그 역할을 담당한다. 이천식천 유무상자하는 연대이다. 마을마다 특성이 다르다. 단순히 일자리를 만드는 게 아니고 스스로 자치자급하는 좋은 삶이다. 자치자급이란 홀로 농사를 지어 사는 삶이 아니라 타인을 수탈하지 않는, 상호부조하는 삶이다. 지금 우리에게 필요한 것은 '일할 권리'가 아니라 모두가 '좋은 삶을 살 권리'이다. 국가에 요구하지 않고, 전복 탈취하는 것이 아니라 스스로 만든다.

마을 공유지, 마을 작업장은 민중의 직접 소유권과 마을 권력을 세우는 직접민주주의의 토대이다. 지역의 노동, 생산, 소비, 교환을 바꾸는 비자본주의 호혜 경제의 시작점이다. 마을 개벽학당, 마을 총유와 마을 작업장, 소농 두레연합체에서부터 개벽은 시작된다.

공동체주의 이론은 굳이 필요없다. 이 세상 살면서 속상하고 억울한 것을 풀면 된다. 속 편히 먹고살 수 있으면 누구인들 이웃에 국수 한 그릇 못 돌리겠는가? 기술 발전이 도시 마을에서의 자치 자급의 삶을 가능하게 해 준다. 핵심은 마을 공유지와 마을 공유 공장작업장, 마을 사회 유산상속제, 마을 학당이다.

삶의 조건이 공동체를 절로 만들어준다. 잘되면 생기는 욕망과 이기심을 누르고, 자기를 창발하고 건강해지기 위해서라도 영성과 몸의 수양은 꼭 있어야겠다. 마을의 생필품부터 스스로 만들겠다는 마음이면 된다. 화살표가 아닌 +를 쓴 것은 당분간은 공존한다는 뜻이다. 공동체에 무임승차하는 것은 막아야 하지만 그를 이유로 개인을 구속할 수는 없다. 평양감사도 저 싫다면 그만이다. 그가 삼성이 좋다는데 어찌할 것인가?

현재와 개벽마을을 대립항으로 비교해 본다.

임금노동+자치 자급 노동, 출세 교육+영성 교육, 기술·노동 교육, 제도 학교+마을 학당, 사유지+마을 총유지, 노동·주거 분리+노동·주거 일치, 빚지는 과소비+생산만큼 소비, 산업단지+마을 공장, 마을 작업장, 구매 에너지+마을 발전소, 4년에 한 번 투표+일상적 마을민회, 국가 복지+마을 자치 복지, 국가주의+마을주의, 개별소비+마을 소비조합·의료 생협, 개인 차량+마을 공유 차량, 위탁 보육+마을 공동 보육, 국가 연금+마을 연금, 개인 상속+마을 사회 유산상속, 국가 화폐+지역 화폐·마을 화폐, 기존 은행+자치 금융, 주거 인구+디지털 마을 주민….

이것들은 개인이나 몇몇 조합 기업이 아닌 마을 주민 전체의 것으로 사회 유산으로서 상속된다. '출세'하고 싶은 이는 마을을 떠나면 된다. 인위적으로 특정 사상에 기반한 마을을 만들 필요는 없다. 자연스럽게 이루어져야 한다. 떠나면 다른 이가 올 것이다. 그런 좌충우돌 속에서 마을은 자기 조직화를 거듭하다가 어느 임계점에서 질적으로 창발할 것이다. 이것이 개벽마을이다.

은퇴가 없는 곳, 중년의 위기를 보듬는 곳, 은발의 지혜가 아이들을 자라게 하는 곳, 목로에서 정치보다도 이웃을 말하는 곳, 삶을 나누며 나이 드는 곳, 영성의 향기가 은은하여 세상을 품는 곳, 팔기보다는 살아지는 곳, 민심이 천심이어서 천심으로 천하를 품는 곳… 그곳을 개벽마을이라 한다.

※ 이 글은 조성환 이병환의 『개벽파선언』에 대한 소감이자, 개벽 마을 운동의 기초적인 생각을 밝힌 글이 다. 일부 문장들은 이전에 쓴 필자의 다른 글에서 가져온 것임을 밝혀 둔다.

강주영　　건축기술사. 세상의 집을 짓지 못하고 돈 받고 파는 상품의 집을 짓고 산다. 가까운 벗들과 세상의 집을 차근차근 짓자고 하는데 궁리에만 머무르고 있다.

출판,
개벽의 징후의 기미

박길수

1.

'책출판의 개벽'에 관한 첫 번째 이야기이니만큼, 책과 출판의 개벽에 관한 가장 첨예한 이야기보다, 이 이야기가 시작되는 초기 단계부터 이야기해 보는 게 좋겠다. 인간의 삶과 운명의 향방을 종교 또는 그 종교를 등에 업은 소수의 성직자가 독점하던 중세 시대로부터 보편적인 인권을 지향하는 근대 시대로의 이행하는 데는 출판혁명이 주요 근본 동력을 제공했다. 구텐베르크의 인쇄술 혁명은 현재까지의 출판의 틀을 형성하고 유지해 오는 기본 출발점이 된다. 책이 소수 귀족들에 독점되지 않고 시민들에게 보급됨으로써 그들의 교양 수준과 자기 인식의 수준이 심화되었고, 이것은 필연적으로 철학 사상의 고양과 시민부르주아 민주주의 발달로 귀결되어 갔다. 구텐베르크의 인쇄술이 성서의 번역과 대중적 보급을 촉발하고 종교개혁혁명의 동인을 제공한다는 점도 출판이 혁명의 도구가 됨을 말해 주는 징표이다.

거의 같은 시기에 우리나라에서는 세종 임금이 한글을 창제하고, 이 고유한 문자의 보급을 위한 인쇄를 늘림으로써 민民의 사상적·경제적 성장의 기반을 마련하였다. 한글의 창제와 보급은 조선 시대 내내 뚜렷한 성과를 보이지 못하는 것처럼 보였지만, 근대임진/병자 양란 이후 우리가 중국으로 편입되지도 않고, 일제 강점 이후에 '독립국임과 독자적인 민족임'을 회복할 수 있는 근본 바탕이 되었다. 또 6·25 이후 한국 사회가 역사상 유례가 없이, 과거 식민 국가였던 나라가 '민주주의와 경제성장'을 동시에 이루는 유일한 나라로 발돋움할 수 있었던 배경에는 '쉽게 배우고 익히는 한글'을 기반으로 하는 교육의 양적 질적 확장과 성장이 자리 잡고 있다는 것도 쉽게 인정할 수 있는 사실이다.

이러한 한국 근세-근대-현대사와 출판교육의 관계는 "사람은 책을 만들고, 책은 사람을 만든다"는, 우리나라 최대의 서점 '교보문고'의 설립 정신이 가장 잘 표현해 준다. 이것을 세계적/인류적 지평으로 확장한다고 해도 크게 틀리지 않는다. 유인원에서 인간으로의 진화가 '인간과 도구의 공진화共進化=인간이 도구를 활용하고, 그것이 인간의 認知力 進化를 촉진함 과정'이었던 것처럼, 근대 이후의 인간은 '책출판과의 공진화共進化 과정'을 통해 형성되고, 근대현대 문명을 일구어냈다고 해도 과언이 아니다.

2.

인터넷의 등장 이후 근 20년 이상 종이책^{출판}의 종말과 전자책의 득세를 이야기할 때, 책의 물성^{物性}과 인간이 공진화^{共進化}해 온 역사, '책에 길들여진 인간의 의구성^{依舊性}'에 기대어 "종이 책의 몰락 운운은 섣부른 단견에 불과하다"고만 외치던 목소리에 점점 힘이 빠지고 있음을 피부로 느낄 수 있다. 물론 '종이책의 종말'이라는 말을 '종이책의 소멸'이라는 가장 좁은 의미로 이해하고 사용할 때, 그 말은 여전히 반발과 반론을 불러일으킨다^{즉 종이책은 앞으로도 종말과 소멸을 고하기는커녕 상당한 기간 동안 인류와 더불어 함께할 것이다 = 필자도 이 입장에 있다}.

그러나 인터넷이 등장한 지 40여 년, 대중적인 의미의 스마트폰이 등장한 지 10년을 넘어서는 현시점에서, 이미 책의 의미와 지평은 달라져 버렸다. 필자를 포함해 종이책 존속론자들이 종이책의 성채^{城寨} 망루에 서서 초조하게 전자책이 진군해 온다는 지평선을 관측하며, '그러나 전자책에 의한 종이책의 종말이 요원한 일'이라고 예측하고 있을 때, '새로운 책'은 날개를 달고 하늘로부터 살포시 종이책의 성^城에 내려앉아 이미 성안을 점령해 버린, 혹은 최소한 점령을 앞두고 있는 형국이다. 다행스런 점[?]은 그 새로운 책이 "종이책의 멸망을 지향하지도 않고 또 바라지도 않는다."고 공언^{公言}하고 있다는 점이다^{그러나 인류 역사에서 점령군의 公言은 늘 믿을 게 못 된다}. 그 자비로운 '새로운 책'의 태도에 기대어, 종이책의 종말과 소멸은 당분간 유보 상태이다. 그 '유보 기간' 중에도 출판 환경은 진화와 변곡^{變曲}을 거듭하는 중이다.

아무튼 지난 500여 년 동안의 종이책 중심의 책의 시대는 어느 날 갑자기 '좀 더 넓은 의미의 책콘텐츠 = 새로운 책'의 시대로 가속을 거듭하며 이행하고 있음을 우리는 어느 날 문득 발견하게 되었다. 그 가속은 달이 바뀔 때마다, 해가 바뀔 때마다 가속의 가속을 거듭하고 있다. 모든 것이 불확실하고 미래를 분명하게 예측할 수 없는 이 '가속의 가속 시대'에 분명한 것은 출판책을 둘러싼 우리 삶이 이전과는 확연히, 단절적으로 달라지고 있다는 사실뿐이다. 즉 책출판만 달라지는 것이 아니라, 책이 사람을 만들기도 하므로 우리의 삶과 우리 자신인간이 달라지고 있다는 점이다.

그런가 하면 이 시대에 "사람들이 책을 점점 더 읽지 않고 있지만, 오늘날 인간은 인류의 등장 이래 가장 많은 콘텐츠를 읽고, 또 쓰고 있다."는 일견 모순되어 보이는 현상이 동시에 벌어지고 있다. 마찬가지 맥락에서 많은 출판사들이 도서 판매 부진에 따른 경영난을 견디지 못하고 폐업을 거듭하는데, 해마다 출판사의 숫자는 놀라울 정도로 늘어나고 있다. 2013년에 44,148개이던 출판사는 2018년 말 현재 59,306개로 집계되었다 1권 이상 출간을 한 출판사를 가리키는 실적출판사 숫자는 8,058개로 2013년 3,400개 전후에 비해 40% 증가. 출간 종수도 해마다 늘어 2018년에 우리나라에서는 납본 기준 총 81,890종의 도서가 발행되었다. 전년 대비 2.2%가 늘어난 수치이고, 2013년 61,548종에 비해서는 130%로 늘어난 수치이다.

또 하나 중요한 추세 중 하나는 2013년 2,331개이던 서점 숫자가

2017년엔 2,050개로 줄어들었으며 그 추세는 가속화되고 있다는 점이다. 그럼에도 2010년경부터 등장하기 시작한 '독립서점'은 2015년 97개, 2018년에는 416개로 계속 증가하고 있다여기에는 불완전하나마, 2003년 처음 도입되고, 2014년 강화된 도서정가제가 큰 역할을 하였다. 이러한 상반된 추세일반 오프라인 서점↓ 독립서점↑ 역시 달라진 출판+독서 환경을 반영한다.

3.

이러한 변화는 오프라인 서점 몰락의 주범이자 종범이며 공범이기도 한 아마존의 최근 동향에서 가장 극적으로 두드러진다. 아마존은 이제 책을 파는 '온라인 서점'을 넘어선 지 오래고, '세계의 모든 것'을 판매하는 플랫폼도 넘어서고, 전 세계의 모든? 데이터를 관리AWS하는 '플랫폼 오브 플랫폼' 기업으로 성장했다. 그런 아마존이 2015년 11월에 오프라인 서점 '아마존북스' 1호점을 개설했다2019년 12월 현재 미국 전역에 20개를 넘어섰고 수 년 내에 300-400개를 개설할 계획이라고 한다. 한마디로 '왕오프라인 서점의 귀환'이라고 할 만하다. 그러나 '정-반-합=정'의 도식 그대로, '오프라인 서점 아마존'은 이전의 '전통적인 오프라인 서점'과는 같으면서도 또한 다르다. 가장 중요한 차별점은 '온라인데이터을 장착한 오프라인 서점'이라는 점이다. 인간의 모습을 하였지만, 눈에 보이는 모든 것을 데이터화해서 처리하고 행동 방식을 결정하는 인공지능 로봇 '터미네이터'처럼, 온라인 서점에서의 평점, 주문 동향, 온라인에서 언급되는 키워드 등을 종합하여 도서를 배열큐레이션한다. 우리나라의 교보문

고처럼 오프라인 서점으로부터 출발해서 온라인 교보문고로서도 국내 최고 서점의 지위를 유지해 온-오프 서점이 균형?을 이룬 경우와 다르면서도 또 같다. 이제 아마존 서점을 방문하는 고객은 놀라울 정도로 오직 나의 취향이나 내가 필요로 하는 것들로 가득 채워진 서가로 이루어진 '천국의 서점^{도서관}'을 만나게 될 것이다.

그와 다른 결에서 츠타야 서점은 '서점이면서 서점이 아닌 서점'의 시대를 열었다. '책이 아니라 가치를 판다'는 츠타야 서점의 모토가 말해 주듯이 이제 책은 그 자체로 독립적인 가치를 지닌 상품이기도 하지만, 다른 상품^{예를 들면 등산용품 사이에 놓인 등산 안내 책, 주방 용품 사이에 놓인 요리책, 육아용품 사이에 놓인 육아 서적}으로 나아가는 입구 역할을 하거나 반대로 다른 상품을 위한 '장식물'이 되기도 한다^{츠타야 서점의 경우 서점에서 출발하여 관련 상품을 파는 것으로 진화해 간 반면, 양복점에 패션 관련 단행본을 중심으로 한 여러 책을 비치하는 식으로, '상품 판매' 가게에 서점이 입점하기도 한다.}

구텐베르크의 인쇄술에 의해 촉발된 제1차 출판혁명에 이어, 지금은 가히 제2차 출판혁명기―출판의 개벽, 개벽의 출판 시대라고 할 만하다. '사람은 책을 만들고, 책은 사람을 만든다'는 표어에 기대어 말하자면, 책을 만드는 사람이 변하니 책이 변하고, 책의 변화가 다시 사람의 변화를 촉발하고 있다. 이러한 변화는 거시적인 지평에서만 일어나는 것이 아니라, 어쩌면 좀더 근본적인 측면이기도 한데, 미시적인 수준, 개개인의 삶의 현실에서 구체적으로 전개되고 있다. 전통적이고 저력 있는 출판사에서는 독자 개개인의 취향과 수요^{need}를 정밀하게 타격하는 미세하고 세심한 기획으로 생산한 출판물로 매출을 끌어올리고 있고, 다른 한편에서는 전통적으로 3~4인의 직원을 둔 출판사까지를 지칭하던 '1인 출판'은 이제 명실상부하게 '1인^{이 근무하고 운용하는} 출판사'로까지 진화하면서, 다품종 소량생산 출판 시장을 개척해 나가고 있다. 그렇게 해도 책을 기획하고 출간하고 유통할 수 있게 되었다는 뜻이고, 그렇게 해야 할 만큼 열악해졌다는 뜻도 된다. 그런가 하면 종이책을 출간하기 전에 전자책을 먼저 출간하는 경우도 늘어나고, 아예 전자책으로만 출간하는 사례도 폭증하고 있다. 학령인구 감소 등에 따라 학습 교재 시장이 상대적으로 축소되어 가는 반면 오랫동안 '비주류 출판'으로 폄훼되어 오던 만화^{웹툰}와 장르 소설이 전자책 출판 환경을 매개로 하여 출판계의 블루오션 내지 성장 동력으로 자리매김되고 있다. '일간^{日刊} 이슬아'는 매일 한 편의 수필을 이메일을 통해 구독하는 새로운 개념의 출판을 시도하여 큰 성공을 거두었고, 이러한 성공을 기반으로 좀더 전통적인 방식에 가까운 출판사를 직접? 설립하여 종이책 출판까지 진행하고 있다^{이와 유사하면서도 조금씩 다른 다양한 성공 사례가 점점 늘어나고 있다}. 전통적인 출판이라면 장대한 1권으로 발행될 콘텐츠를 콤팩트하게 온라인 버전으로 출시하여 온라인에서만 판매하는 '북저널리즘' 같은 새로운 출판^{사+잡지사}가 등장하여 승승장구하고, '텀블벅'을 통해서 출간 전에 후원자를 모집하여 출간을 위한 기금?을 마련해 안정적이고 상업성과 타협하지 않는, 그러면서도 충분히 독자 친화적인 출판을 하는 사례도 이젠 그다지 특이한 경우가 아니다.

　지금 이 순간에도 수많은 전에 없던 출판이 이루어지고 있다. 또 전에 없던 형식과 내용의 책들이 매일매일 독자들을 찾아가고 있다. 동영상 시대를 앞당기고 있는 1인 크리에이터의 영상이나 블로그^{브런치}에 정기적으로 게시되는 콘텐츠들이 출판이 아니라고 할 근거가 점점 희박해지고 있으며, 출판사에서도 영상과 웹툰과 콘텐츠, 전자책과 종이책 등의 구분은 점점 무의미해지고 있다. 또 오디오북이라는 새로운 장르?가 출판계의 블루오션으로 등장하고, 독립서점이나 독립출판이라는 새로운 방식이 이제 그다지 낯설거나 무모하거나 또 비주류 출판^{서점}이 아니게 되었다. 독립출판과 전통적인 출판의 경계도 허물어지고 있으며, ^{텍스트를 포함한 다양한} 콘텐츠를 다양한 형식에 담아서 혹은 실어서 혹은 엮어서^{묶어서} 판매하는 모든 행위가 출판의 영역에 들어오기도 하고, 나가기도 한다. 독립출판 혹은 독립서점은 단순히 전통적인 출판 혹은 유통망으로부터 자유롭다거나 차별화된다는 정도가 아니라, 저마다의 목소리와 문법으로 책을 호명^{呼名}함으로써 책에 새로운 생명력과 의미를 부여하는 능동적인 창조자로서의 역할을 수행하고 있다. 그런 까닭에 독립출판물의 숫자^{의 指數-독자와의 관}계만큼 책의 정의가 늘어나고 독립서점의 숫자^{의 指數-독자와의 관계만큼}책과 독자와의 관계망이 새로운 방식으로 구축^{창출}된다고 할 수 있다. 이러한 '비^{정통}종이책-비 전자책'의 약진에 따라 전자책 시장은 한편으로는 성장의 흐름이, 다른 한편으로는 상대적으로 판매 감소 현상이 혼재하는 양상을 보이기도 한다. 이것은 종이책의 저력을 보여 주는 것일 수도 있고, 더 큰 반전=大轉換을 위한 숨고르기일 수도 있다.

4.

출판 혹은 책을 둘러싼 환경과 출판+책 자체의 이러한 변화는 그 자체로 의미가 있기도 하지만, 오늘 우리의 관점에서는 무엇보다 책출판의 변화가 사람의 변화를 야기하고 가속화한다는 점이 가장 중요하다. 우리가 몸의 병적인 이상 징후를 조기진단하려고 애쓰는 까닭은 그것으로 치유 가능성을 높여서 삶의 질을 높이고 건강 수명을 연장하기를 바라기 때문이다. 마찬가지로 책출판의 변화는 필연적으로 우리의 삶과 우리 자신의 존재를 바꾸는 징후이므로 그 징후를 올바르게 파악하는 것은 선택 사항이 아니라 필수 요건이라고 할 수 있다. 앞서 이야기한 출판책과 관련된 변화 양상은 그 자체로 '개벽의 징후'라기보다는 '개벽의 징후'를 지시하는 지표에 불과하다. 지진이 일어나려고 하면 곤충이나 파충류나 새떼들이 이상행동을 보이는 것처럼, 출판책에서 벌어지는 다양한 변화들은 더 크고 근본적인 변화를 예고豫告하고 예감豫感하고 예기豫期하는 징조들인 것이다. 책이 그러한 역할을 감당하는 까닭은 수천 개사람의 촉수들이 매일매일 사회와 인간의 변화, 그리고 사람의 마음의 흐름을 예의주시하면서 그 흐름의 길목에 혹은 그 방향을 몇 걸음 앞서간 곳에 그에 감응하기를 갈구하며 내놓은 것이 바로 책이기 때문이다.

지금으로서, 우리가 책 혹은 출판의 변화에 대해 관심을 기울이고, 그것들과 더욱 친해져야 하는 까닭은 이 시대가 이른바 '4차 산업혁명 시대'이기 때문이다. '4차 산업혁명'이라는 용어가 적절한지, 그것이 가리키는 유의미한 실체^{변화}가 있는지 없는지 따지기도 전에, 우리에게 변화가 실증적이고 실존적인 문제로 다가오는 것이 사실이다. 올해부터 거의 매년 서울에 있는 5개 정도의 대학교가 문을 닫게 된다거나, 올해부터 사회로 진출하는 젊은이라면 평생 20~30개의 직업을 가져야 할 것이 분명하다거나, 심지어 2030년에는 북극에 얼음이 하나도 없게 되는 세상이 펼쳐지게 된다는 것 등은 불과 몇 년 전까지만 해도 실감할 수 없었던 ^{그러나 관측되고 때때로 경고되기도 했던} 사회상이다. 지난 1백여 년 한반도 내에서의 우리 사회가 대가족제도에서 핵가족 중심 사회로 변화해 온 역사였다면, 현재 진행되는 우리 사회의 변화는 그 핵가족 중심 사회마저 구태舊態가 되고 '나 혼자 사는 집^{1인 가구}'이 우리 삶의 대세가 되는 시대로, 분명히 '근대'와는 다른 새로운 시대를 보여 주는 지표가 된다. 그런 가운데서 지금도 매일 뉴스 지면이나 시중 여론을 사로잡고 있는 것은 ^{양질의} 일자리가 점점 줄어들고 있다는 것이고, 이러한 흐름은 앞으로 역전될 가능성이 전혀 없어 보인다. 다른 한편으로 창업創業을 넘어 창직創職; ^{새로운 직업을 만들어서 취업하거나 경영함}이 새로운 시대 흐름으로 등장하고 있다는 사실도 이미 새삼스러운 일은 아니다.

　'책^{출판}의 개벽'은 바로 이런 점들을 반영하고 있다. 책의 중요한 주제가 그러한 대전환^{大轉換}을 직접 이야기하기도 하고, 그러한 대전환^{開闢}을 반영한 새로운 경향이 출판의 대세를 형성하기도 한다. 사회와 인간^{심리와 욕망}의 변화에 그 어떤 것보다 민감한 것이 출판^책의 세계이기도 하다는 점에서, 때때로^{출판사 관계자들이 일상적으로 그렇게 하듯이} 서점에 나가 평대에 놓인 책들을 둘러보는 것만으로도 현재 사회의 흐름을 종합적으로, 혹은 선구적으로 짚어낼 수 있다는 점이, 지금도 우리가 책을 읽어야 하는 이유이다.

5.

오늘 우리 인류는 거의 누구나 읽고 쓸 수 있도록 교육 받는 시대에 도달했으며, 심지어 특별하게 읽고 쓰기 교육을 받지 않아도 읽고 쓸 수 있는 시대에 살고 있다. 그리고 그것이 이론적으로만 그러한 것이 아니라, 실제로 ^{문자 메시지 등을 포함해서} 누구나 자기 평생에 그 어느 때보다 더 많이 읽고 쓰고 있는 시대에 살고 있다. 그러나 많은 사람들이 스스로 자기가 매일 매일 쓰고 있다^{=작가로서는} 사실, 그리고 매일매일 읽고 있다^{=독자로서는} 사실을 인식하지 못하고 있다. 그리고 거의 누구나 읽고 쓸 수 있으며, 읽고 쓰고 있는 현 시대 환경이 인간을 어떻게 진화시키고 있는지 이를 좀 더 거시적인 관점에서 조망하지 못하고 있다. 그리고 이러한 시대에조차 이 세상 사람은 책을 읽는 사람과 책을 읽지 않는 사람의 두 부류로 나뉜다. 그리고 중요한 점은 점점 더 책을 읽는 사람이 더 잘살고 더 오래 살 가능성이 많아지고 있다는 사실이다.

현재 책출판과 인간 사이에서 벌어지는 일이란 다름 아니라, 점점 개별화고립화되고 기술 종속적이 되어 가는 인간을 이 세계-내-존재, 세계-와 함께하는-존재로 회복하려는 노력일지로 모른다. 우주 탄생빅뱅 이래로 우리가 오랫동안 진화라고 부르고 있는 무수한 성숙의 과정을 거쳐 도달한 인간의 현존의 의의는 바로 '그 과정 전체를 회고하고 감상하고 감사할 수 있는 능력이 있다.'는 것이고, 지금-여기에서의 인간이 그러한 회고와 감상과 감사의 전 과정을 담아낸 것이 '책'이라고 할 수 있다. 그런 점에서 책을 들여다보는 것은 저 하늘의 별을 들여다보는 일과 다르지 않고, 정좌존심靜坐存心하여 무시無始 이전의 소식을 듣는 일과 다르지 않고, 사람으로서 사람을 사랑하는 일과도 다르지 않은 일이다. 그 다르지 않음을 전제로, 오늘도 개벽의 역동과 격랑을 일으키는 책출판의 내면과 외연을 돌아볼 일이다.

박길수 30여 년 전부터 '개벽'을 화두로 살아오고 있다. 주간개벽, 개벽청년, 개벽신문, 개벽하는사람들, 개벽출판 등등. '출판(책)'의 본질은 소통과 연결이라고 믿지만 정작 스스로는 그 일에 젬병이고, 그래서 더욱 그 일을 갈구하며 산다.

청년은
각자의 이름으로 온다

성민교

청년…. 2020년의 청년은 어떤 이미지로 재현되는가? 단군 이래 가장 경쟁이 치열한 세대, 헬조선에서 탈조선을 부르짖는 세대, 집을 사려면 n년을 일해야 하는 세대, n개를 포기하는 세대, 이데올로기가 없는 세대, 그러므로 '노오력'을 하지 않는 세대….

그러나…, 아무리 불러도 그런 청년은 오지 않는다. 이런 이름들은 청년을 부르지 못한다. 청년은 집단의 모습으로 오지 않으며, 청년이란 이름으로 스스로를 부르지 않는다. 지금 청년들은 각자의 이름으로 온다.

이름은 어떻게 만들어지는가? 개별자의 이름은 개별자 외부에 의해 부여되고, 불러지는 것이다. 조부모 또는 부모가 지은 이름, 작명소에 가서 지어 온 이름 등으로 내가 태어나기 전 또는 태어난 직후에 내 의지와 상관 없이 나의 이름은 정해지고 나는 출생신고 후 주민등록상에 적힌 그 이름으로 평생 불린다. 사회화 과정을 거치며 나에게는 사회적 이름들도 생긴다. 학교에 가면 출석 번호와 학번, 군대에 가면 군번과 계급, 직장에 가면 직급, 결혼을 하면 친인척 내 호칭, 비슷한 나이대를 부르는 호칭…. 그 자리에 맞게 이미 정해져 있는, 내가 선택한 적 없는 이름들로 내 존재는 호명된다.

이름은 존재자의 존재를 고정하는 규정이다. 그러나 존재는 '있음'이라는 사실에서만 존재라는 이름으로 규정될 수 있을 뿐, 다른 어떠한 규정도 그 존재 자체를 정확히 표현해 내지 못한다. 존재자의 존재는 '있음'이라는 사실 안에서 끊임없이 유동하며 요동친다. 따라서 존재에 대한 규정은 존재의 일부만을 잡아내어 고정시킬 뿐 언제나 존재는 규정의 손아귀를 빠져나간다. 노자는 이를 명가명 비상명名可名非常名이라는 테제로 정리했다. 이름이라 할 수 있는 이름은, 영원한 이름이 아니라고.

지금의 청년들은 바로 이러한 괴리를 느끼고 있다. 나를 부르는 이름들이 내가 아닌 것 같다는, 규정과 존재 사이의 거리를 말이다. 청년이라는 이름도 마찬가지다. 청년들은 남들이 쏟아내는 청년 담론에 참여하고 싶어 하지 않는다. 그 이름들이 자신을 정확히 호명하지 못한다는 것을 알기에 그 부름에 응답하지 않는다. 이름의 고정성, 규정성이 깨어지고 있는 것이다.

한 세기 전 '개벽파'는 어떤 이름 붙이기를 시도했는가? "사람은 하늘이다." 즉 인간 존재자에 하늘이라는 이름을 붙여주었다. 이는 닫고 가두는 규정이 아니다. 인간을 하늘로 여기는 규정, 하늘로 해방시키는 규정이다. 하늘이란 결코 한 곳으로 몰아넣을 수가 없는 것이며 어디로든 열려 있는 것이기 때문이다. 개벽 이전까지 하늘과의 직접적 만남의 통로는 하늘의 아들天子이라 이름 붙은 자에 의해 닫혀 있었고, 다른 존재자들은 이들의 매개를 통해서만 하늘의 뜻을 전해 들을 수 있었다. 그러나 모두가 존재론적으로 동등하게 하늘이라는 이름을 가지도록 하는 개벽의 사유는 인간과 하늘을 하나의 바탕 위에 다시 세움으로써 하늘에게 진정한 열림을 다시 선물할 수 있었다. 또한 스스로의 존재함과 하늘의 존재함을 같은 차원에 둠으로써 인간은 자신의 결핍과 불완전성에 대한 고통에서 벗어나 자유롭게 하늘과 하나가 되고 내 존재를 있는 그대로 온전히, 하늘만큼 긍정할 수 있게 된다. 지금의 청년들은 바로 이러한 존재론적 개벽의 문턱에 와 있다고 할 수 있다. 내가 특정한 이름으로 고정되었을 때 느껴지는 미세한 반감, "나는 그 이름에 맞지 않다"는 느낌은 어떠한 규정으로 나를 한계 짓든 내 존재는 그것을 초과한다는 사실에 대한 지각이다. 이는 내가 어떠한 모습으로 고정될 수 없는, 펼쳐진 하늘과 같은 존재임을 적극적으로 선언할 수는 없어도 잠재적으로 인식하고 있는 것이다. 그들이 부르는 이름으로 포착되지 않는 구름의 모양과 별들의 반짝임 같은 것들이 있음을 말이다.

청년들의 "…하지 않겠다"는 선언은 이런 차원에서 받아들여야 한다. 이름의 윤리학은 존재자에게 '이름답게' 행동할 것을 요구한다. 나에게 붙여지는 이름들에 만족하지 않음으로써 이름의 고정성과 규정성에 균열을 만들고 있는 청년들은 이름답게 행동할 것 역시 거부하기 시작했다. 예비 대학생, 예비 노동력, 예비 기혼자, 예비 부모, 예비 유권자로 자신을 대하는 사회에 다음과 같이 선언하는 것이다. 그들의 규정대로 일하지 않겠다, 그 규정대로 사랑하지 않겠다, 그 규정대로 살지 않겠다. 내가 따라야 할 하늘은 내 안에 있다. 따라서 "~하지 않겠다"는 선언은 포기라는 소극적 의미를 넘어 정해진 자리에 존재자들을 고정시켜 움직이지 않고 일을 하도록 만드는 기존의 시스템에 금을 내고 기관의 작동을 중지시키는 파괴적 성격을 띤다. 존재자들은 더 이상 유기적 부품으로서 행위해야 할 의미를 찾지 못하며 각자가 하나의 전체로서 스스로가 품은 하늘을 표현하는 것에 집중한다.

하늘이 어디에 있는지 깨닫는 것, 곧 내가 하늘임을 깨닫는 것은 내가 딛고 있는 땅이 바뀌고, 내가 속한 세계가 바뀌는 일이다. 따라서 개벽은 인간학을 넘어 땅도 하늘이며 세계 만물이 하늘이라는, "만물은 하늘이다"라는 규정까지 나아간다. 천天과 인人과 물物이 존재론적으로 하늘이라는 하나의 차원에 서 있도록 하는 것이다. 여기에서 개벽의 윤리학은 만물이 하늘이라는 일의적 존재론을 통해 하늘을 대하는 공경의 태도로 만물을 대하라는 보편적 윤리를 이끌어낸다. 이것이 바로 개벽의 경천敬天-경인敬人-경물敬物이라는 삼경 사상이다. 물은 더 이상 인간이 파악한 진리에 맞게 재단하고 때려서 바로잡아야 할 대상格物이 아니라 하늘로서 공경해야 할 대상敬物인 것이다.

개벽의 윤리학의 특이점은 모두가 동등한 존재라고 해서 상대를 나와 동등하게 대하기를 요구하지 않는 것이다. 만물이 동등하다는 것은 철저히 존재론적 차원에서이다. 존재자들의 존재는 형이상학적이고 우주론적인 의미에서 동등하지만,—우리 모두는 하나의 하늘을 공유하고 있다—존재하는 개체들, 즉 존재자들끼리는 실제 서로 같을 수 없다. 나와 당신은 존재한다는 점에서, 개벽으로 말하자면 하늘로서 존재한다는 점에서 동등하지만, 나는 나의 모양을 가지고 당신은 당신의 모양을 가지기에 서로 다른 개체들이며 각자의 이름도 가질 수 있는 것이다. 따라서 인간 존재자는 실제 삶 속에서 결코 무언가를 동등하게 대할 수 없다. 도덕적으로 부족해서가 아니라, 인간의 모든 행위는 전혀 산술적이지 않고 언제나 질적으로 차이가 나며, 따라서 모든 조건에서 동등한 행위를 반복할 수는 없기 때문이다. 따라서 상대를 나와 동등하게 대하라는 윤리학은 현실에서 작동될 수 없다. 존재론적으로 하늘로서 동등하게 인식할 수는 있지만, 실제로 동등하게 행위할 수가 없는 것이다. 개벽의 윤리학은 오히려 상대를 공경함으로써, 즉 높임으로써 나와 상대 사이에 차이를 두라고 말한다. 따라서 이때의 차이는 폄하하는 차이가 아니라, 고양시키는 차이다. 상대를 높인다고 해서 내가 낮아지는 것은 아니다. 상대 역시 나를 높여 주기 때문이다. 이로써 모든 존재가 추락할 새 없이 서로가 서로를 상승시키고 상승되는 '서로 높임'의 윤리가 완성된다. 이는 하늘로서의 존재론의 완성이기도 하다. 하늘은 언제나 높이 있는 존재이기 때문이다. 개벽적 이름의 윤리학은 '높여 부름'이다. 너와 내가 동등하므로 피차

일반 반말을 쓰자, 피차일반 예의를 없애자는 것은 실질적으로 이것 此과 저것彼이 구분되는 현실 속에서 '저것'들에 대한 낮춰 부름을 용인하게 하는 반쪽짜리 윤리다. 동학에서는 노비와 양반이 서로 높임말을 쓰고 맞절을 한다. 이런 세계에선 어느 누구도 지하의 자리로 떨어지지 않는다.

청년을 어떤 이름으로 부르고, 청년이 당신에게로 와서 그 이름에 꼭 맞는 존재가 되어줄 거란 생각은 버리는 게 좋다. 청년은 각자의 이름으로 오고 있다. 자기 안에 있는 높고 커다란 흘러넘치는 무언가를 암묵적으로 느끼면서. 개벽은 그 무언가가 바로 하늘이라고 명시적으로 말해 주고 있다. 그리고 그 하늘은 너뿐만이 아니라 만물 안에도 있다고 말해 주고 있다. 따라서 만물을 높여 부름으로써 나를 높이자고 제안하고 있다.

각자의 이름은 하늘이라는 공동의 땅 위에 싹을 틔운다. 새싹이 소중하다고 싹에만 물을 주면 싹은 죽어 버린다. 이제 청년들은 땅에, 즉 하늘에 물을 줄 차례이다. 서로가 서로를 살림하는 세상을 위하여. 우리, 하늘 그만 죽이자.

성민교   서강대 철학과 석사과정. 미세하고 무한한 긍정주의자. 노자, 장자, 니체, 들뢰즈, 버틀러와 산책한다. 들뢰즈 철학에서 반복과 죽음에 대해 학위논문을 쓰고 있다. 물기 있게 살고 싶다. 다시 말해서, 생생하게.

다시 마을로 가는
기초공동체

황 선 진

마을은 단순한 지역이 아니라 인적^{人的} 네트워크가 구현되는 곳입니다

마을의 사전적 의미는 '주로 시골에서, 여러 집이 한데 모여 사는 곳'입니다. 말 그대로 사람들이 사는 시골의 어떤 조그마한 지역이지요. 요즈음은 도시에서도 마을이라는 말이 많이 사용되고, 전국적으로 많은 마을 활동가들이 움직이고 있습니다. 마을이라는 용어가 새롭게 부활하고 있습니다.

얼마 전까지 저는 마을을 그냥 일정한 수의 사람들이 모여 사는 어떤 소규모 지역으로만 알고 있었습니다. 그러다가 마을의 일차적 구성요소는 지역이 아니라 사람이라는 사실에 눈을 뜨게 되었습니다. 사람이 없으면 마을도 당연히 존재 의미가 없습니다. 그것도 단순히 사람의 군집^{群集}이 아니라 정교하게 짜인 사람들의 네트워크가 있어야 제대로 된 마을입니다. 갑^甲 지역에 위치하고 있었던 A마을의 인적 네트워크가 고스란히 을^乙 지역으로 이전한다면, 지역과 관계없이 그대로 A마을이라고 할 수도 있을 것입니다.

마을은 '참된 공간^{울타리}'입니다

마을의 본래 의미를 찾아가 보겠습니다. '마을'은 '마'와 '울'이 합성된
용어입니다. '마'는 참된, 뿌리가 되는, 진실한 등의 의미를 가지고 있
습니다. '울'은 공간^{space}, 또는 울타리입니다. '참眞'은 '하늘의 이치'가
들어 있다는 뜻입니다. 마을은 곧 '하늘의 이치가 살아 숨 쉬는 공간'
이라는 뜻입니다.

마을의 본래 의미는 인적 네트워크의 짜임이 있을 뿐만 아니라 '하
늘의 이치가 구현되는 공간'의 요건을 충족하는 곳입니다. '뜻이 하늘
에서 이루어진 것같이 땅에서도 이루어지'는 주기도문을 연상시키는
바로 그 공간입니다. '한'^{하늘}으로부터 비롯된, 제각기 형상과 성격이
다르게 몸을 받은 사람들이 하늘로서의 본성에 맞는 삶을 위해 원圓
을 이루며 '하나 됨과 어울림'의 노래를 부르는 곳이 마을입니다.

지금의 농촌과 도시의 마을은 불구에 가깝습니다

마을 중에는 노인들만 사는 시골 마을, 특정 종교의 신도들만으로 구
성되거나, 특정 기능만을 수행하는 곳 등이 있습니다. 그것을 온전한
의미에서의 참된 마을이라고 할 수는 없습니다. 세월의 흐름에 따라
물질적인 발달에 치우쳐 정신문명이 퇴색함과 함께 마을의 본래 의미
도 상당 정도 빛이 바래져 있습니다. 자본주의의 논리가 우리 사회의

구석구석에까지 관철되고 있습니다. 삶의 영역 대부분이 자본 논리에 따라 대규모화되고, 대규모로 된 그 영역을 움직이는 주체는 거의 대부분 자본이거나 권력입니다. 삶의 영역 대부분의 소유에서 우리 사회 구성원이 소외되어 있습니다. 당연하게도 운영의 결정권도 없습니다. 정치에서, 경제에서, 문화에서, 교육에서 많은 사람들이 주인으로서의 삶을 누리지 못하고 있습니다.

마을이 '참된 삶의 터전'이 되기 위해서는

무엇보다 우선, 그 자체로 삶의 영역 대부분이 자족적自足的으로 구현되어야 할 것입니다. 참된 삶의 터전을 자생적으로 일구고, 부족한 기능을 외부에서 선택적으로 당겨오는 연결망을 갖추고 있고, 스스로를 직접 다스리는 기초공동체가 필요합니다.

지금처럼 자본주의로 전일화全一化된 세상에서 모든 것을 한 마을에서 자족할 수는 없습니다. 외부와의 협력, 연대 등이 자본과 권력에 의하여 강요되는 것이 아니라 마을공동체 구성원이 스스로 선택하여 관계를 맺으면 자생력自生力이 있는 마을이라고 할 수 있겠습니다. 삶에 필요한 거의 대부분을 갖춘 기초공동체, 저 옛날 부족공동체, 전통 마을이 그러했듯이 선생님도 있고, 학생도 있고, 언니, 오빠, 누이, 형, 친구, 동무, 벗, 영적 스승 등도 있는…. 숲도 있고, 내川도 있고, 믿을 수 있는 먹거리, 집 짓는 사람, 주유소 등도 있고. 호혜互惠와 상생相生의 경제 시스템…. 나의 모든 것을 알고 있고, 나의 모든 것을 감싸 안

아주는 사람들이 있는 곳, 그곳이 고향으로서의 마을입니다.

이러한 기초공동체의 적정한 규모와 공간은 어떻게 해야 할까요?

예전 자연 마을은 약 3~4만 평의 땅, 사람 수는 100~300명 정도였습니다. '지금, 이곳'에 적용하려는 실천적 관점에서 보자면, 지금처럼 교통·통신이 발달한 환경에서 생활함에 큰 불편함이 없이 편의시설이 갖추어진 규모의 생활권 지역, 도시에서는 차로 20분 이내, 농촌에서는 차로 30분 내외로 마실이 가능한 규모면 될 것입니다. 예외가 없지는 않지만, 도시에서는 한 행정구行政區, 농촌에서는 3~4개 면이 그에 해당합니다. 위 생활권 지역을 단위로 하는 기초공동체는 그 지역의 일반 사람과 함께 생활합니다. 도시에서는 1행정구에 수십만 명의 사람이 살고 있고, 농촌에서는 3~4개 면에 10,000~20,000명 정도의 사람이 살고 있습니다. 기초공동체에 함께 하는 사람은 100가구, 300명으로 상당한 정도의 자족적인 생활을 위해서 그 안에 다양한 직종의 사람들이 포함되어 있습니다. 물론 지역을 기반으로 하지 않는 기초공동체도 실천의 한 영역으로 들어올 수 있습니다. 특정 직종, 특종 종교 공동체, 특정 동호회 등. 다만, 그 경우에도 삶의 다양한 영역을 포괄할 수 있도록 개방적이어야 하고, 충분히 민주적일 필요가 있습니다. 최근 삶의 대안을 찾는 사람들이 주목을 하는 밝은누리 공동체, 은혜공동체 등은 이 기초공동체로 가는 길에서 한 가능성을 보여주고 있습니다.

이 기초공동체가 발전하면 한 생활권 지역에 하나의 기초공동체만 있을 일도 아닙니다. 대도시의 1행정구에 수십만의 사람이 살고 있으니 여러 개의 기초공동체가 출현하는 것이 자연스럽지요. 각각의 기초공동체는 각각 자신만의 개성을 뽐내며 서로 교류합니다.

도시의 기초공동체와 농촌의 기초공동체도 서로 손을 잡습니다. 생산과 소비의 단순한 직거래를 넘어, 단순한 관광을 넘어, 서로를 보완합니다. 농촌의 기초공동체는 도시에 근거지가 생기고, 도시의 기초공동체는 자연 속에 자기 터전을 마련합니다.

개벽의 사회적 출발로서의 마을

개벽 세상으로 가는 길목에서 세상을 새롭게 하려는 이들이 우선 세워야 할 것은 기초공동체입니다. 누구나 다 기초공동체의 일원이 될 필요가 있습니다. 특정 시공간에 국한되지 않고 개벽 세상을 향하여 지속가능한 실천이 이루어질 것입니다. '다시* 마을'이며, 다시 '하늘의 이치에 따라 순리대로 사는 사람들의 공동체'입니다.

전통사회의 마을을 온고이지신溫故而知新하고, 법고창신法古創新합니다. 이 기초공동체의 일원이 된다는 것은 대한민국의 행정구역의 읍·

---

* '다시'라는 말은 '거듭하다'라는 뜻으로 쓰이기도 하지만, '처음으로 돌아가다', '새롭게 하다'라는 뜻을 갖고 있습니다. 쉽게 말해서 이 말은 단순 반복을 가리키지 않고 변화가 수반된 재출발을 가리킵니다. (박현, 『나를 다시 하는 동양학』, pp29~32에서 인용)

면·통·리·반의 일원이 되는 것과는 차원이 다릅니다. 읍·면·통·리·반의 일원은 온전한 주권자로서라기보다는 통치받는 자로서의 성격이 강합니다. 그 안에서 삶의 모든 것을 해결할 수 없으니 어딘가 공허합니다. 기초공동체의 일원이 된다고 함은 주권자로서, '한'=하늘의 한 분유물分有物로서의 격格=어떤 존재에게서 天이 발현되는 정도에 맞는 자주적인 삶을 영위한다는 말입니다. 기초공동체의 구성원들은 전국에 자기와 같은 삶을 영위하는 사람들을 만날 수 있습니다. 전국적으로 세워지는 기초공동체로서의 마을들이 연합하면, 그것이 바로 바른 의미에서의 새로운 '나라'일 것입니다.

기초공동체는 특정 종파와 정파, 신념체계를 넘어, 누구나 참여할 수 있도록 열려 있습니다. 다만, 아무나 함께할 수는 없습니다. 일정한 규칙이 있어야 하기 때문입니다. 그 규칙은 하늘의 뜻道에 따라 순리대로 살고자 하는 길路의 반영입니다. 도시의 한 생활권에서, 농촌의 한 생활권에서 이 기초공동체에 참여하지 않는 사람들과는 높지 않은 문턱이 있을 뿐입니다. 이 문턱을 넘기에 별로 큰 어려움이 없습니다. 다만, 누구나 할 수 있는 결단이 필요합니다. '나뿐인 삶을 살지 않으리라. 다른 사람의 이익을 해치치 않고, 어울려 함께 살리라.'

집단 영성靈性-지성知性-감성感性의 에너지장이 펼쳐지는 마을

'한 사람'이 중심이 되, 그 한 사람이 '하나됨과 어울림'의 주체입니다. '하나됨과 어울림'의 삶을 영위하면서 구성원들의 삶의 영역 상당 정도를 자족적으로 해결할 수 있는 인적 네트워크, 그 네트워크 안에 개개인의 역할이 분명히 주어집니다. 학교가 있고, 농장이 있습니다. 마을 단위에서 생산하여 나누어 쓸 수 있는 공동작업장이 있고, 공동밥집도 있습니다. 핵가족을 중심으로 편제되었던 소비생활도 바뀝니다. TV와 오락시설에 사로잡혀 있던 일상생활도 달라집니다. 공동체 놀이와 문화가 새로운 옷을 입고 나타납니다. 마실 문화가 살아납니다. 마을에는 사적私的인 소유와 공적公的인 소유가 공존합니다. 사적인 생활과 공적인 생활이 공존합니다. 원탁회의, 화백회의, 세바퀴회의 등의 공동체회의가 자리잡습니다. 서구에서 발원發源한 개체個體민주주의를 넘는 공동체민주주의가 이루어집니다. 적지 않은 비용을 지불하며 배우고 익힐 수밖에 없었던 수행도 기초공동체로 들어옵니다. 영성靈性이 생활과 분리되지 않고 일상 속에 내면화합니다. 오랫동안 생활 현장에서 멀어졌던 영성이 자리 잡도록 하는 기초공동체야말로 사회적 개벽이지 않을까요? 그리되면, 그 공간에는 집단 영성靈性-지성知性-감성感性의 에너지장場이 펼쳐집니다. 그 에너지장에서 에너지를 받아 사람도, 사물도, 동식물도 본연本然의 빛을 발합니다.

황선진 지리산마을공동체포럼 이사장. 마리학교, 백일학교 설립 운영. 대안공동체를 연구하고 실천하려고, 사단법인 밝은마을에서 노력 중이다. 대안적인 삶의 하나로 공동체회의로서의 화백회의, 원탁회의 등을 보급하고 있다.

시민주권시대에
민주시민교육 확산!

서 원 희

현대 대의민주주의의 위기로부터 다시 민주주의를 생각하다

민주주의 위기다. 현대 민주주의인 대의민주주의의 위기다. 민주주의
체제에서 자유와 평등, 인권이 증진되어 모든 사람들의 삶의 질이 향
상되어야 함에도 기대에 미치지 못하자, 세계 곳곳에서 사람들은 민주
주의를 다시 생각하기 시작했다.

　민주주의는 권력이 시민에게 있는 정치체제다. 인류가 만든 정치
체제 중 민주주의보다 나은 것은 아직 없다고 한다. 그런데 현대 민주
주의는 대의민주주의 꽃이라고 하는 선거에 의해서 히틀러를 당선시
키기도 하고, 슬프게도 민주주의 체제하에서도 갈수록 빈부의 격차
는 심화되고 있다. 세계의 자원이 점점 소수에게만 집중되고 있다.

　민주주의는 전체 시민이 지배하는 정치체제인데 결과가 왜 이런
가? 원인이 무엇인가? 어떻게 하면 모든 사람들이 민주주의의 혜택
을 볼 수 있을까?

사람들은 이제 현대 대의민주주의가 선거 때를 제외하곤 오히려 정치에서 시민들을 분리시키고 소외시켜 왔음을 알아차리고, 민주주의와 정치에 새롭게 관심을 가지기 시작했다. 왜 민주주의 체제에서 자연은 파괴되고, 자원이 극히 일부 사람들에게 집중되고, 대다수의 사람들은 삶을 힘들어하고 점점 고통을 느끼게 되는지 질문하기 시작했고 행동하기 시작했다.

스페인의 포데모스, 이탈리아 오성운동 등 유럽 시민들은 인터넷 기술을 이용한 디지털 민주주의로 직접 정치에 나서서 새로운 정당 활동, 새로운 정치를 하고 있다. 2016~2017년 대한민국 광장의 촛불은 주권자로서 위임했던 대통령 권한을 기어이 박탈했다. 다시 대통령을 뽑고 새 대통령에게 헌법에서 정한 권한을 줌으로써 민주주의에서 권력이 누구에게 있는지 똑똑히 보여주었다. 국가의 결정에 반발하여 홍콩 시민들도 거리로 나왔다. 칠레 시민들도 거리로 나왔다. 세계 곳곳에서 국가의 폭력에 굴하지 않고 주권자시민들이 목소리를 내고 있다.

시민주권시대! 주권자! 민주시민! 광장의 촛불 이전에 이 단어는 우리 사회에서 거의 사용하지 않았다. 광장의 촛불 이후 가장 많이 사용하고 있는 이 단어들은, 광장과 거리에서 모두가 확인한 지금 시대의 정신이자 주권자 시민의 정체성을 보여준다. 권력은 오로지 군주에게 있었던 군주제와 달리 민주공화국인 대한민국은 헌법 1조에서 대한민국의 모든 권력은 국민으로부터 나온다고 명시하고 있다.

권력은 무엇인가? 권력은 결정권이다. 특히 자원 배분 결정권이다. 민주주의는 주권자 시민이 주권자 모두에게 자원이 골고루 돌아가도록 자원 배분 결정에 참여하는 좋은 정치 체제다. 현대 대의민주주의가 극심한 양극화를 가져온 상황에서 다시 주권자 시민들이 직접 자원 배분에 참여하여 민주주의를 살려내려고 애쓰고 있다.

시민이 자원 배분 결정에 직접 참여하는 민주주의 실현을 추구

민주주의 실현을 위해서는 민주시민이 필요하다. 자원배분 결정에 참여하는 시민이 민주시민이다. 자원이 소수에게 편중되어 독점/과점되지 않고 모든 주권자 시민에게 골고루 돌아가기 위해서는 다수 민주시민이 참여하여 민주주의가 제대로 작동하도록 해야 한다. 이것은 대한민국뿐 아니라 전 세계 민주주의 나라가 안고 있는 이 시대의 과제다. 자원 배분에 민주시민이 자발적으로 참여하여 모든 시민의 삶이 나아지도록 결정할 때 현대 민주주의는 그 가치를 인정받고 위기를 벗어날 수 있을 것이다. 자원 배분 즉 예산 편성 과정에 시민이 직접 참여하는 주민참여예산제는 1989년 브라질의 포르투알레그레에서 실시하여 그 효과가 입증되면서 전 세계 도시로 퍼져 나갔다. 우리나라에서도 2003년 광주 북구에서 최초로 도입한 후 2004년 울산 동구, 2005년 울산 서구에서 실시하였으며, 2011년 지방재정법 개정과 각 지자체별 조례 제정을 통해 주민참여예산제도가 본격 시행되고 있다.

그리고 2018년 개정된 지방분권법지방자치분권 및 지방자치행정체제 개편에 관한 특별법에 근거하여 현재 참여와 권한을 확대한 주민자치회 시범사업이 서울시 등 많은 지방자치단체에서 진행되고 있다. 이러한 정책은 지방자치 및 자치분권 확대라는 구체적인 민주주의의 실현 흐름과 함께한다. 그리고 2018년부터는 주민참여예산제에서 나아가 국민참여예산제도가 본격 실시되고 있는데 이는 국가 차원에서 시행하는 참여예산제도이다. 국가의 주인인 국민이 직접 예산사업의 제안 및 심사, 결정 과정에 참여함으로써 국가재정의 민주성과 효율성을 높이고자 하는, 예산 분야에 특화된 국민참여제도다.

　대한민국 국민의 민주주의 실현에 대한 요구는 2016~2017년 광장 촛불 전부터 있었다. 4·19혁명과 5·18광주민주화운동, 1987년 6월민주항쟁과 7~8월노동자대투쟁으로 우리 사회는 민주주의로 한 걸음씩 나아갔다. 대통령을 직접 뽑고 지방자치시대를 열었다. 분단이라는 특수 상황 속에서도 우리 국민은 거리와 광장을 통해 또 선거를 통해 군사정권을 몰아내고 수평적 정권 교체를 이루어 내었다. 그러나 정치는 늘 한 걸음 나아갔다가도 뒷걸음질 치며 후진성에서 벗어나지 못했다. 지속적으로 양극화가 진행되어 가진 자와 못가진 자의 사이는 계속 벌어졌다. 격차사회! 양극화! 노동의 이중구조! 실업증가, 자살 증가, 고독사 증가, 노인빈곤 문제, 성차별 문제, 장애인차별 문제. 기후·에너지 문제 등 현대 민주주의가 안고 있는 이러한 문제는 많은 민주주의 국가의 공통된 문제이기도 하지만 대한민국에서는 더더욱 심각하다.

이제 더 이상 시민의 권력을 대의하는 전문 정치인에게 자원 배분 결정권을 전적으로 맡길 수 없음을 알아차린 주권자 시민이 직접 나서고 있다. 이를 정치권에서도 받아들는 상황인 것이다.

민주시민교육 확산

민주시민이 없는 민주주의는 불가능하고, 사회의 변화나 정치의 변화가 저절로 이루어지지 않듯 민주시민도 저절로 되지 않기에 민주시민교육이 확산되고 있다.

주권자 시민들이 대한민국 헌법의 정신과 가치를 재확인하고 민주주의의 작동 원리를 배우며 익히고 있다. 공동체가 가진 자원을 어떻게 모든 주권자들에게 골고루 돌아가게 할지에 대해 학습하고 토론하고 실천하기 시작했다. 대의민주주의가 제대로 작동하도록 견제와 감시, 대안 제시를 하고 있다. 이러한 주권자의 책무를 통해 국가의 자원 배분에 참여하고 삶의 터전인 지역과 마을에서 직접 자원 배분에 참여하는 등 나라와 지역의 주인노릇을 하고자 주권자 시민이 정치의 생활화를 실천하고 있다.

국회가 민주시민교육 지원 관련 법안을 오랫동안 마련하지 못하고 있는 상황에서, 2014년 서윤기 의원에 의해 서울시 민주시민교육조례가 제정되고, 2015년에는 문경희 의원에 의해 경기도교육청 학교민주시민교육진흥조례가, 박승원 의원^{현 광명시장}에 의해 경기도 민주시민교육조례가 제정되면서 기초지역 조례도 속속 제정되었는데 2018

년 6·13지방선거 이전에 24개였던 조례가 2020년 2월 현재 53개로 늘어났다.

광역조례 10개 서울, 경기, 부산, 대전, 인천, 전남, 전북, 충남, 충북, 세종, 교육청 조례 13개 경기, 서울, 부산, 인천, 전북, 전남, 충남, 충북, 경북, 광주, 강원, 제주, 세종, 경기도 기초지역 조례 19개 성남, 의정부, 광명, 파주, 포천, 하남, 화성, 고양, 구리, 군포, 남양주, 수원, 안양, 양주, 연천, 용인, 양평, 이천, 안산, 서울 5개구 노원, 광진, 강서, 서대문, 도봉 및 김해시, 울주군, 아산시, 인천서구, 천안시, 목포시 등 전국 30개 기초지역에서 민주시민교육조례를 제정함으로써 민주시민교육이 안정적이고 지속적으로 실시될 수 있는 제도적 기반을 마련하고 있다. 특히 교육청 민주시민교육 조례 제정에서 짐작할 수 있듯 민주시민교육은 교육선진국처럼 유치원부터 초중고학생들까지 어릴 때부터 학교에서 이루어져야 한다는 공감대가 생기고 있다. 2015년 최초로 학교민주시민교육조례를 제정한 경기도교육청에서는 민주시민교육교과서를 만들기도 하였다. 2018년 교육부에서는 학교민주시민교육종합계획을 수립하였으며 현재 학교민주시민교육 기본 개념 및 추진 원칙 마련을 위한 연구용역이 이루어지고 있다. 지난해 이철희 의원은 학교민주시민교육 법안을 발의하여 몇 차례 토론을 하는 등 민주시민교육의 전문화·제도화를 위한 공감대 확산에 힘을 모으고 있다.

서울시와 경기도는 센터를 중심으로 공모사업 등을 통해 민주시민교육 활성화를 도모하고 있다. 지난해 하반기 경기도에서는 공모사업을 하여 기초지역에 5개 센터 설립 운영을 지원하는 등 민주시민교육 확산에 열심이다. 이재명 도지사는 도민의 도정에 대한 직접 참여를 핵심 공약으로 하고 도내 31개 시군에 민주시민교육조례가 제정되도록 지원하겠다는 의지와 공약대로 기초지역 조례 제정을 지원하는 방향을 가지고 실천하고 있다.

특히 지난해에는 경기도 파주시가 파주시민주시민교육조례에 근거하여 파주시민주시민교육종합계획을 수립하고 최근 센터 운영 위탁 공모를 마치고 곧 기초지역으로서는 최초로 파주민주시민교육센터를 운영한다. 또한 지난해 말에는 경남 김해시민주시민교육종합계획이 수립되었고 경기도 광명시에서도 광명시민주시민교육종합계획 수립 연구용역이 시작되어 곧 완성을 앞에 두고 있다.

한편 자치분권이 시대의 정신이라 판단한 지방자치단체장들은 진정한 지방자치, 지방분권 실현을 위해서는 자치분권 인재 육성이 필요한 현실을 직시하였다. 이에 2016년 당시 김윤식 시흥시장을 중심으로 자치분권지방정부협의회를 구성하여 주민의 자치역량 함양과 자치와 분권에 대한 인식 제고를 위해 2017년부터 기초지역에서 자치분권대학을 통해 민주시민교육에 적극 나섰는데, 지난해 자치분권대학 전문가 과정은 스위스직접민주주의에 대한 학습으로 진행되었다. 대의민주주의의 한계가 가져온 현실문제의 심각성을 알아차린 정치가들과 행정은 이제 주권자 시민의 삶이 구체적으로 이루어지는 삶의 터전인 지역과 마을의 문제를 주권자 시민과 함께 풀어 가고자 자치조례 제정 및 예산 편성으로 민주시민교육 활성화를 꾀하고 있는 것이다.

자치 분권을 강조하는 문재인정부에서는 2018년부터 국무총리실에서 민주화운동기념사업회를 통하여 전국민주시민교육네트워크를 만들고 전국단위 공모사업을 하는 등 민주주의 실현에 필수적인 민주시민교육의 전국 확산에 힘을 쏟고 있다.

자치와 분권에는 주권자 시민 역량이 필수다. 홍윤기 교수는 "앎의 질이 민주주의의 질을 결정한다"고 말한 바 있다. 시민 스스로가 이 나라 이 지역의 주인임을 자각하고 민주공화국 주인으로서 민주주의 작동 원리와 예산과 정책 등 주인으로서 알아야 하는 것들을 학습하고 토론할 때, 즉 민주시민교육에 참여할 때 자원 배분에 대한 올바른 판단과 결정을 내릴 수 있다. 자원 배분에 대한 다수 민주시민의 올바른 판단은 자원이 소수에게 쏠린 현대 민주주의 문제를 해결해 나갈 수 있는 열쇠다. 민주시민교육 확산과 자치 분권의 확대는 서로 맞물린 문제이며 질 높은 민주주의 실현의 관건이다. 민주시민교육이 확산될수록 자원 배분에 참여하는 민주시민이 늘어나고 주권자 시민의 자치 역량은 커질 것이다. 현대 대의민주주의 위기는 주권자 시민의 참여로 극복해 나가야 한다. 시민주권은 시대정신이다. 갈수록 확산되고 있는 민주시민교육은 시민주권시대를 더 활짝 열어갈 것이다.

서원희   경기민주시민교육네트워크 공동대표. 경기도내 시군의 민주시민교육 확산을 위해
        노력하고 있으며 2019년에는 학교민주주의 실현을 위해 학교자치실현부모연대를
        창립하여 활동하고 있다.

이머시브 사운드,
실감 음향

구 종 회

게임 같은 멀티미디어 분야 혹은 복합 예술 장르인 공연 분야에서 최근 '이머시브 사운드Immersive Sound'라는 말이 심심치 않게 들린다. 이머시브 사운드를 우리말로 풀이하면 '실감 음향'이라고 하는데, 스피커를 통해 재생되는 소리가 기존에 듣던 소리보다 훨씬 더 진짜같이 들리는 음향 시스템을 말한다.

'실감나는 소리는 무엇인가? 지금 듣고 있는 소리는 실감이 나지 않는다는 말인가?' 하고 생각할 수 있다. 하이파이 오디오로 재생되는 공연 실황을 들으면서 공연장에 와 있는 것 같은 느낌을 가질 수 있고, 홈 시어터로 영화를 보면서도 마치 현장에 있는 것 같은 느낌을 받을 수 있다. 그런데도 굳이 '실감 음향'이라는 말을 쓰는 걸 보면 뭔가 대단히 새로운 것이 나오긴 한 모양이다.

이머시브?

이머시브 사운드라는 단어를 검색하면 주로 머리를 둘러싼 공간을 반
구 모양을 한 원을 표시한 그림이 나온다. 소리가 들리는 구역을 표현
한 것이다.

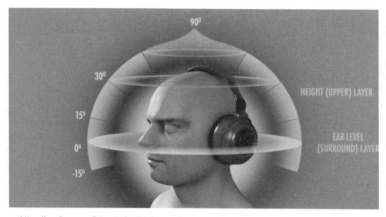

https://medium.com/future-today/the-future-of-music-the-immersive-sound-revolution-47eae4801e91

이머시브를 사전에서 찾아보면 "컴퓨터 시스템이나 영상이 사용자를 에워싸
는 듯한" 혹은 "몰입형의 가상현실에 있는 것 같은"이라는 뜻을 가지고 있다.
"청각과 시각을 비롯한 다수의 감각을 동원하여 정보나 환경을 제공
하는 것"이라는 뜻도 있다. 주로 가상의 환경에 몰입하여 진짜처럼
느끼는 것에 대한 이야기다.

그렇다면 기존의 음향은 그렇지 않았는가 하고 생각할 수 있다. 영
화 「라이언 일병 구하기」 전투 장면에서 총알이 귓가를 지나가는 것

같은 느낌, 진짜 전투 현장에 있는 것 같은 무서움을 느낄 수 있었다. 그런 정도는 실감 음향이 아니란 말인가. 「글래디에이터」의 들판 전투 장면이나 「보헤미안 랩소디」의 콘서트 장면을 보면서 충분히 현장감을 느낄 수 있었는데, 굳이 '실감 음향'이라 표현하는 이머시브 사운드는 얼마나 실감나는 것일까.

서라운드와 스테레오

우선 떠올려 볼 수 있는 것이 '서라운드 사운드 Surround Sound'다. 서라운드 사운드는 '서라운드'라는 말이 뜻하는 것처럼 '주변을 둘러싼 소리'를 말한다. 영화관에서 객석 주변을 둘러싸고 있는 스피커에서 서라운드 사운드를 재생한다. 객석에서 봤을 때 스크린의 왼쪽, 중앙, 오른쪽에 스피커가 있어서 스크린의 주요 소리를 담당한다. 그리고 객석의 좌우 벽면과 뒷벽에도 스피커가 배치되어 총소리 같은 효과음이나 멀리서 들리는 소리, 화면과 반대편에 있는 소리 등을 표현한다.

스테레오는 서라운드보다는 간단한데, 사람의 귀가 2개 있는 것처럼 2개의 스피커를 배치해 소리를 표현한다. 밴드 음악을 듣다 보면 기타 소리는 오른쪽에, 베이스는 왼쪽에, 키보드는 중간에서 약간 왼쪽에, 보컬은 중간에 있는 것으로 들린다. 헤드폰을 사용하면 분리된 위치를 쉽게 인식할 수 있다.

스테레오는 음악적인 표현을 위주로 하고, 서라운드는 영화처럼 대사나 효과음의 방향이 중요한 경우에 사용한다. 일반적으로 전면에 3개^{왼쪽, 중앙, 오른쪽}, 뒤쪽에 2개^{왼쪽, 오른쪽}, 여기에 저음을 담당하는 서브우퍼를 더해서 5.1 채널이라고 표현한다. 그리고 7.1 채널 서라운드는 5.1 채널에 측면 2개^{왼쪽과 오른쪽}가 추가된 것이다.

서라운드 시스템은 단지 눈에 보이는 스피커 갯수만 추가된 것이 아니라 스피커를 제어하는 프로세서의 채널이 늘어난 것으로 보아야 한다. 채널은 TV처럼 각 채널이 서로 다른 내용을 가지고 있다. 같은 영화의 같은 장면이라도 왼쪽 스피커 채널과 오른쪽 스피커 채널이 각기 다른 소리를 가지고 있는 것이다.

스테레오와 서라운드는 현재 널리 쓰이고 있는 음향 시스템이다. 스테레오가 음질의 향상에 목표를 두고 있다면 서라운드는 현장감 혹은 시각과 일치하는 청각 경험을 추구한다고 할 수 있다. 여러 채널을 사용하는 서라운드와 2개 채널을 사용하는 스테레오의 차이는 음질의 향상보다는 소리의 방향이나 위치의 인식에 관한 차이다. 소리가 어디에서 나는 것으로 인식하는 것인가 하는 문제다.

소리의 위치 표현

임의의 위치에서 어떤 가지 소리가 났을 때 눈을 가려 시각적인 정보를 가지지 못하더라도 청각만으로 충분히 위치를 감지할 수 있다. 마찬가지로 어떤 스피커에서 소리가 나면 스피커를 향해 쳐다보면서 소리가 난다고 인식할 수 있다. 비슷한 위치에 여러 개의 스피커가 놓여 있지 않은 이상 구분할 수 있을 것이다.

거리가 같은 2개의 다른 지점에 스피커를 배치하고, 똑같은 소리를 동시에 내면 실제로는 스피커가 없는 곳인데도 중간 지점에서 소리가 나는 것처럼 느껴진다. 이것을 팬텀 이미지Phantom Image라고 한다. 실제 소리가 발생하는 곳은 아니지만 우리의 귀는 거기에서 소리가 난다고 인식하는 것이다. 시각에서 착시 효과가 있는 것처럼 청각에서도 착각이 일어난다. 이것은 두 귀에서 느끼는 볼륨의 차이 때문에 생기는 현상이다.

스테레오 시스템의 왼쪽과 오른쪽 밸런스를 조절하면 소리가 더 큰 쪽에서 소리가 나는 것처럼 느껴진다. 한쪽 볼륨은 고정하고 다른쪽 볼륨을 서서히 줄이면 고정된 스피커 쪽으로 소리가 이동하는 것을 느낄 수 있다. TV에서 드럼 솔로 연주를 볼 때 시각적인 모습과 함께 두구둥두구둥 북소리가 좌에서 우로, 우에서 좌로 이동하는 것을 느낀 적이 있을 것이다. 이런 것이 좌우 볼륨을 조절해서 만드는 효과라고 할 수 있다.

소리의 위치를 표현하는 또 다른 방법은 두 개의 스피커 중 하나를 더 멀리 옮겨 놓는 것이다. 소리가 1초에 약 340미터를 이동하므로 스피커를 34미터 더 멀리 옮겨 놓으면 멀리 떨어진 스피커의 소리는 듣는 사람에게 1/10초 늦게 도착한다. 두 개의 스피커에 동시에 '딱' 하는 소리를 같은 크기로 재생하면 메아리처럼 '따-닥'으로 들린다. 스피커를 3.4미터 옮겨 놓으면 1/100초 정도 늦게 도착하는데 이때는 '딱' 하는 하나의 소리로 들리고, 가까운 쪽 스피커에서만 소리가 나는 것 처럼 느껴진다.

1초에 24장의 사진을 일정한 간격으로 배치해 연속적으로 보면 사진이 움직이는 것처럼 보이고 이것이 착시 현상을 이용한 영화의 원리다. 사람의 귀는 30ms$^{3/100초}$ 범위 내에서는 같은 소리라고 인식하고 $^{선행음 효과}$ 이때의 시차만큼 소리의 방향을 인식한다. 그러니까 더 가까운 쪽 스피커 방향에서 소리가 났다고 생각하고 30ms 이내의 같은 소리는 안들리는 것처럼 느끼게 된다$^{마스킹 효과}$.

이 원리를 이용해, 스피커 두 개를 같은 거리에 놓고 딜레이 장치를 사용해 한쪽 스피커의 소리를 30ms 정도 늦게 튼다면 두 스피커가 같은 볼륨으로 소리를 내더라도 먼저 소리를 내는 쪽에서 소리가 나는 것처럼 들리게 된다. 이것은 두 귀에 도달하는 시간 차이로 인해 사람은 원음의 방향을 인식하는 원리다.

소리 위치 감지

소리의 위치를 인식하게 만드는 방법인 레벨^{볼륨}과 딜레이^{시간차}를 스피커 사용과 반대로 활용하는 경우도 있다.

소음이 발생하는 위치를 추적해 자동차 같은 기계에서 이상한 소리가 나는 곳을 찾아 이상유무를 판단하는 데 사용하거나, 총성이 감지되는 순간 각 마이크에 입력된 소리의 크기와 시간차를 계산해 저격수의 위치를 파악하는 기술이다.

아프가니스탄에서 영국군이 사용하는 총기 위치 탐지 시스템 부메랑3(https://commons.wikimedia.org/w/index.
php?curid=26915775 By Photo: Corporal Andy Reddy RLC/MOD, OGL v1,0)

이런 마이크가 도시의 여러 곳에 CCTV처럼 배치되어 있다면 총성
이 들리는 순간 테러범의 위치를 파악할 수 있게 된다.^{관련 영상: https://}
youtu.be/JJSNQoIvvkY

그렇다면 이머시브는?

이머시브 사운드는 소리의 위치를 파악하게 하는 레벨과 딜레이 이
두 가지 컨트롤을 확장한 것이다. 서라운드는 5.1 혹은 7.1처럼 표준
포맷을 두고 정해진 채널을 사용하는데, 이머시브는 수평면에서 정해
진 숫자 이상으로 많은 채널을 사용할 수 있고 수직면에서도 많은 채

널을 사용한다. 서라운드와 달리 정해진 채널 수가 없이 공간에 따라 혹은 표현하고자 하는 정밀도에 따라 많은 채널을 사용한다.

스테레오가 두 개의 스피커로 세 개의 위치를 만들었다면 이머시브는 임의의 스피커로 임의의 장소를 특정하는 것이다. 스테레오가 좌우측 선상의 위치를 만들어낸다면 이머시브는 40개, 50개, 100개의 스피커를 사용해 좌우측뿐만 아니라 위아래, 앞뒤축도 만들어 낸다. 그리고 이렇게 만들어진 소리의 위치값을 시간의 경과에 따라 위치를 다르게 배치해 소리가 자연스럽게 이동하는 것처럼 느끼도록 만들기도 한다. 원하는 위치에서 소리가 나게 하는 것, 듣는 사람으로 하여금 특정 위치에서 소리가 나는 것처럼 느끼게 만드는 것이 이머시브 사운드 기술이다.

서라운드는 스피커의 배치나 채널 수를 규격화하여 영화나 게임처럼 다수의 이용자가 사용하기 편리하도록 만들어졌다. 제작자가 규격에 맞게 컨텐츠를 만들어 내면 사용자는 어떤 환경이든 규격에 맞는 시스템에서 재생함으로써 제작자의 의도대로 들을 수 있다.

이머시브 사운드는 서라운드 시스템을 포함하는 더 넓은 개념으로 이해할 수 있다. 그래서 사용자와 제작자가 서로 약속된 환경을 갖춘 다면 서라운드보다 더 정교한 표현이 가능하다. 이머시브는 규격화되지 않은 공간이나 특수한 상황에서도 적용이 가능하다. 소리의 방향이나 현장감 표현이 뛰어나기 때문에 가상현실을 만드는 청각 요소로서 중요한 역할을 한다. 주변 소리를 제대로 전달해 시각장애인을 위한 시스템으로 활용될 수 있고 영화나 게임에서 더 실감나는 효과음을 들려줄 수도 있다.

개벽의 징후

동네 아이들이 모여서 놀던 놀이가 이제는 학습 과목이 되었다. 들판에 서서 몸으로 느끼는 바람과 새소리를 이제는 이머시브 사운드와 가상현실 게임으로 경험하고 있다. 이머시브 사운드는 단순히 게임에 몰입감을 주거나 액션 영화를 더 실감나게 보는 차원을 넘어 지금은 상상하지 못하는 새로운 무엇으로 나타나게 될 것이다.

우리의 감각이 어떤 현상을 경험으로 받아들이고, 그 경험을 통해 어떤 정보를 얻게 된다면 우리는 그 정보를 믿게 된다. 믿게 된 정보는 앞으로 다가올 일에서 나의 판단의 증거로 사용될 것이다. 영화가 초당 24장의 사진으로 이루어져 있다는 착시 현상이라는 것을 이해하고 있고, 움직이는 소리가 실제 소리의 이동이 아니라 레벨과 딜레이의 컨트롤이라는 사실을 이해하고 있더라도 육체의 한계를 넘어서는 어떤 현상에 대해서 우리는 보고 듣고 느낀 것에 대해 의심 없이 믿게 된다.

내가 직접 겪은 일이고, 내 눈으로 보고 내 귀로 들었다는 것보다 더 확실한 증거가 어디 있겠는가. 하지만 우리의 눈과 귀는 적응의 귀재들이다. 우리의 기억도 각색되고 편집된다. 각자의 경험은 각자의 기억 속에 재편집되어 저장되고 시간이 지남에 따라 더 아름답게, 더 아프게, 자신의 현실에 맞게 업데이트될 것이다.

눈앞에 보이는 현상, 내 손에 쥘 수 있는 증거들이 진실을 말한다고 생각하지 않는다. 우리의 감각을 속일 수 있는 기술들은 지금도 발달하고 있다. 사람을 속이려고 만든 기술이 아니라고 하더라도 다른 용도로 사용될 여지는 항상 있다. 눈에 보이는 것만, 내가 겪은 것만, 증명할 수 있는 것만 인정하는 시대가 저물고 있다. 눈에 보이는 것이 착각일 수 있고 내가 직접 겪은일이 연출된 상황일 수 있고 과학적으로 증명된 것도 의도를 가지고 편집된 것일 수 있다.

믿음의 기준이 달라지고 있다. 이머시브는 세상을 속이는 독이 될 수도 있고 세상을 리스크 없이 경험하게 해 주는 약이 될 수도 있다. 미래는 큰 틀에서 과거를 닮았지만 디테일은 늘 새롭다.

구종회　음향기술감독. 사람의 욕망과 열등감에 관심이 많은 공연음향 기술감독으로 공연 만들기와 이과 감성의 글쓰기를 하고 있다.

개벽의 일꾼들과의 대화, 개벽포럼

조 성 환

'개벽포럼'은 2019년 3월에 출범한 월례 포럼으로, 당시에 불기 시작한 '개벽운동'의 분위기 속에서 기획되었다. 이 포럼은 산업화와 민주화라는 20세기의 프레임을 넘어서 새로운 100년을 준비하는 사상과 실천을 모색하기 위해 마련된 대화의 마당으로, 각 분야에서 '새 길'을 개척하기 위해 노력해 오신 '개벽의 일꾼'들을 모셔다가 얘기를 듣고 대화를 하는 형식으로 진행되었다. 원광대학교 원불교사상연구원과 은덕문화원의 공동 주최로 개최된 이 포럼에는 3월부터 12월까지 총 10명의 연사가 초대되었다.

1회	생명평화와 개벽	도법 스님(실상사 주지, 전 조계종 화쟁위원장)
2회	원불교와 개벽	김경일(원불교대학원대학교 총장)
3회	경제와 개벽	이래경('다른백년' 이사장)
4회	세종과 개벽	박창희(『역주 용비어천가』 저자, 전 한국외대 교수)
5회	살림과 개벽	이병철(생태귀농학교 교장)
6회	동서화합과 개벽	파드마 남갈 아지타(원불교총부 교화연구소)

7회	포스트휴먼과 개벽	조한혜정(연세대학교 명예교수)
8회	교육과 개벽	김현아·황지은(하자센터 로드스꼴라 교사)
9회	『논어』와 개벽	이남곡(연찬문화연구소 소장)
10회	종교와 개벽	기타지마 기신(北島義信, 욧카이치대학 명예교수, 전 정천사 주지)

　개벽포럼의 첫 번째 연사로 모신 인물은 '생명평화운동'의 상징인 도법¹⁹⁴⁹⁻ 스님이었다. 그 이유는 1860년의 동학에서 시작된 개벽운동은 지금 식으로 말하면 생명평화운동에 다름 아니기 때문이다. 동학농민군의 첫 번째 규율이 '살생하지 말라'였고, 그것을 이은 삼일독립운동도 비폭력평화운동을 지향했던 것은 그 바탕에 생명평화사상으로서의 동학의 개벽사상이 깔려 있었기 때문이었다. 물론 당사자들이 생명평화라는 말을 직접 쓴 것은 아니다. 대신 도덕이라는 말로 표현했다. 해월 최시형이 '도덕문명'을 말하고『해월신사법설』「성인지덕화」, 「기미독립선언서」에 "위력의 시대가 가고 도의의 시대가 온다"라고 선언한 것이 그것이다. 여기에서 말하는 도덕이나 도의는 윤리규범이 아니라 생명평화를 의미한다. 이 생명평화라는 말을 한국 사회에 널리 알린 장본인이 바로 도법 스님이었다.

　지금은 거의 일반명사처럼 쓰이고 있지만, 사실 이 말은 2000년에 한국에서 탄생한 신조어이다. 생태문학가 최성각 씨는『월간 말』과의 인터뷰에서 2000년 10월 21일에 자신이 처음 쓰기 시작하였다고 밝히고 있다. 조계사 앞마당에서 수경 스님, 문규현 신부, 최열 환경운동연합 대표, 오세훈 의원 등과 함께한 '새만금 농성 선포식'에서 생명의 평화라는 의미로 생명평화라는 말을 처음 썼다고 한다. 이 말은 그로부터 7개월 뒤인 2001년 5월 26일에 지리산에서 되살아났다. 각 종교단체와 시민단체 5,000여 명이 지리산 달궁에 모여서 거행한 '생명평화 민족화해 지리산 위령제'가 그것이다. 이 위령제는 이후에 '생명평화 민족화해 평화통일 지리산 천일기도'로 이어졌고, 천일기도가 끝난 2003년 11월에는 '생명평화결사'를 창립하여 생명평화 탁발순례, 생명평화학교, 생명평화대회와 같은 지속적인 활동을 전개하였다. 이러한 일련의 운동의 중심에 있었던 인물이 도법 스님이었다.

제1회 개벽포럼에 연사로 오신 도법 스님은 생명평화와 관련된 여러 가지 뒷얘기들을 생생하게 들려 주셨다. 가장 흥미로웠던 것은 당시만 해도 생명평화라는 말을 "벌벌 쓰면서 썼다"는 고백이었다. 그 이유는 1980년대에 김지하 시인이 '생명담론'을 제기했다가 사회적으로 거센 반발에 부딪혔던 전례가 있었기 때문이라는 것이다. 지금이야 거의 일반명사가 되다시피 한 '생명평화'가 20여 년 전만 해도 금기어에 가까웠다는 사실에 놀랐다. 아마 '개벽'이라는 말도 비슷한 길을 걷지 않을까 하는 생각이 들었다.

도법 스님에 이어 두 번째로 모신 개벽포럼의 주인공은 원불교대학원대학교의 총장인 수산 김경일1953- 교무이다. 김경일 교무는 사회운동에도 관심이 많아, 1987년에는 '원불교사회개벽교무단' 창립 멤버로 활동했고, 2003년에는 수경 스님, 문규현 신부, 이희운 목사와 더불어 '새만금 생명평화 삼보일배' 운동에 참여하였다. 3월 28일부터

5월 31일까지 65일 동안 부안에서 광화문까지 300킬로미터에 이르는 거리를 삼보일배의 형식으로 순례한 이 운동은, 정부가 추진하는 새만금 간척사업을 중단시키고 갯벌의 생명들을 지키기 위한 생명평화운동의 일환이었다. 삼보일배단은 그해에 한국환경기자클럽으로부터 '올해의 환경인상'을 받았다.

김경일 교무의 강연은 동학 이래 개벽파의 역사적 의미를 정확하게 전달해 주었고, 원불교만을 고집하지 않고 타 종교에 열려 있는 자세를 보여 주었다. 동학을 고유명사가 아닌 일반명사로 해석하여 원불교도 동학의 일환으로 생각하고, 원불교도가 아닌 사람들이 세상을 개벽하기 위한 하나의 방법으로 원불교를 두루 활용했으면 좋겠다고 하였다. 개인적으로 원불교의 장점을 한 몸에 체현하고 있는 종교인이라는 생각이 들었다.

제3회 개벽포럼은 '다른백년'의 이래경 이사장을 모시고 '경제와 개벽'이라는 주제로 얘기를 나눴다. '다른백년'은 산업화와 민주화를 넘어서는 21세기적 담론을 모색하기 위해 2016년에 창립된 인터넷 매체로, 설립자인 이래경[1954-] 이사장은 오랫동안 실물경제에 몸담으면서 민주화운동에도 깊게 관여한 실학자이다. 2017년에는 한국의 정치와 경제가 나아가야 할 방향을 『다른 백년을 꿈꾸자』라는 단행본으로 출간하였다. 개벽포럼에서 만난 이래경 이사장은 단순한 경영인이라기보다는 학자라는 느낌이 강했고, 영성을 추구하는 종교인의 분위기까지 풍겼다. 그런 점에서 조선 후기의 홍대용 등이 말한 '실심

실학'에 걸맞은 인물이라는 생각이 들었다.

제4회 개벽포럼은 『역주 용비어천가』의 저자이자 전 한국외대 사학과 교수인 박창희1932- 선생을 모시고 '개벽군주로서의 세종'에 대해 이야기하는 자리를 가졌다. 박 교수는 세종의 재위 기간을 14년1432년 전과 후로 나누고, 이 해에 세종의 통치 방침에 중요한 변화가 생겼다고 보았다. 그것은 자주독립국가로의 노선 전환으로, 그 계기는 공녀와 같은 과도한 조공을 요구하는 중국 황제의 반反유교적인 태도와 이로 인해 백성들이 겪는 고통 때문이었다고 한다. 이에 세종은 외적으로는 중국의 요구를 들어주는 모양을 취하면서도, 내적으로 자주적 유교 국가를 완성하기 위해 한국의 실정에 맞는 문화와 기술을 창제했다는 것이다. 세종 시대를 조선이라는 일국에 한정시키지 않고 명나라, 일본, 베트남까지 시야에 넣으면서 세계사적 시각에서 조망하는 스케일이 매우 인상적이었다.

제5회 '살림과 개벽'에서는 반평생을 생명평화운동에 헌신한 생태귀농학교의 이병철1949- 교장을 모셨다. 2019년에 녹색문학상을 받은 생태 시인이기도 한 이병철 선생은 이날 1970년대 학창 시절의 민주화운동에서 시작하여 1980년대의 한살림운동, 그리고 1990년대의 귀농 운동, 2000년대의 지리산 살리기 운동에 이르기까지, 지금까지 걸어온 생명평화의 길을 담담하게 풀어 놓으셨다. 그중에서도 특히 인상적이었던 대목은 학창 시절에 독재 정권에 대한 극심한 분노로 전국에서 처음으로 죽창을 깎았다는 이야기, 그리고 그 뒤에 운명처럼 무위당 장일순 선생을 알게 되어 생명사상에 눈을 뜨게 된 사연이었다. 그래서인지 모심과 살림의 철학을 설파하시는 모습이 마치 무위당 선생이 살아 돌아온 것 같은 느낌이었다. 게다가 장일순 선생은 거의 언급하지 않았던 '개벽'에 대해서도 깊이 있는 철학을 피력하여 무위당에서 한 걸음 더 나아간 모습을 보여 주었다.

제6회 '동서화합과 개벽'의 주인공은 인도인 '파드마 남걀 아지타'였다. 현재 원불교 교무로, 전북 익산에 위치한 원불교총부 교화연구소에 근무하고 있다. 고향은 인도의 라다카이고, 한국 이름은 원현장이다. 한국 여성과 결혼하여 익산에서 가정을 꾸리며 살고 있다. 인도에서는 의과대학 학생이었고 다종교 문화에서 자랐는데, 우연히 한국에서 온 박청수 교무『하늘사람』의 저자를 알게 되어 의사의 길을 접고 원불교 교무가 되었다고 한다. 원래 여성의 인권 문제에 관심이 많았는데, 인도와는 달리 여성 성직자가 사회적 리더 역할을 하는 모습에서 원불교에 매력을 느꼈다는 것이다. 아지타 교무는 하와이에 있는 동서문화센터에서 공부한 경험과 원불교 교리에 대한 이해를 바탕으로 동서화합의 길을 알기 쉽게 제시하였다. 특히 인상적이었던 점은 원불교를 원불교 자체만으로 설명하는 것이 아니라, 타 종교와 상대화시켜서 전달하는 방식이었다. 앞으로 원불교학이 나아가야 할 방향도 이런 쪽이 아닌가 하는 생각이 들었다.

제7회 '포스트휴먼과 개벽'은 대안학교 '하자센터'의 설립자인 조한혜정 1948- 연세대학교 명예교수와 개벽학당의 당장이자 『유라시아

견문』의 저자인 이병한 박사의 대화 형식으로 진행되었다. 이어서 제
8회 '교육과 개벽'은 하자센터에서 '로드스꼴라' 교사를 맡고 있는 김
현아 선생과 황지은 선생이 공동으로 진행하였다. 조한혜정 교수는
1999년에 하자센터를 설립하게 된 배경과 IMF 이후의 청년 세대들이
겪고 있는 아픔, 그리고 인류가 직면하고 있는 환경 위기와 인공지능
시대의 변화를 풍부한 현장 경험과 해박한 지식을 바탕으로 생생하
고 깊이 있게 짚어 주었다. 이에 대한 화답으로 이병한 박사는 2019년
에 개벽학당을 시작하게 된 배경과 현재의 커리큘럼, 향후의 비전 등
을 소개하였다. 한편 로드스꼴라의 대표교사이자 1993년에 '전태일문
학상'을 수상한 어딘 김현아¹⁹⁶⁷⁻ 선생은 2009년에 여행학교^{로드스꼴라}
를 시작하게 된 배경과 새로운 커리큘럼을 고안해서 학생들을 훈련
시킨 과정을 생생하고 유머러스하게 소개해 주었다. 이어서 아띠 황
지은 선생은 PPT 자료를 활용하여 지난 10년 동안의 로드스꼴라 역
사와 함께 레츠피스의 평화운동, 그리고 개벽학당의 활동 모습을 한
눈에 알 수 있게 정리해 주었다.

　두 차례의 포럼을 통해서 새롭게 알게 된 사실은, 개벽학당의 전신
이 하자센터이고 하자센터의 후신이 개벽학당이라는 것이다. 하자센
터가 설립되고 나서 한국 사회에 두 가지 커다란 변화가 생겼는데 하
나는 IMF 세대의 탄생이고 다른 하나는 디지털 혁명이다. 이 두 변화
에 대처하기 위해 생긴 것이 개벽학당이었다. 아울러 하자센터가 직업
훈련과 역사 교육이 중심이었다면 개벽학당은 철학과 과학에 중점을

두고 있다. 따라서 양자는 서로 상보적 관계에 있는 두 날개와 같다.

제9회 개벽포럼은 인문운동가이자 『논어: 삶에서 실천하는 고전의 지혜』의 저자인 연찬문화연구소의 이남곡1945- 소장을 모시고 '논어와 개벽'에 대해 얘기하는 시간을 가졌다. 이병철 선생 때와 마찬가지로 학창 시절부터 지금까지 한평생을 돌아보는 형식으로 포럼이 진행되었다. 서울법대 재학 시절에 '남민전 사건'으로 투옥되어 4년간 옥살이를 한 이야기, 감옥에서 나온 뒤에 우연히 어느 사찰에서 원불교 경전에 쓰여 있는 "물질이 개벽되니 정신을 개벽하자"는 글귀를 보고 「혁명에서 개벽으로」라는 글을 썼다는 에피소드, 50세에 무소유 공동체를 실험하기 위해 일본에 있는 야마기시 공동체에서 생활한 체험, 60세에 한국으로 건너와서 전북 장수에서 '논어 운동'을 전개한 이야기 등등, 산업화에서 민주화를 넘어 개벽화를 지향한 일대기가 펼쳐졌다. 포럼이 끝난 뒤에 나는 이남곡 선생을 '20세기 말에서 21세기 초에 불교와 유교를 통해서 개벽 세상을 실현하고자 한 개벽사상가'로 자리매김하였다.

2019년의 마지막을 장식한 개벽포럼의 주인공은 일본에서 온 욧카이치대학四日市大學의 기타지마 기신北島義信 명예교수였다. 기타지마 교수는 불교 왕국 일본의 최대 종파인 정토진종淨土眞宗 계열의 사찰 정천사正泉寺의 주지스님 출신으로, 전승은 아프리카 영문학이지만 일본 불교는 물론이고 힌두 사상이나 러시아 사상에도 능통한 사상의 폭이 넓은 학자이다. 2012년에 우연히 원광대학교 종교문제연구소와 학술 교류를 시작한 것이 계기가 되어 동학을 알게 되었고, 그것이 발판이 되어 2016년에는 '토착적 근대 Indigenous Modernity' 개념을 제시하였다. 한국을 비롯하여 아프리카, 인도와 같이 식민지 지배를 당한 지역에서는 제국주의의 침략에 대항해서 토착 사상을 현대화한 modernize 자생적 근대화 운동 Indigenous Modernization Movement이 일어났다는 것이다.

이번 포럼에서는 본인의 '토착적 근대화론'에다 동경대학의 이타가키 유조 板垣雄三, 1931- 명예교수의 '7세기 초근대성 超近代性, Super-modernity' 이론을 더해서, 13세기에 정토진종을 창시한 신란 親鸞을 일본의 토착적 근대의 사례로 자리매김하고, 그의 사상을 19세기 한국의 토착적 근대의 사례인 수운 최제우의 사상과 비교하는 실험적인 작업을 시도하였다. 이타가키 유조 교수의 '7세기 초근대성론'은, 7세기에 이슬람과 중국 등에서 전일성이나 평등성과 같은 근대적 가치가 제시됨과 동시에 사회 시스템으로도 구현되었고, 그것이 이후에 시간과 장소를 달리하면서 변주되듯이 세계사에 등장했다는 것이다. 기타지마 교수는 두 이론에 입각해서 신란과 동학은 '영성적 개벽'을 지향했다는 점에서 유사하다고 평가하였다.

이상으로 지난 2019년 한 해 동안 총 열 차례에 걸쳐서 은덕문화원에서 진행된 개벽포럼의 내용을 간략히 살펴보았다. 비록 '개벽'이라는 말은 쓰지 않았지만 보이지 않는 곳에서 개벽을 꿈꾸고 실천하는 사람들이 사회 곳곳에 많이 숨어 있다는 사실을 새삼 깨닫게 해 준 한 해였다.